本书是国家社会科学基金教育学青年课题"人工智能教育视域下高校创新策源能力评价研究"（CGA210242）的主要研究成果。

人工智能教育视域下高校创新策源能力评价

李滋阳 著

维度类别
分解力内涵
维度释义凝练
作用机理
……

中国社会科学出版社

图书在版编目（CIP）数据

人工智能教育视域下高校创新策源能力评价 / 李滋阳著. -- 北京：中国社会科学出版社，2025.2.
ISBN 978-7-5227-4788-0

Ⅰ. G640

中国国家版本馆CIP数据核字第2025CY5613号

出 版 人	赵剑英
责任编辑	张　玥
责任校对	韩海超
责任印制	戴　宽

出　　版	中国社会科学出版社
社　　址	北京鼓楼西大街甲158号
邮　　编	100720
网　　址	http://www.csspw.cn
发 行 部	010-84083685
门 市 部	010-84029450
经　　销	新华书店及其他书店
印　　刷	北京明恒达印务有限公司
装　　订	廊坊市广阳区广增装订厂
版　　次	2025年2月第1版
印　　次	2025年2月第1次印刷
开　　本	710×1000 1/16
印　　张	14.5
插　　页	2
字　　数	241千字
定　　价	79.00元

凡购买中国社会科学出版社图书，如有质量问题请与本社营销中心联系调换
电话：010-84083683
版权所有　侵权必究

前　言

高校作为高端人才培养高地、优势学科发展高地和先进技术转化高地，在区域创新发展进程中起到不可或缺的策源作用，为经济转型、产业升级、社会发展提供了大量智力支持。然而，当前我国高校创新策源活动存在基础研究厚度不足、原始创新高度不够、创新人才供给错位、研发成果转化乏力等现实问题，尤其在人工智能等新兴领域的创新策源成效不一，培育智能人才、产出智能成果、推动智能产业、赋能数字经济的实际效果有待强化。造成以上问题的重要原因之一就是对我国现阶段高校创新策源能力的全景特征、未来潜势及实际成效了解不够，缺乏专门性、系统化的评价，难以分层分类拟定优化举措。因此，本书创新性建立出人工智能教育视域下的高校创新策源能力评价体系，并选用相关数据进行实证分析。通过上述分析，得出以下研究结论：

1. 人工智能教育视域下中国省域高校创新策源能力梯队划分。根据分析结果，可将我国省域高校分化至 5 个梯队，分别是"高浓度—高潜力—低效率"梯队、"低浓度—高潜力—高效率"梯队、"低浓度—高潜力—低效率"梯队、"低浓度—低潜力—高效率"梯队与"低浓度—低潜力—低效率"梯队。

2. 人工智能教育视域下中国省域高校创新策源浓度、高校创新策源潜力和高校创新策源效率梯队地理空间分布特征。在高校创新策源浓度方面，高浓度省份呈现出"三核驱动、局部聚集"的分布特征。在高校创新策源潜力方面，呈现出"东强西弱、南北均衡、三核蔓延"的分布特征。在高校创新策源效率方面，呈现出"东南低、西北高"的分布特征。

3. 人工智能教育视域下中国省域高校创新策源能力梯队地理空间分布特征。综合三维评价结果得出,"高浓度—高潜力—低效率"梯队地理空间分布特征与高浓度省份的分布特征一致,即"三核驱动、局部聚集"。"低浓度—高潜力—高效率"梯队分布特征为"衔接东西、贯通南北"。"低浓度—高潜力—低效率"梯队分布特征为"各居长江南部、长江下游"。"低浓度—低潜力—高效率"梯队分布特征为"东北华北相连、西北西南相望"。"低浓度—低潜力—低效率"梯队分布特征为"南北均衡、分散相间"。

4. 人工智能教育视域下中国省域高校创新策源使命。各梯队的高校创新策源使命为各省人工智能全链条未来发展提供了航标参照,为各省向"聚能型+潜能型+效能型"理想范式不断迈进提供了路径启示。

基于以上研究结论,为不断放大高校人工智能教育助力区域经济产业智能化发展的策源效应,各方创新主体应深入实施以下策略:(1)提升人工智能教育视域下高校创新策源浓度,打造高校人工智能教育高地。(2)提升人工智能教育视域下高校创新策源潜力,探索高校人工智能人才培养机制。(3)提升人工智能教育视域下高校创新策源效率,助力高校服务区域产业智能化升级。

目 录

第一章 绪论 ……………………………………………………… (1)
 第一节 研究背景 ……………………………………………… (1)
 第二节 研究问题 ……………………………………………… (5)
 第三节 研究目的和意义 ……………………………………… (6)
 第四节 国内外研究现状 ……………………………………… (8)
 第五节 总体思路、研究内容和研究方法 …………………… (28)
 第六节 主要创新点 …………………………………………… (32)
 第七节 本章小结 ……………………………………………… (34)

第二章 相关概念与理论基础 …………………………………… (35)
 第一节 基本概念 ……………………………………………… (35)
 第二节 相关理论 ……………………………………………… (39)
 第三节 本章小结 ……………………………………………… (55)

第三章 高校创新策源能力的维度解析与作用机理 …………… (56)
 第一节 维度划分思路 ………………………………………… (56)
 第二节 维度类别 ……………………………………………… (61)
 第三节 分解力内涵 …………………………………………… (62)
 第四节 维度释义凝练 ………………………………………… (64)
 第五节 作用机理 ……………………………………………… (66)
 第六节 本章小结 ……………………………………………… (67)

第四章　高校创新策源能力的评价体系母版设计及其与人工智能教育的关系 …………………………………………… (69)

第一节　设计高校创新策源能力评价体系的意义 …………… (69)
第二节　高校创新策源能力三维评价指标体系设计原则 …… (70)
第三节　评价指标的遴选 ……………………………………… (72)
第四节　综合评价指标体系的设计 …………………………… (74)
第五节　人工智能教育与高校创新策源能力的关系 ………… (110)
第六节　本章小结 ……………………………………………… (111)

第五章　人工智能教育视域下高校创新策源能力评价体系构建 …… (112)

第一节　人工智能教育视域下高校创新策源能力评价的意义 …… (112)
第二节　综合评价指标体系的建立 …………………………… (113)
第三节　本章小结 ……………………………………………… (142)

第六章　人工智能教育视域下高校创新策源能力梯队分布及高校创新策源使命定位
——基于31行政区域截面数据的实证分析 ……………… (143)

第一节　高校创新策源能力评价方法 ………………………… (143)
第二节　人工智能教育视域下的高校创新策源能力评价分析 …………………………………………… (147)
第三节　人工智能教育视域下高校创新策源能力梯队分布情况 ……………………………………………… (164)
第四节　人工智能教育视域下高校创新策源使命及实现路径 …………………………………………… (167)
第五节　本章小结 ……………………………………………… (178)

第七章　人工智能教育视域下高校创新策源能力的提升策略 …… (179)

第一节　人工智能教育视域下高校创新策源浓度提升策略 …… (179)
第二节　人工智能教育视域下高校创新策源潜力提升策略 …… (184)
第三节　人工智能教育视域下高校创新策源效率提升策略 …… (189)
第四节　本章小结 ……………………………………………… (194)

第八章　结论与展望 …………………………………………（195）
　第一节　研究结论 ………………………………………（195）
　第二节　研究展望 ………………………………………（197）

参考文献 ……………………………………………………（199）

后　记 ………………………………………………………（225）

第 一 章

绪 论

第一节 研究背景

一 现实背景

2018年11月，习近平总书记在上海考察时指出，要"在增强创新策源能力上下功夫"①，同年上海市委发布《中共上海市委关于面向全球面向未来提升上海城市能级和核心竞争力的意见》（以下简称《意见》）②，《意见》力推上海"瞄准世界科技前沿，强化科技创新的前瞻布局和融通发展，努力成为全球学术新思想、科学新发现、技术新发明、产业新方向的重要策源地"。这是"创新策源能力"一词在我国地方政府文件中的首次亮相，由此激发起政产学研各界创新主体围绕"创新策源能力"谋篇布局并开展研究。2021年，新华社受权发布《中华人民共和国国民经济和社会发展第十四个五年规划和2035年远景目标纲要》③，简称"十四五"规划（2021—2025年）。"十四五"规划165次提到"创新"，并提出"开拓高质量发展的重要动力源"的蓝图，比如"以京津冀、长三角、粤港澳大湾区为重点，提升创新策源能力和全球资源配置能力，加快打造引领高质量发展的第一梯队""增强全球资源配置、科技创新策源、高端产业引领功

---

① 丛书编写组编著：《深入实施创新驱动发展战略》，中国计划出版社、中国市场出版社2020年版，第1页。
② 《提升上海城市能级和核心竞争力的意见来了》，上海发布，2018年7月4日，https：//baijiahao.baidu.com/s？id=1605074862330746336&wfr=spid-er&for=pc，2024年5月17日。
③ 《中华人民共和国国民经济和社会发展第十四个五年规划和2035年远景目标纲要》，中国政府网，2021年3月13日，http：//www.gov.cn/xinwen/2021-03/13/content_5592681.htm，2024年5月17日。

能"等。可见，创新已成为我国教育进步、技术突破、行业升级、区域发展的核心动力，创新策源则昭示了我国创新驱动发展战略的核心要义由创新探索[①]、创新模仿[②]、创新拼凑[③]、创新突破[④]向创新引领[⑤]快速转变。

在此阶段，高等教育作为我国创新驱动发展战略的重要支点也实现了快速转型。2017年7月，国务院颁布的《新一代人工智能发展规划》[⑥]指出要完善人工智能领域学科布局，设立人工智能专业，推动人工智能领域一级学科建设，尽快在试点院校建立人工智能学院，形成一批全球领先的人工智能科技创新和人才培养基地。2018年以后是我国人工智能学科井喷式发展阶段，截至2022年，共有439所高校获批新增人工智能专业，获批新增的还有智能制造工程、大数据管理与应用、机器人工程等相关专业。人工智能教育的兴起，推动高等教育出现三个新变化：一是学科形态新转变，二是学科使命新转向，三是研究方式新转型。[⑦] 可见，人工智能教育已成为高等教育的重要组成部分和新兴发展模块，高校人工智能教育对区域经济产业智能化升级的策源作用日益提升，如何全面了解、测度、评判当前我国高校创新策源能力实际水平与未来走向受到学界快速关注，这些变化为清晰认知和系统性评价我国省域高校创新策源能力提供了新视角、新契机与新空间。因此，针对作为创新策源高地的高等

---

① Mauro Caputo, Emilia Lamberti, Antonello Cammarano, Francesca Michelino, "Exploring the Impact of Open Innovation on Firm Performances", *Management Decision*, Vol. 54, No. 7, August 2016, pp. 1788–1812.

② Ruby P. Lee and Xinlin Tang, "Does It Pay to Be Innovation and Imitation Oriented? An Examination of the Antecedents and Consequences of Innovation and Imitation Orientations", *Journal of Product Innovation Management*, Vol. 35, No. 1, February 2017, pp. 11–26.

③ 参见曹勇、周蕊、周红枝等《资源拼凑、双元学习与企业创新绩效之间的关系研究》，《科学学与科学技术管理》2019年第40卷第6期。

④ Giovanna Capponi, Arianna Martinelli and Alessandro Nuvolari, "Breakthrough Innovations and Where to Find Them", *Research Policy*, Vol. 51, No. 1, January 2022, p. 104376.

⑤ Tolulope Busola Oluwafemi, Siwan Mitchelmore, Konstantinos Nikolopoulos, "Leading Innovation: Empirical Evidence for Ambidextrous Leadership from UK High-tech SMEs", *Journal of Business Research*, Vol. 119, October 2020, pp. 195–208.

⑥ 《新一代人工智能发展规划》，中国政府网，2017年7月8日，http://www.gov.cn/zheng ce/content/2017-07/20/content_5211996.htm，2024年5月17日。

⑦ 参见伍红林《人工智能进步可能为当代教育学发展带来什么？》，《大学教育科学》2020年第5期。

院校，深入剖析其创新策源能力的内涵、维度与机理，主动探索科学合理的高校创新策源能力评价体系与评价方法尤为迫切，同时这也是面对新技术、新专业、新产业、新职业、新经济等新发展需求作出的积极应对。

二 理论背景

在人工智能教育推动高等教育新变化的现实背景下，诸多学者针对"人工智能教育"这个新视角展开研究。比如莱斯特等探讨人工智能对于未来教育创新发展的推动作用[1][2]；朱敬等分析了人工智能视域下教育治理的挑战、路径与框架[3][4][5][6]，明晰了推进人工智能教育的思路；戴静等倡导学术界与产业界深度合作、教育与人工智能两大领域专家深入交流[7]；李思思等回答了"高等教育如何面对人工智能时代"这一热点问题，即改革学科结构，适应高等教育新时代发展要求[8]；刘邦奇等构建多层次AI教育体系[9][10]。人工智能从一门产业技术外溢至高等教育领域，在

---

[1] Janika Leoste, Larissa Jõgi, Tiia Õun, Luis Pastor, José San Martín López and Indrek Grauberg, "Perceptions about the Future of Integrating Emerging Technologies into Higher Education—The Case of Robotics with Artificial Intelligence", *Computers*, Vol. 10, No. 9, September 2021, p. 110.

[2] 参见黄荣怀、王运武、焦艳丽《面向智能时代的教育变革——关于科技与教育双向赋能的命题》，《中国电化教育》2021年第7期。

[3] 参见朱敬、蔡建《从"人工智能能做什么"到"教育需要人工智能做什么"——兼论教育需求的隐匿与突显》，《中国教育学刊》2020年第10期。

[4] Steven Wolfe Pereira, Elliot K. Fishman and Steven P. Rowe, "The Future Is Now: How Technology and Entertainment Are Transforming Education in the Artificial Intelligence Era", *Journal of the American College of Radiology*, Vol. 19, No. 9, September 2022, pp. 1077–1078.

[5] 参见陈磊、刘夏、高雪春《人工智能视域下教育治理的现实挑战与路径选择》，《中国教育科学（中英文）》2020年第3卷第6期。

[6] 参见卢迪、段世飞、胡科等《人工智能教育的全球治理：框架、挑战与变革》，《远程教育杂志》2020年第38卷第6期。

[7] 参见戴静、顾小清《人工智能将把教育带往何方——WIPO〈2019技术趋势：人工智能〉报告解读》，《中国电化教育》2020年第10期。

[8] 参见李思思、李莎莎《高等教育如何面对人工智能时代？——以乔瑟夫·奥恩的〈防止"机器人化"：人工智能时代的高等教育〉为切入》，《高教探索》2020年第11期。

[9] Xiaoshuang Liu, Mohammad Faisal and Abdullah Alharbi, "A Decision Support System for Assessing the Role of the 5G Network and AI in Situational Teaching Research in Higher Education", *Soft Computing*, Vol. 26, No. 20, April 2022, pp. 10741–10752.

[10] 参见刘邦奇、贺胜《多层次AI教育体系的构建及其实施路径》，《现代教育技术》2021年第31卷第1期。

持续赋能高等教育变革的进程中,由高等教育的赋能者逐步演变为高等教育的重要组成者和新兴领航者。

"创新策源能力"是基于高等教育资源释放出的一种策划与源头供给能力,当前关于创新策源能力的研究日益丰富,已激发起学界的研究动能,拓展了学者们的研究空间,开辟出创新能力大视野中新的研究方向。在已有研究中,与创新策源能力评价研究相关的成果质量较高,且较为多元。比如,阿戈斯蒂在高校推进区域经济创新发展的作用机理[1]、克赖林格尔等在高校与利益相关者的作用关系[2]、李科森等在高等教育区域创新集群有效性综合评价[3]等研究的基础上,重点推进创新策源能力评价研究,构建了创新策源能力评价指标体系[4][5]、基于专利信息的技术创新策源评价指标体系[6]等。值得注意的是,此类研究的主题普遍立足于区域创新资源或高校育人资源,集中围绕"人工智能""数字经济""人才培养""区域创新发展"等关键词展开,呈现出高校创新策源能力研究视角聚焦化的研究态势,表明了高校人工智能教育和产业智能化转型的密切关联,催生出人工智能教育视域下高校创新策源能力相关研究潜势。

不难看出,学界已开启创新策源能力评价研究,并产出若干有价值的成果,但现有研究尚未涉足两点:一是未突出人工智能教育对区域创新发展的推动作用,不便厘清人工智能教育推进产业升级和经济转型的内在机理。二是未精确提炼"高校创新策源能力"的概念与其成分,更

---

[1] Tommaso Agasisti, Cristian Barra and Roberto Zotti, "Research, Knowledge Transfer, and Innovation: The Effect of Italian Universities' Efficiency on Local Economic Development 2006–2012", *Journal of Regional Science*, Vol. 59, No. 5, February 2019, pp. 819–849.

[2] Laura Kreiling, Sarah Serval, Raphaële Peres and Ahmed Bounfour, "University Technology Transfer Organizations: Roles Adopted in Response to Their Regional Innovation System Stakeholders", *Journal of Business Research*, Vol. 119, October 2020, pp. 218–229.

[3] Iryna Lysenko, Serhii Stepenko and Hanna Dyvnych, "Indicators of Regional Innovation Clusters' Effectiveness in the Higher Education System", *Education Sciences*, Vol. 10, No. 9, September 2020, p. 245.

[4] 参见朱梦菲、陈守明、邵悦心《基于AHP-TOPSIS和SOM聚类的区域创新策源能力评价》,《科研管理》2020年第41卷第2期。

[5] 参见敦帅、陈强、马永智《创新策源能力评价研究:指标构建、区域比较与提升举措》,《科学管理研究》2021年第39卷第1期。

[6] 参见衣春波、赵文华、邓璐芗等《基于专利信息的技术创新策源评价指标体系构建与应用》,《情报杂志》2021年第40卷第2期。

鲜有成果涉及"高校创新策源能力评价体系构建"等关键内容。可见，细分"创新策源能力评价"研究方向，聚焦"人工智能教育视域下中国省域高校创新策源能力评价研究"，既适应国家战略要求，有利于清晰评判高校人工智能教育服务地方产业升级和数字经济发展的效能，也符合学术发展规律，有助于在"创新评价"研究领域进行更多前沿尝试。因此，学界有必要深入剖析高校创新策源能力的概念、维度与作用机理，系统性构建高校创新策源能力评价体系母版，并着重凸显高等教育中人工智能教育的新势能，进一步对人工智能教育视域下的中国省域高校创新策源能力进行评价和分析，测度人工智能教育助力数字经济和人工智能产业发展的实际效能，充分探讨提升人工智能教育视域下高校创新策源能力的策略与路径。

第二节 研究问题

本书研究的核心问题是人工智能教育视域下中国省域高校创新策源能力评价分析及针对性提升策略研究。本书从高等教育新特点出发，首先明确高校创新策源能力的内涵与组成成分，深入分析各分解力的作用机理，进而设计高校创新策源能力三维评价指标体系。其次在评价母版的基础上，充分聚焦高校人工智能教育领域，构建出人工智能教育视域下的高校创新策源能力评价体系，并开展实证评价，以系统反映和报告各梯队省域高校依托人工智能教育赋能区域产业发展的效能。最后根据评价结果精准定位不同梯队省域高校的创新策源使命，提出人工智能教育视域下的高校创新策源能力提升策略与路径。具体分析如下几个问题：

（1）通过梳理相关理论与研究成果，界定高校创新策源能力的概念。基于已有研究，归纳创新策源能力的概念组成元素，为定义高校创新策源能力提供理论支撑。高校创新策源能力是创新策源能力的子集，其概念是创新策源能力的下位概念。由于学界现阶段主要关注创新策源能力，对高校创新策源能力的聚焦性研究还不足，所以高校创新策源能力的概念需顺延创新策源能力这个上位定义的要点，同时突出高校的主体特征。

（2）明确高校创新策源能力的构成维度，实现高校创新策源能力的有效分解，对各维度分解力属性进行充分诠释，探明各维度分解力的内循环作用机理，为设计高校创新策源能力评价体系奠定理论基础。

（3）按照存量维度、效能维度和增量维度对高校创新策源能力进行分解，分别针对存量维度的高校创新策源浓度、增量维度的高校创新策源潜力和效能维度的高校创新策源效率构建评价指标体系，并对高校创新策源能力有一个"三维力"的认知，便于对各维度分解力进行系统性表达和分析。

（4）在高校创新策源能力评价体系的基础上，聚焦人工智能教育视域，在高校创新策源浓度、高校创新策源潜力和高校创新策源效率三维评价体系基础上，聚焦人工智能全链条相关指标，突出新学科、新专业、新技术、新成果对新经济、新产业的策源作用。因此，人工智能教育视域下的高校创新策源能力评价体系是高校创新策源能力评价体系的子系统。

（5）根据高校创新策源能力的"三维力"形象，最多可将我国省域高校分化至 8 个梯队，分别是"高浓度—高潜力—高效率"梯队、"高浓度—低潜力—高效率"梯队、"高浓度—高潜力—低效率"梯队、"低浓度—高潜力—高效率"梯队、"高浓度—低潜力—低效率"梯队、"低浓度—低潜力—高效率"梯队、"低浓度—高潜力—低效率"梯队和"低浓度—低潜力—低效率"梯队。因此，本书在实证部分，选取全国 31 个省级行政区域截面数据，对人工智能教育视域下的中国省域高校创新策源能力进行系统性评价，并结合分析结果，精准定位各省份高校创新策源使命。

（6）基于以上研究结论，本书提出高校创新策源能力提升策略，不断放大高校人工智能教育助力区域经济产业智能化发展的策源效应，进一步建强"教育链—创新链—产业链"深度融合的人工智能全链条，推动人工智能成果孵化，促进高质量研究成果有效转移转化。

第三节　研究目的和意义

一　研究目的

伴随着云计算、大数据等高新技术的涌现，人工智能成为赋能传统行业、催生新兴产业、繁荣数字经济的有力抓手，正在引领新一轮的技术变革和社会进步。面对新发展、新需求，高校在加快新工科建设的基础上，不断加码以人工智能为内核的学科群建设，不断加大先进技术成果向产业、经济转移的蔓延深度，不断强化自身在创新策源活动中的重要作用。仅从教育链单个链条研判分析高校创新策源能力的能级水平，很难全维度捕捉高校在创新策源活动中的堵点、痛点，故而需要通过架构系统性的评价体系，深度解析人工智能教育视域下的高校创新策源能力。

学界相关成果主要聚集于创新策源能力这个宽泛主题，很少直接锁定高校创新策源能力，此类研究的针对性不足，对于高校群体的借鉴性较低。本书的研究目的是以高校创新策源能力的概念为逻辑起点，剖析高校创新策源能力的维度及作用机理，构建相应的评价指标体系，分析人工智能教育视域下的高校创新策源能力能级水平，推定高校创新策源使命，提出相关提升策源能力的建议。具体包括三点：一是在创新策源能力的研究范畴下，提出高校创新策源能力的概念，并深度解读高校创新策源能力的维度划分思路、维度类别、分解力内涵、维度释义凝练和作用机理，为各维度分解力测量和分析研究提供参考；二是基于对高校创新策源能力的维度划分，分别从存量维度、增量维度和效能维度设计高校创新策源浓度评价体系、高校创新策源潜力评价体系和高校创新策源效率评价体系，三者共同组成高校创新策源能力评价体系，为开展不同视角下高校创新策源能力评价研究奠定框架基础；三是以高校创新策源能力评价体系为母版，深度聚焦人工智能教育视域，设计一套涵盖三维度分解力的评价指标体系，实证评价和测度各省份高校创新策源能力的梯队分布，清晰定位不同梯队省份的高校创新策源使命，为教育主管部门、高校自身和人工智能学术组织提供参考，为高校借助人工智能教育资源推动区域经济转型发展提供借鉴。

二 研究意义

1. 理论意义

（1）基于资源观理论和人工智能教育基础理论，明确了人工智能教育与高校创新策源能力的理论连接点。本书将人工智能教育视作高校创新策源活动的异质性资源，阐明了人工智能教育与高校创新策源能力的关系，奠定了研究基调与特定视角，进一步扩展了资源观理论及人工智能教育基础理论的指导空间。

（2）基于三螺旋理论和内生经济增长理论，探明了高校创新策源能力的维度划分与作用机理。本书对高校创新策源能力的维度划分思路、维度类别、分解力内涵及内生性特征等内容进行提炼与辨析，深化了对高校创新策源能力的概念认知，解读了该能力的维度释义及成分组成，便于学者参考与借鉴。基于三螺旋理论，深入分析高校创新策源能力在高校创新策源供给侧、高校创新策源贯通侧及高校创新策源需求侧之间的作用机理，进一步强化了三螺旋理论在高校创新策源活动研究领域的指导借鉴作用。

（3）拓展了创新策源能力评价研究的边界。本书构建了高校创新策源能力评价体系母版及人工智能教育视域下高校创新策源能力评价体系子版，为其他学者开展相关研究提供了评价方法借鉴与评价指标参考。

2. 现实意义

（1）有助于掌握我国省域高校人工智能教育推进经济产业转型升级的实际效能情况。由评价结果得出人工智能教育视域下中国省域高校创新策源能力梯队划分及地理空间分布特征，清晰地呈现了各省份高校创新策源能力的全景特征、未来潜势及实际成效，便于各梯队省份摸清高校人工智能教育创新策源实际情况。

（2）有助于明确人工智能教育视域下各梯队省份的高校创新策源使命。本书的研究结果为拟定各梯队高校创新策源使命及实施路径提供了重要参考与启示，为各省份基于自身资源禀赋发展人工智能全链条提供了航标参照。

（3）与国家对高校人工智能教育快速发展的现实急需相吻合。本书的研究结果有效放大了高校人工智能教育在产业升级及经济转型中的应用价值，为教育链、创新链、产业链中的创新主体协力提升高校创新策源能力、深入实施优化策略提供了有益参考。

第四节　国内外研究现状

创新是推动宏观社会和微观产业进步的重要动能。聚焦高质量成果从供给端来看，创新与高等教育的关联日益密切，而在一定程度上，社会在创新领域的进步已领先教育，比如高端制造型企业的研发创新成效高于大部分高等院校，高校群体需尽快占据创新高地的有利位置，以教育促进创新。在新发展阶段,人工智能教育作为高等教育的重要新兴组成部分,已成为赋能数字经济和人工智能产业的创新策源供给侧。但是学界现有成果对高校创新策源能力,尤其是人工智能教育视域下的高校创新策源能力的相关研究还处于起步阶段。本书的研究重点是开展人工智能教育视域下高校创新策源能力评价,因此将回顾创新策源能力的相关研究,以明确高校创新策源能力与区域经济产业发展的关系,总结创新策源能力评价方法和评价指标遴选思路;回顾高校科技创新能力的相关研究,以弥补高校创新策源能力研究起步晚的不足;回顾人工智能教育对高校科技创新影响的相关研究,以突出高校人工智能教育对新经济、新产业的赋能作用。此外,对当前研究现状进行综评,明确开展本研究的必需性。

一 创新策源能力相关研究

采用文献回顾法,对应主题全面梳理相关研究成果。为保证文献质量,外文文献来源定为 Web of Science 核心合集,中文文献来源定为 CNKI 数据库,时间跨度定为 2018—2023 年,并将主题词定为创新策源能力(Innovation Origin Ability 或 Original Innovation Capacity 或 the Ability of Innovation Cradle)或创新策源(Innovation Origin),确保检索文献的收敛性和全面性。剔除与创新无关的文献,共检索出 145 篇文献。其中,英文文献 1 篇,中文文献 144 篇(其中 CSSCI 和北大核心 21 篇),发文量及选题方向与政学两界共同关注并推动创新策源能力研究的时间节点同步,代表性期刊以 *Innovation*:*Management Policy and Practice*《中国科技论坛》《科研管理》《科学学研究》《中国科学院院刊》《研究与发展管理》《宏观经济管理》《科学管理研究》为主。以上搜索结果皆表明,创新策源能力作为国内前沿研究热点,受到不少学者的关注,但国外对创新策源能力的深入性研究较为滞后,仅基于某一行业探讨了用户创新策源对企业创新绩效的影响,且未提及创新策源能力的概念。[①] 值得注意的是,学界将"人工智能"与"创新策源能力"相结合的研究有 32 篇,

---

[①] Xin Yu, Florian Kohlbacher and Susumu Ogawa, "How a User Innovation Origin Affects Firms' Subsequent Innovation Performance:The Case of Japan's Fishing Tackle Industry", *Innovation*, Vol. 22, No. 2, February 2020, pp. 160 – 192.

其中浦悦等[①]的《基于 AHP – 熵权 TOPSIS 法的区域人工智能产业创新策源能力评价》和胡斌等[②]的《人工智能企业创新策源能力影响因素分析》等文章代表性较强。以上搜索结果表明，学界针对创新策源能力的研究集中起步于 2020 年，在 2021 年有陡增趋势，且在 2022 年步入常态化研究状态。其中，将人工智能与创新策源能力相结合的研究占有一定比例，但缺乏人工智能教育与高校创新策源能力的融合研究。所以，在开展综述、梳理理论要点时还需要参考一些高质量的间接文献。

（一）高校创新策源能力赋能区域经济产业发展的关系研究

高校是区域发展的创新策源地，为推动经济产业转型升级提供了智力支持。在知识经济背景下，高校作为人才第一资源和科学技术第一生产力的重要结合点，在基础研究、关键技术原始创新、提升国家原始创新能力和服务经济产业发展等方面肩负着时代使命，在引领社会创新、驱动区域经济发展、丰富人才资源、充实学科门类、革新专业设置、活跃学术氛围、促进人才与知识快速流动等方面发挥着重要作用。[③]《国家创新驱动发展战略纲要》[④] 发布以来，高校在强化自主创新能力，深度融入区域创新体系，培养新人才、创造新技术、传播新知识，畅通科技创新与区域经济发展之间的互动渠道等方面的定位更为清晰。[⑤] 研究发现，国际竞争的焦点逐步转移到高端科技创新领域，科技进步对经济增长的贡献度日益增大，已超过资本和劳动力这两大传统生产要素[⑥]。因此，推

---

① 参见浦悦、胡斌《基于 AHP – 熵权 TOPSIS 法的区域人工智能产业创新策源能力评价》，《生产力研究》2021 年第 1 期。

② 参见胡斌、吕建林、杨坤《人工智能企业创新策源能力影响因素分析》，《西安财经大学学报》2020 年第 33 卷第 5 期。

③ 参见苏竣、眭纪刚《中国高校科技创新发展与人才培养》，《科学学研究》2018 年第 36 卷第 12 期。

④ 参见《国家创新驱动发展战略纲要》，中国政府网，2016 年 5 月 19 日，http：//www. gov. cn/zhengce/2016 – 05/19/content_507 4812. htm？from = timeline&isappinstalled = 0，2024 年 5 月 17 日。

⑤ 参见贾荣言、宋晓明、袁宏杰等《中国中东部地区高校科技创新能力评价研究》，《河北科技大学学报》（社会科学版）2021 年第 21 卷第 2 期。

⑥ Surja Datta, Mohammed Saad and David Sarpong, "National Systems of Innovation, Innovation Niches, and Diversity in University Systems", *Technological Forecasting and Social Change*, Vol. 143, June 2019, pp. 27 – 36.

动高校科技创新力转化为区域经济发展动力,是经济新常态背景下转变发展模式、克服经济乏力的关键,亦是我国走自主创新强国之路的重中之重①。国内外学者在高等教育与区域经济发展的关系研究成果颇丰,主要集中在以下几个方面。

1. 高等教育是区域经济发展的重要推动力

德国经济学家弗里德里希·李斯特(1841)在《政治经济学的国民体系》中,提出了教育对经济发展的促进作用②。美国学者卡弗里等(1972)提出高等教育为所在地经济发展创造了更多就业机会,投资高等教育能拓展地区经济基础建设③。王保华等(2003)认为,区域经济发展需要高等教育提供强有力的人才与智力支持,区域高等教育发展水平以地方经济水平为基础④。施建军等(2010)认为,区域经济发展需要借助现代大学的创新推动力来促进产业结构升级⑤。王楠等(2011)认为,地方高校对区域经济发展的意义重大,同时区域经济发展能促进高等教育的改革与进步⑥。黄艳等(2024)认为,高校科技创新和区域经济协调发展,影响着中国经济高质量发展的未来走向。提高高校科技创新水平对于提升经济总量、优化经济结构、改善经济关系起到积极作用⑦。周辉(2018)认为,地方高校与区域经济社会发展紧密相连,区域经济的发展离不开地方高校的科技支撑与人才支持⑧。

---

① 参见齐振远《高校科技投入与区域经济发展的互动研究——以湖北省为例》,《科技进步与对策》2009 年第 26 卷第 11 期。

② 参见[德]弗里德里希·李斯特《政治经济学的国民体系》,陈万煦译,商务印书馆 1961 年版,第 327—331 页。

③ Howard R. Bowen, "Estimating the Impact of a College or University on the Local Economy", *The Journal of Higher Education*, Vol. 43, No. 1, January 1972, pp. 82 - 84.

④ 参见王保华、张婕《加快城镇化建设:实施地级城市高教发展的差别化战略》,《辽宁教育研究》2003 年第 12 期。

⑤ 参见施建军、吴琼《区域经济发展与现代大学的创新驱动》,《中国高等教育》2010 年第 8 期。

⑥ 参见王楠、毛清华、冯斌《地方高校服务区域经济的模式创新研究——基于燕山大学的案例》,《生产力研究》2011 年第 3 期。

⑦ 参见黄艳、薛晨晖、周洪宇等《中国高校科技创新对区域经济协调发展的影响及空间溢出效应》,《中国高校科技》2024 年第 1 期。

⑧ 参见周辉《地方高校如何提升服务区域发展能力》,《中国高校科技》2018 年第 8 期。

2. 高校创新策源能力与经济产业发展存在互动依存关系

高等教育促进区域经济发展一直是国内外学者关注的话题。威廉等（2011）阐明了高等教育的不可或缺性，并探讨了高等教育对区域经济转型和知识经济发展的促进作用[①]。Tang 等（2017）认为，高等教育与区域工业发展之间存在新的合作关系，通过培养学生的异质性创新能力推动工业技术创新[②]。舒尔茨等（2021）认为，当前高等教育的任务是通过培养制度改革促进创新，为国家或地区经济发展储备高素质劳动力，推动经济形态向知识型经济转化[③]。Wu 等（2021）发现高等教育及技术创新对区域产业结构升级具有显著的正向空间溢出效应，高等教育的发展水平对当地产业结构升级具有正向间接效应[④]。贝尔托莱蒂等（2022）实证分析了高等教育育人绩效及发展特征对区域经济的影响程度，认为人均 GDP 与 HES 指标之间存在非线性关系，大学生的国际化程度及研发能力是影响区域经济发展的关键因素[⑤]。吴岩等（2010）认为，高等教育逐步成为世界各国经济持续增长、社会健康发展的基础性、先导性战略资源，并融入经济社会发展战略布局[⑥]。邹满丽（2015）认为，地方高校要适应区域经济发展态势与形势，积极服务地方产业结构转型升级，着力解决新增劳动力就业结构性矛盾，推动区域经济社会

[①] William Zumeta, "The Indispensable University: Higher Education, Economic Development, and the Knowledge Economy", *The Journal of Higher Education*, Vol. 82, No. 1, January 2011, pp. 117 – 119.

[②] Zhibin Tang and Weiping Shi, "On the Logic and Process of Collaborative Innovation in Higher Vocational Education and Industrial Development", *Chinese Education & Society*, Vol. 50, No. 5 – 6, Nov. 2017, pp. 458 – 468.

[③] Marc Philipp Schulze and Jana Maria Kleibert, "Transnational Education for Regional Economic Development? Understanding Malaysia's and Singapore's Strategic Coupling in Global Higher Education", *International Journal of Training and Development*, Vol. 25, No. 4, October 2021, pp. 363 – 382.

[④] Ning Wu and ZuanKuo Liu, "Higher Education Development, Technological Innovation and Industrial Structure Upgrade", *Technological Forecasting and Social Change*, Vol. 162, January 2021, p. 120400.

[⑤] Alice Bertoletti, Jasmina Berbegal-Mirabent and Tommaso Agasisti, "Higher Education Systems and Regional Economic Development in Europe: A Combined Approach Using Econometric and Machine Learning Methods", *Socio-Economic Planning Sciences*, Vol. 82, August 2022, p. 101231.

[⑥] 参见吴岩、刘永武、李政等《建构中国高等教育区域发展新理论》，《中国高教研究》2010 年第 2 期。

发展①。曹萍等（2022）以30个省市区为样本，运用模糊集定性比较分析法（fsQCA）从政、产、学、研、技等五个维度分析了创新策源能力对区域经济发展成效的作用机制，并发现5类变量的不同组合方式对区域经济发展的影响结果存在区别②。黄艳等（2023）认为，高校在科学研究、知识生产、协作配套及成果转化等创新活动中逐步形成促进区域经济产业发展的系统动力，高校科技创新能力与区域经济发展水平相关度很高，中西部高校科技创新水平低于东部沿海省份③。

3. 借助高校创新策源能力推动区域经济产业发展的内在逻辑

区域经济产业发展本质上是不断提高生产效率，提高生产效率取决于技术升级和资本成本降低，资本成本问题可以由政府和企业协力解决，技术升级的重任相当一部分落在高校身上。④ 具体来讲，高校在智能制造研究、交叉学科融合和新工科人才培养等方面处于探索阶段⑤，相应的绩效测评缺乏具有时间、区域或行业跨度的数据支撑。⑥ 高校创新策源能力推动区域经济产业转型升级的内在逻辑还需从高等教育推进区域经济产业发展的内在逻辑中延伸出来。整体而言，高校创新策源能力对区域经济产业转型升级存在正向影响；细化而言，这种正向效应集中在提升技术转化率和全要素生产率等方面。按照行业类型划分，资源和劳动密集型行业受高校创新策源能力的正向作用不明显，而技术与资本密集型行业受益颇丰。⑦ 以制

---

① 参见邹满丽《刍议地方高校转型对区域经济社会发展的推动》，《中国成人教育》2015年第22期。

② 参见曹萍、赵瑞雪、尤宇等《创新策源能力如何影响区域创新绩效？——基于30个省份的QCA分析》，《科技管理研究》2022年第42卷第13期。

③ 参见黄艳、岳一铭、周洪宇《中国区域高校创新驱动力对经济高质量发展的影响》，《科技进步与对策》2023年第40卷第10期。

④ 参见韦吉飞、张学敏《中国需要多少所应用技术类高等学校——以制造业人才培养为分析视角》，《教育发展研究》2017年第37卷第3期。

⑤ 参见王武东、李小文、夏建国《工程教育改革发展和新工科建设的若干问题思考》，《高等工程教育研究》2020年第1期。

⑥ 参见原毅军、孙大明《合作研发影响制造业技术升级的机理及实证研究》，《经济学家》2017年第8期。

⑦ 参见孙大明、原毅军《合作研发对制造业升级的影响研究》，《大连理工大学学报》（社会科学版）2018年第39卷第1期。

造业数字化转型为例,我们需要有为政府"因势利导",[1]如出台中央统筹、地方聚焦、行业精准的数字政策体系等;[2]同时需要把准高校创新策源能力的发力方向,如保持教育模式变革速度与新发展阶段人才、技术标准提升速度同轨,在教学和科研的主阵地上出实招,提升育人绩效,不断丰富科研成果等。[3]结合以上内容来看,高等教育推进区域经济产业发展的内在逻辑可阐释为:高校可通过技术研发实现技术升级,进而推进技术成果商业化、产业化,最终促进经济产业转型升级。

4. 高校创新策源能力赋能区域经济发展的策略路径

学界关于高等教育推进区域经济发展的策略研究已有时日。亚伦(2003)提出高校应与政府、企业和非营利组织保持良好的合作关系,共促区域经济发展。[4]弗兰克等(2013)发现中国在21世纪初前后,通过推行政策大幅提升了高等教育的发展速度,缓解了高等教育资源分布不平等的压力,教育发展政策与区域经济发展战略导向保持一致。[5]蔡德军等(2011)认为,科学利用政府、企业与高校之间的三螺旋关系,发挥高等教育在经济转型升级中的引领者、发动机、智囊团作用,可有力促进区域经济发展[6]。孙晓春(2015)认为,高校作为人才培养的主要场所,可以将智力优势转化为科技优势,借助一定的市场条件,再将科技优势转化为产业优势,从而推动区域经济的快速发展[7]。吴战勇(2017)

---

[1] 参见卢福财、王守坤《历史脉络与实践视野下的有为政府——中国特色社会主义政治经济学的核心命题》,《管理世界》2021年第37卷第9期。

[2] 参见周莹《数字经济下产业创新的系统化转型及其政策组合原则》,《管理现代化》2020年第40卷第4期。

[3] 参见吴画斌、许庆瑞、陈政融《数字经济背景下创新人才培养模式及对策研究》,《科技管理研究》2019年第39卷第8期。

[4] Aaron W. Hughey, "Higher Education and the Public, Private and Non-profit Sectors: Equal Partners in Promoting Regional Economic Development", *Industry and Higher Education*, Vol. 17, No. 4, August 2003, pp. 251–256.

[5] Frank Bickenbach and Wan-Hsin Liu, "Regional Inequality of Higher Education in China and the Role of Unequal Economic Development", *Frontiers of Education in China*, Vol. 8, No. 2, June 2013, pp. 266–302.

[6] 参见蔡德军、汤仲胜《高校服务经济转型升级的实践探索》,《中国高校科技》2011年第10期。

[7] 参见孙晓春《高校科技创新能力对区域经济建设的作用》,《中国高校科技》2015年第11期。

认为，区域经济的创新和发展需要地方高校提供智力支持，而区域经济通过创新发展也能够提升高校的办学质量与水平，如此可实现区域经济社会发展与地方高校的双赢[①]。马永红等（2022）重点探讨了高校知识转移与区域数字经济发展的交互驱动作用，并提出了高校先进技术成果的转移转化路径[②]。

（二）创新策源能力评价相关研究

1. 创新策源能力评价体系维度划分

创新策源能力评价体系的维度划分主要有以下几种思路。

第一种，参照《关于面向全球面向未来提升上海城市能级和核心竞争力的意见》提出的"学术新思想、科学新发现、技术新发明、产业新方向"四个维度构建评价体系。如朱梦菲等（2020）认为，可从三个方面考察区域创新策源能力：一是看其是否具有良好的基础，以吸引人才和提供创新活动所需要的基本环境；二是看其是否具有充足的投入，以保障和鼓励创新策源活动的持续进行；三是看其是否有新成果和新作为，以实现"从无到有"的创新。以上三个方面为基础，根据现有的经典评价体系指标，结合对创新策源能力的解读，遵循指标体系设置的原则，从学术新思想、科学新发现、技术新发明和产业新方向四个方面评价创新策源能力，且每个方面从创新基础、创新投入和创新产出三个维度开展研究[③]。敦帅等（2022）按照学术新思想、科学新发现、技术新发明和产业新方向4个类别设置评价指标：学术新思想的评价指标为城市的学术资源水平与学术成果，科学新发现的评价指标为科技资源投入与科技成果，技术新发明的评价指标是技术专利的申请数量与技术发明价值，产业新方向的评价指标为产业研发投入与创新产业比例[④]。

---

① 参见吴战勇《地方高校与区域经济创新发展的协同机制研究》，《黑龙江高教研究》2017年第1期。

② 参见马永红、李保祥《数字经济、区域高校知识转移与高技术企业创新绩效》，《系统管理学报》2022年第31卷第3期。

③ 参见朱梦菲、陈守明、邵悦心《基于AHP-TOPSIS和SOM聚类的区域创新策源能力评价》，《科研管理》2020年第41卷第2期。

④ 参见敦帅、陈强《创新策源能力：概念源起、理论框架与趋势展望》，《科学管理研究》2022年第40卷第4期。

第二种，从创新策源能力的概念出发构建评价体系。如张金福等（2021）以创新策源能力的概念为切入点，将创新策源能力分解为层次清晰、逻辑联系紧密、可测度的四个要素：制度改革与创新、人才培养与建设、创新生态环境优化和科技创新布局，然后基于层次分析法与粒子群优化算法，构建创新策源能力评价指标体系[①]。浦悦等（2021）以创新策源能力的内涵为逻辑起点，首先分析了相关影响因素，然后按照评价体系搭建原则和指标筛选规则构建了综合评价体系[②]。

第三种，基于创新策源能力关联性较强的视角构建评价体系。有的从专利视角构建评价体系。衣春波等（2021）认为，技术创新策源能力与专利质量高低具有很强的关联性，高质量专利是技术创新策源能力的重要体现，专利被引、专利深度和广度等具体指标可以反映出技术创新策源影响力，专利体现出的经济价值、战略价值等可以反映出技术创新对经济产业的策源效应，可以通过专利质量对技术创新策源能力进行评价[③]。有的从区域发展视角构建评价体系。刘琦（2021）以粤港澳大湾区这一代表性创新区域为实证对象，围绕创新链要素特征，构建了涵盖技术、产业、应用、科学创新策源等内容的评价体系，较为准确地研判了当地的创新策源能力水平，为进一步建设粤港澳大湾区创新策源体系提供了重要启示[④]；卢超等（2022）则从国家级科技奖项切入，深入探讨了自然科学奖、技术发明奖及科技进步奖与区域创新策源能力的紧密关系，进而构建出涵盖技术、科研、产业创新的评价体系，系统测度了北京、上海及深圳的创新策源能力[⑤]。还有不少学者从行业发展视角开展研究。比如赵付春（2021）基于生物医药和计算机科学两大领域分析了包含上

---

① 参见张金福、刘雪《我国地方创新策源能力的模糊综合评价研究》，《科技管理研究》2021年第41卷第9期。

② 参见浦悦、胡斌《基于AHP–熵权TOPSIS法的区域人工智能产业创新策源能力评价》，《生产力研究》2021年第1期。

③ 参见衣春波、赵文华、邓璐芗等《基于专利信息的技术创新策源评价指标体系构建与应用》，《情报杂志》2021年第40卷第2期。

④ 参见刘琦《粤港澳大湾区科技创新策源能力评价研究》，《经济体制改革》2021年第3期。

⑤ 参见卢超、李文丽《京沪深创新策源能力评价研究：基于国家科学技术"三大奖"的视角》，《中国科技论坛》2022年第2期。

海在内的全球各大城市创新策源能力水平①；傅翠晓等（2021）认为，新能源汽车产业的发展态势反映了区域创新策源能力的水平，因此以上海为例开展评价，分析了上海新能源汽车产业发展优势及劣势②。

2. 创新策源能力评价指标的遴选与评价方法的应用

国内学者在创新策源能力评价研究方面取得初步进展。朱梦菲等（2020）通过对创新策源能力内涵的梳理，从学术新思想、科学新发现、技术新发明、产业新方向四个方面，选取40个三级指标构建区域创新策源能力评价指标体系，并运用AHP-TOPSIS法确定创新策源能力评价值，进而以SOM算法进行聚类分析，刻画区域创新能力等级③。敦帅等（2021）则承继了该方法体系，继续结合创新策源能力内涵、框架与特征，构建出创新策源能力评价指标体系，通过权重刻画得出各地区创新策源成分的差异④。胡斌等（2020）利用随机前沿分析方法研究政府支持、创新意识、企业规模和知识存量分别对三个层次人工智能企业创新策源能力的影响⑤。刘琦（2021）采用HAKEN协同演化模型和SOM聚类算法，准确识别科技创新策源要素及其作用机理⑥。宁连举等（2021）采用熵权法、灰色关联分析法和TOPSIS法，从创新政策、创新投入、创新产出、开放发展四个方面选择36个三级指标，构建跨行政区域创新策源能力评价指标体系，并进一步解读八大区创新策源能力差异的表现与根源⑦。还有学者运用纵横向拉开档次法对代表性城市创新策源能力进行综

---

① 参见赵付春《上海建设世界科创策源地的量化评估研究》，《全球城市研究（中英文）》2021年第2卷第3期。

② 参见傅翠晓、许海娟《区域新能源汽车产业创新策源能力分析——以上海为例》，《创新科技》2021年第21卷第10期。

③ 参见朱梦菲、陈守明、邵悦心《基于AHP-TOPSIS和SOM聚类的区域创新策源能力评价》，《科研管理》2020年第41卷第2期。

④ 参见敦帅、陈强、马永智《创新策源能力评价研究：指标构建、区域比较与提升举措》，《科学管理研究》2021年第39卷第1期。

⑤ 参见胡斌、吕建林、杨坤《人工智能企业创新策源能力影响因素分析》，《西安财经大学学报》2020年第33卷第5期。

⑥ 参见刘琦《粤港澳大湾区科技创新策源能力评价研究》，《经济体制改革》2021年第3期。

⑦ 参见宁连举、肖玉贤、刘经涛等《跨行政区域创新策源能力评价与实证——基于熵权法、TOPSIS法、灰色关联分析》，《科技管理研究》2021年第41卷第20期。

合评价，该研究方法可以最大化体现评价对象之间的差异，突出城市间的可比性和优势与劣势①。就整体方法而言，诸多学者以构建定性模型、评估体系为首要步骤，其次以熵权或灰色模型方法为依据，测度各指标权重，最后结合 TOPSIS、AHP 等方法解读区域创新策源值，并利用影响因素分析模型或聚类法，阐释这些结果出现的内因与引导机制。

（三）创新策源能力的影响因素研究

不少学者对创新策源能力的影响因素进行了分析。何雪莹等（2020）解读了全球创新策源高地的分布格局，认为基础研究强度、科技集群实力、前沿科学发现、核心技术创新、校企合作高地、引擎企业带动等因素对城市创新策源能力的影响较大②。教帅等（2021）基于贝叶斯网络分析发现，科研人员、科研机构、科研经费对创新要素的影响较大，并通过影响创新要素间接影响创新策源能力。按照影响程度来看，科研经费、科研人员和科研机构对创新策源能力的影响程度依次降低③。傅翠晓等（2022）选择文献编码分析法，构建了创新策源能力影响因素综合研究框架，发现创新要素、技术水平、产业强度、合作力度、创新环节等因素对创新策源能力的影响较大，各因素之间也存在一定的复杂作用关系④。刘琦等（2022）实证分析了人才网络对区域创新策源能力的影响机制，发现了人才网络对创新策源能力的正向影响；人才网络与科学创新、技术创新策源能力直接关联，与产业创新策源能力关系更为密切，对创新应用策源活动具有较强的辐射作用⑤。

（四）创新策源能力提升路径研究

关于创新策源能力提升策略与路径研究的成果较为丰富。陈强

---

① 参见卢超、李文丽《京沪深创新策源能力评价研究：基于国家科学技术"三大奖"的视角》，《中国科技论坛》2022 年第 2 期。

② 参见何雪莹、张宓之《全球创新策源地的分布、科技前沿与发展态势》，《世界科学》2020 年第 S2 期。

③ 参见教帅、陈强、丁玉《基于贝叶斯网络的创新策源能力影响机制研究》，《科学学研究》2021 年第 39 卷第 10 期。

④ 参见傅翠晓、全利平《基于文献编码的区域创新策源能力影响因素研究——一个理论框架》，《创新科技》2022 年第 22 卷第 8 期。

⑤ 参见刘琦、罗卫国、罗萧《人才网络视角下粤港澳大湾区创新策源能力影响机理研究》，《企业经济》2022 年第 41 卷第 12 期。

（2020）根据创新策源词义，提出增强创新策源能力应科学建"源"，合理施"策"。科学建"源"要落实四点：一是夯基，培育创新策源的社会根基；二是垒台，累积创新策源的物质基础；三是立柱，构建创新策源的体制机制；四是架梁，形成创新策源的体系化能力。在科学建"源"的基础上，应从聚力、蓄势、赋能、结网、破墙、排堵、铸盾、突破这八个方面着手[1]。陈敬全（2020）认为，科学文化是提升创新策源能力的前提条件，科学文化引导科研人员树立正确的价值观和具备科学的思维方式、规范科研行为等，其本质是科学家和科学共同体的活动方式和生活方式，是围绕科学活动所形成的一套价值体系、思维方式、制度约束、行为准则和社会规范[2]。陈套（2020）认为，基础研究是知识创新、技术创新和产业创新的源头，决定科技创新的核心能力和战略竞争力，需从五个方面强化基础研究创新策源功能：一是加强基础研究规划布局，提升创新源动力；二是强化国家战略科技力量，推动组织方式；三是坚持科学牵引和需求导向并重，促进融通发展；四是加强基础研究投入和条件保障，推进军民融合；五是营造良好的基础研究环境，加强青年人才队伍建设[3]。李万（2020）认为，增强科技创新策源能力需增强创新自信引领未来，着眼长远建设人才高峰，普惠教育开发人力资源，强化关键核心技术攻关，营造最富活力创新生态[4]。余江等（2020）指出，国家科研机构，在抢占科技创新高地、打造创新策源高地和突破"卡脖子"技术方面责无旁贷，建议核心学科建设瞄准国家重大需求，跨学科建设瞄准创新人才需求，创新合作模式瞄准高效运行范式[5]。杨四娟等（2021）提出，要鼓励当地龙头企业加入全球竞争；加大对初创企业的扶持力度；分行业分类别孵化创新型企业；鼓励校企合作、校地合作及企业合作[6]。胡曙虹等（2022）认为，应从六个方面强化上海的创新型经济引领策源

---

[1] 参见陈强《科学建"源"与合理施"策"》，《世界科学》2020年第S1期。
[2] 参见陈敬全《科学文化如何促进创新策源？》，《世界科学》2020年第S2期。
[3] 参见陈套《强化基础性研究创新策源功能》，《科技中国》2020年第10期。
[4] 参见李万《增强科技创新策源能力的战略选择》，《中国科技论坛》2020年第8期。
[5] 参见余江、刘佳丽、甘泉等《以跨学科大纵深研究策源重大原始创新：新一代集成电路光刻系统突破的启示》，《中国科学院院刊》2020年第35卷第1期。
[6] 参见杨四娟、路炜《专利视角下的我国植介入医疗器械无线供电技术创新策源能力提升启示》，《中国发明与专利》2021年第18卷第8期。

功能，即：人才新动力、技术新供给、企业新主体、硬核新产业、应用新场景和扶持新规则[1]。

二 高校科技创新能力相关研究

（一）高校科技创新能力的概念

诸多学者基于不同视角，认为高校科技创新能力是指：①高校产出新知识、新成果，运用新知识、新成果加快企业产出新产品、新工艺、新服务，促进区域经济产业高质量发展的能力；②高校通过有效利用和优化配置科技创新资源，以知识创新、技术创新、管理创新、制度创新为主要创新形式，形成的一种以科技生产竞争力、科技成果产出力、科技成果转化力为代表的综合性能力[2]；③高校依托知识创新与技术创新，推动企业技术创新的能力[3]。

（二）高校科技创新能力评价研究

1. 研究思路

高校在国家科技创新体系中发挥着重要作用，是重要的技术创新源。评价和分析高校科技创新能力水平，是学界长期重视的课题。廖文秋等（2009）认为，开展此类研究的主要思路有两种：一是重点考察与高校科技创新关联度较高的创新要素，建构包含创新要素基础水平、创新要素投入水平及创新成果产出水平的评价体系；二是突出高校科技创新活动的主要内容，进而遴选代表性指标，架构评价体系[4]。吴燎原等（2017）则认为，评价高校创新能力的研究思路为另外两种：一是从高校创新能力的内涵出发，借助评价指标体系开展定性分析；二是选择合适的评价方法进行实证分析[5]。

---

[1] 参见胡曙虹、蒋娇燕《上海发展具有引领策源功能的创新型经济的策略研究》，《中国国情国力》2022 年第 7 期。

[2] 参见刘伟、曹建国、郑林昌等《基于主成分分析的中国高校科技创新能力评价》，《研究与发展管理》2010 年第 22 卷第 6 期。

[3] 参见孙孝科《高校科技创新：意蕴与系统结构》，《广西社会科学》2006 年第 1 期。

[4] 参见廖文秋、石彪、吴强等《高校创新能力研究述评》，《中国科技论坛》2009 年第 6 期。

[5] 参见吴燎原、岳峰、胡可等《基于区间数证据分组合成的高校创新能力评价》，《科研管理》2017 年第 38 卷第 S1 期。

2. 评价体系维度划分

学界划分高校科技创新能力评价体系维度的思路较为丰富。王章豹等（2005）从科技创新的基础能力、投入能力和产出能力三个方面构建了中国高校科技创新能力指标体系[①]。刘勇等（2014）对高校科技创新能力的概念进行界定和解析，设计出包含科技创新基础能力、科技创新投入能力、科技创新产出能力和科技成果转化能力的高校科技创新能力评价模型[②]。焦宇知等（2015）从创新能力体系的三大能力要素出发，即创新主体（教师、学生和产学研合作单位）、创新客体（科技支撑创新能力）、创新环境（科技创新机制体制），初步构建了高校科技创新能力指标体系[③]。黄祥嘉（2015）认为，高校科技评价体系的构建应当从以下几个方面出发：优化定量评价模式，建立代表作与同行评价相互验证机制，区分学科类别与研究类型，坚持创新质量和贡献导向[④]。陈国福等（2022）以资源配置理论为基础，建立了涵盖科创资源条件、资源投入、产出成效及活力水平四维度的高校科技创新能力评价体系[⑤]。

3. 评价指标的遴选方式

发达国家在评价高校科技创新能力时，普遍关注四类评价方向，分别是科研质量、研发产出、研发成果对学者的影响力、新技术对经济发展的促进作用[⑥]。我国科技创新评价指标研究主要划分为科技创新基础指标、投入指标和产出指标三大类，其中基础指标主要涉及科技创新的人力资源与物质条件，投入指标一般包括科技创新的人力投入、财力投入

---

① 参见王章豹、徐枞巍《高校科技创新能力综合评价：原则、指标、模型与方法》，《中国科技论坛》2005 年第 2 期。

② 参见刘勇、应洪斌、蒋芬君《中国高校科技创新能力比较——基于华东地区高校的实证研究》，《研究与发展管理》2014 年第 26 卷第 5 期。

③ 参见焦宇知、孙芝杨、黄闯等《高职院校科技创新能力评价指标体系构建》，《产业与科技论坛》2015 年第 14 卷第 7 期。

④ 参见黄祥嘉《基于创新质量和贡献导向的高校科技评价体系构建》，《中国高校科技》2015 年第 9 期。

⑤ 参见陈国福、蒋清泉、唐炎钊《中国特色世界一流大学建设背景下高校科技创新能力评价研究》，《科技进步与对策》2022 年第 39 卷第 24 期。

⑥ Aldo Geuna and Ben R. Martin, "University Research Evaluation and Funding: An International Comparison", *Minerva The International Review of Ancient Art and Archaeology*, Vol. 41, No. 4, December 2003, pp. 277–304.

与项目投入等,产出指标包括理论成果与技术成果,一般由论文著作、专利发明与科技奖励等内容构成①。总的来说,评价指标的选择贴近时代性、区域性和行业性特征。梅轶群等(2006)将高校科技创新能力评价指标体系划分为 5 个一级指标(科技创新基础实力、知识创新能力、技术创新能力、科技成果转化能力和国际交流合作能力)和 27 个二级指标②。吕蔚等(2008)在评价指标体系中增加了科技创新成果转化和科技成果投入产出率两个因素,并利用不同方法对中国高校科技创新能力进行评价③。梁燕等(2009)将高校科技创新能力划分为创新效能与创新潜能。在效能指标中,选取了知识创新、人才培养、技术创新与社会服务 4 项结果性指标。在潜能指标中,选取了人力、财力、物力与环境等各层级影响因素④。齐书宇(2022)阐述了高校科技创新能力的研究动态及指标遴选标准,并设计出一套囊括科研团队、科研条件、科研成果、辐射转化及人才供给 5 个向度的三级评价指标体系⑤。布朗温等(2012)将研究与开发(R&D)和信息通信技术(ICT)视为创新绩效的评价指标⑥。陈曦(2020)认为,构建科技创新评价体系要考虑分析对象的实际发展环境和国家创新指标的设计原则⑦。值得注意的是,创新能力的构成要素是建立创新能力评价指标体系的核心。奥顿等(2002)将技术政策与产业政策结合起来,鼓励在主流产业政策中支持创新活动⑧。颜晓峰

---

① 参见汪寅、黄翠瑶《科技创新评价指标体系研究进展综述》,《科技管理研究》2009 年第 29 卷第 6 期。

② 参见梅轶群、张燕《高校科技创新能力的分析和评价》,《技术经济》2006 年第 5 期。

③ 参见吕蔚、王新峰、孙智信《基于核主成分分析的高校科技创新能力评价研究》,《国防科技大学学报》2008 年第 3 期。

④ 参见梁燕、耿燕、林玉伟等《基于层次分析法的高校科技创新能力评价指标体系研究》,《科学学与科学技术管理》2009 年第 30 卷第 5 期。

⑤ 参见齐书宇《新时代地方高校科技创新能力评价趋势与指标设计》,《北京工业大学学报》(社会科学版)2022 年第 22 卷第 5 期。

⑥ Bronwyn Hall, Francesca Lotti and Jacques Mairesse, "Evidence on the Impact of R&D and ICT Investment on Innovation and Productivity in Italian Firms", *Economics of Innovation and New Technology*, Vol. 22, No. 3, May 2012, pp. 300 – 328.

⑦ 参见陈曦《构建科技创新能力评价体系的研究》,《科技创新导报》2020 年第 17 卷第 17 期。

⑧ Christine Oughton, Mikel Landabaso and Kevin Morgan, "The Regional Innovation Paradox: Innovation Policy and Industrial Policy", *The Journal of Technology Transfer*, Vol. 27, No. 1, January 2002, pp. 97 – 110.

(2000)认为,知识创造能力、知识传播能力以及知识应用能力是构成区域创新系统的关键要素①。弗曼(2004)将创新基础设施、产业集群的创新环境、科技与产业部门联系的质量纳入到区域创新能力综合评价体系②。

4. 评价方法的选择与应用

学者运用不同方法对高校科技创新能力进行评价。比如章熙春等(2010)基于对高校科技创新能力的内涵及构成要素的分析构建评价指标体系,并选用层次分析法开展研究③。丁敬达等(2010)认为,需对评价指标的权重进行优化,从中国高校科技创新竞争力评价的历史数据中提取客观权重,并与层次分析法所得主观权重进行合成,然后通过比较分析选择一种赋权方式,最终改善评价质量④。郑卫北等(2012)充分借鉴层次分析法和德尔斐法,构建了二者结合的综合评价模型,对高校科技创新能力进行了综合评价⑤。安蓉等(2015)运用因子分析法进行实证分析,建构的评价体系突出创新投入、创新产出及成果转化能力⑥。郭俊华等(2016)从五个维度构建起高等院校科技创新能力评价体系,并用因子分析法进行分析⑦。易平涛等(2017)在建立高校科技创新能力评价体系时,重点考虑了资源密度、产出成效及基础环境三方面影响,并运用指标发展增量与序关系分析法,提出了一种新的赋权方式⑧。张俊婷等

---

① 参见颜晓峰《试论国家创新能力》,《中国特色社会主义研究》2000年第3期。
② Jeffrey L. Furman and Richard Hayes, "Catching Up or Standing Still? National Innovative Productivity Among 'Follower' Countries, 1978 – 1999", *Research Policy*, Vol. 33, No. 9, May 2004, pp. 1329 – 1354.
③ 参见章熙春、马卫华、蒋兴华《高校科技创新能力评价体系构建及其分析》,《科技管理研究》2010年第30卷第13期。
④ 参见丁敬达、邱均平《科研评价指标体系优化方法研究——以中国高校科技创新竞争力评价为例》,《科研管理》2010年第31卷第4期。
⑤ 参见郑卫北、庄炜玮、焦振霞《基于灰色关联度模型的高校创新能力评价体系研究》,《科技管理研究》2012年第32卷第2期。
⑥ 参见安蓉、马亮《西部地区地方高校科技创新能力评价研究》,《科研管理》2015年第36卷第S1期。
⑦ 参见郭俊华、孙泽雨《基于因子分析法的中国高校科技创新能力评价研究》,《科技管理研究》2016年第36卷第3期。
⑧ 参见易平涛、李伟伟、郭亚军等《区域高校科技创新力排名及评价分析》,《科研管理》2017年第38卷第S1期。

(2018) 基于高校科技创新能力动态发展视角, 选取评价指标, 运用符合指标间关联特性的熵权 – DEMATEL 方法构建高校科技创新评价指标体系①。石薛桥等（2020）在生态位理论的基础上构建评价体系, 并运用熵值法赋权, 对部分省份的高校科技创新能力开展评价, 揭示出能力层级及未来趋势②。

三 人工智能影响高等教育变革的相关研究

（一）人工智能

人工智能（Artificial Intelligence）在 1956 年的美国达特茅斯学院会议上被正式提出, 而后经历了三阶段发展: 初步的计算智能化时期（1957—1973 年）、知识处理时期（1981—1987 年）和自主学习阶段（1993 年至今）③。学界对于人工智能的定义莫衷一是, 主要诠释为弱人工智能和强人工智能。弱人工智能专注于智能方法与技术等特定的狭义任务, 强人工智能则指一种具有意识、知觉和头脑的机器④。在教育领域, 学界通常谈论的人工智能是介于强人工智能与弱人工智能之间的一种技术模式, 可定义为参与类似于人类过程的计算系统, 如学习、自我修正、处理数据任务等⑤。值得注意的是, 人工智能具有信息处理速度快、运行准确性和结果一致性等优势, 但人工智能距离有机智能还有一定差距, 因此结构化任务极易被人工智能取代, 工具性作用日益凸显⑥。然而, 人工智能在创造力、批判性思维、领导能力、协作和沟通等软技

---

① 参见张俊婷、王国金、吴洁等《基于熵权 – DEMATEL 的江苏高校科技创新能力评价研究》,《科技管理研究》2018 年第 38 卷第 9 期。

② 参见石薛桥、薛文涛《基于生态位理论的中部六省高校科技创新能力评价》,《经济问题》2020 年第 11 期。

③ 参见潘旦《人工智能和高等教育的融合发展: 变革与引领》,《高等教育研究》2021 年第 42 卷第 2 期。

④ 参见赵斌、黄天元《人工智能时代的高等教育与变革》,《复旦教育论坛》2019 年第 17 卷第 4 期。

⑤ Stefan A. D. Popenici and Sharon Kerr, "Exploring the Impact of Artificial Intelligence on Teaching and Learning in Higher Education", *Research and Practice in Technology Enhanced Learning*, Vol. 12, No. 1, Nov. 2017, p. 22.

⑥ Zichun Xu, "Human Judges in the Era of Artificial Intelligence: Challenges and Opportunities", *Applied Artificial Intelligence*, Vol. 36, No. 1, Dec. 2021, p. 2013652.

能方面仍显薄弱，因此非结构化任务难以被人工智能取代①。人工智能解决问题的未来趋势为：逻辑＋数据、指令编程＋数据编程，即从数据中学习知识，由知识推理出结果，以解决涉及认知的复杂问题，而认知则是教育领域最为关注的问题②。显然，学界更大程度上将人工智能视作推进包括教育在内各领域变革的技术工具。

（二）高等教育变革

高等教育变革不限于学科或教育环节的调整和转变，而是多维度、系统化的变革③。高等教育变革涵盖四个方面：一是"标准化人才"目标的变革，二是育人模式的变革，三是教育内容的变革，四是教师角色的转变④。其中，人工智能赋能高等教育变革的历程主要划分为三个阶段：一是起步阶段：计算机辅助教学（Computer Assisted Instruction），以 PLATO 系统（Programmed Logic for Automatic Teaching Operation）最具代表性⑤；二是探索阶段：智能教学系统（Intelligent Tutoring System），哈特利和斯利曼曾提出智能教学系统的基本框架⑥；三是发展阶段：个性化自适应学习，这种学习模式融合了个性化学习（Personalized Learning）和自适应学习（Adaptive Learning）的双优势。尤其伴随人工智能技术的快速发展，个性化自适应学习模式呈现出更多可能性。对于现阶段而言，高等教育变革的核心是由被动式的"教"向主动式的"学"转变，主要方向是建立学习驱动型的教育体系⑦。接下来，构建数字化、智能化的终身教

---

① Joohee Kim and Il Im, "Anthropomorphic Response: Understanding Interactions between Humans and Artificial Intelligence Agents", *Computers in Human Behavior*, Vol. 139, February 2023, p. 107512.

② 参见肖睿、肖海明、尚俊杰《人工智能与教育变革：前景、困难和策略》，《中国电化教育》2020 年第 4 期。

③ 参见李德毅、马楠、秦昆《智能时代的教育》，《高等工程教育研究》2018 年第 5 期。

④ 参见余胜泉、王琦《"AI＋教师"的协作路径发展分析》，《电化教育研究》2019 年第 40 卷第 4 期。

⑤ 参见顾明远、马忠虎《教育现代化：中国教育改革和发展的路径与愿景——顾明远教授专访》，《苏州大学学报》（教育科学版）2014 年第 2 卷第 1 期。

⑥ 参见陈仕品、何济玲《基于 Blog 的教育传播方式探究》，《现代教育技术》2007 年第 7 期。

⑦ 参见关成华、陈超凡、安欣《智能时代的教育创新趋势与未来教育启示》，《中国电化教育》2021 年第 7 期。

育体系和网络化、可持续的学习型社会已成为教育变革的新使命和智慧教育发展的基本趋势①，人工智能将推动传统教育模式全环节升级，打造学科专业、教学师资、竞赛实践等传统教育资源成为人工智能时代的显性及潜势育人资源，如图 1.1 所示。

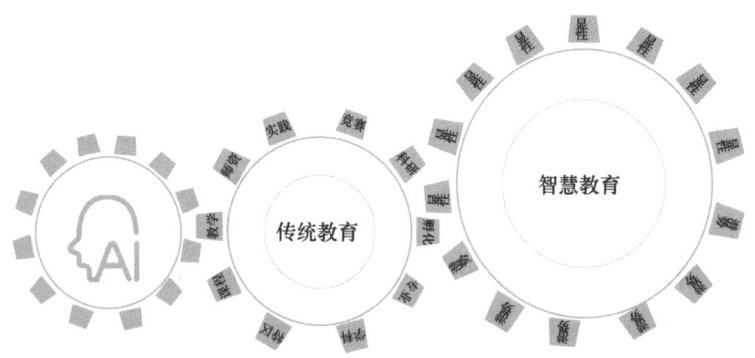

图 1.1　人工智能赋能高等教育变革运转体系示意图

（三）人工智能赋能高等教育变革

人工智能推进高等教育变革的相关研究主要集中在基本逻辑、影响作用和实现路径等方面。其中基本逻辑为：一是通过回应"技术进步—教育改革—教育学理论研究"三者之间的互动关系，推动教育理念、教育目的、价值取向、课程体系、教学方式、组织运行等方面的变革与创新；二是运用人工智能技术本身内蕴的理性、科学性、规则化、标准化等价值取向和思维方式赋予教育新的目标和要求②。主要影响为：一是赋能高等教育，利用人工智能替代重复性的教育劳动，减轻教师负担，优化教育管理流程，提升教育效率；二是创新高等教育，打破标准化的教育体系，采用全流程的因材施教、精准化的教育治理和全景式的教育评测，实现个性化教育定制；三是重塑高等教育，突破学校、班级、学科

---

① 参见韩民《教育现代化与终身学习体系建设》，《教育与教学研究》2020 年第 34 卷第 8 期。

② 参见伍红林《人工智能进步与教育学的发展——交互关系的视角》，《现代大学教育》2019 年第 5 期。

的边界，推动教育从"去标准化"阶段迈向"去制度化"阶段①。实现路径有：以自适应学习技术为基础的个性化学习方式，以混合人工智能系统为辅助的课堂管理平台，以数字技术应用为支撑的教学评价系统，以早期预警系统和区块链技术为依托的智慧校园管理机制等②③。

四　文献述评

国内外学者对创新策源能力、高校科技创新能力和人工智能对高等教育变革影响等相关研究较为丰富，提供了不少可借鉴、可推广创新性成果，但仍存在几点不足：

（1）现有文献对高校创新策源能力的研究尚少。学界对创新策源能力的评价研究尚处于初探阶段，更少有成果探讨高校创新策源能力的组成成分与具体功能，对高校创新策源能力的作用机理研究较少，为高校创新策源能力提升策略提供深入性、针对性、系统性价值参考的成果还不够多。总体来讲，研究成果的聚焦度低、体系感弱，研究方法创新性不足，研究深度有待提升。

（2）现有文献对高校创新策源能力评价的研究尚少。高校在创新策源方面的实际效能如何，不同省域高校的创新策源优势、短板分别是什么，如何根据现状系统性评价、划分我国省域高校创新策源能力梯队等领域的研究涉足尚少。学界虽已开启了创新策源能力评价研究的热潮，且在相应评价体系中也涵盖了高等教育相关指标，但专门针对高校创新策源能力展开的评价研究尚少，该领域研究强度需进一步加大。因此，为了承接创新策源能力研究方向，聚焦高校主体，本书还着重参考了与高校创新策源能力相近的高校科技创新能力评价研究相关成果。

（3）现有文献对人工智能在高等教育中的作用研究不足。学界关于"人工智能与高等教育变革"的研究多集中于逻辑关系、作用机理、影响方式和伦理哲思等方面，从理论上深入探讨了人工智能赋能教育变革的

---

① 参见曹培杰《人工智能教育变革的三重境界》，《教育研究》2020年第41卷第2期。
② 参见袁磊、张淑鑫、雷敏等《技术赋能教育高质量发展：人工智能、区块链和机器人应用前沿》，《开放教育研究》2021年第27卷第4期。
③ 参见李运福、杨方琦、王斐等《对"人工智能+高等教育"三位一体的系统性思考》，《中国电化教育》2021年第9期。

重要性、必然性和可行性，然而关于实现机制与运行模式的研究呈现出"面广点弱""浅尝辄止"的特点，涉及人工智能赋能教育变革的运转体系探索及构建的成果较少，对人工智能教育的诠释不够，立足于人工智能教育这一前沿视域的研究惯性还未养成。

第五节　总体思路、研究内容和研究方法

一　总体思路

本节的技术路线与逻辑框架如图1.2所示。首先，定义了人工智能教育和高校创新策源能力的基本概念，为本书明确了研究边界，提供了逻辑起点。其次，回顾了三螺旋理论、资源观理论、内生增长理论和人工智能教育基础理论，为后续章节夯实了理论基石。再次，在充分借鉴相关研究成果的基础上，对高校创新策源能力的维度划分思路、维度类别、分解力内涵与维度释义凝练等方面进行解读，并深入分析了高校创新策源能力及其分解力的作用机理。从次，阐明高校创新策源能力评价体系框架的设计意义与设计原则，完成各维度分解力评价指标体系的设计与指标遴选，系统化设计出评价体系母版，为开展聚焦性评价研究奠定了基础。基于上述铺垫，着重突出高校人工智能教育对区域经济产业的策源作用，构建出人工智能教育视域下的高校创新策源能力评价体系，同时对应各评价指标，采集全国31个省份截面数据，并运用熵权 – TOPSIS、数据包络分析（DEA）等方法对各省份高校创新策源"浓度—效率—潜力"进行评价。进而根据评价结果，明确各省份高校创新策源能力的梯队划分及地理空间分布，清晰定位各梯队省市的高校创新策源使命及实现路径。最后，根据研究结论，基于三个维度提出人工智能教育视域下高校创新策源能力提升策略，着力构建人工智能教育高地、探索人工智能人才培养机制和推进区域产业智能化升级。

二　研究内容

本书的研究内容按照"提出问题—分析问题—解决问题"的思路排布，分为8个章节，具体如下。

第一章　绪论。本章首先介绍了论文选题背景，人工智能教育已成

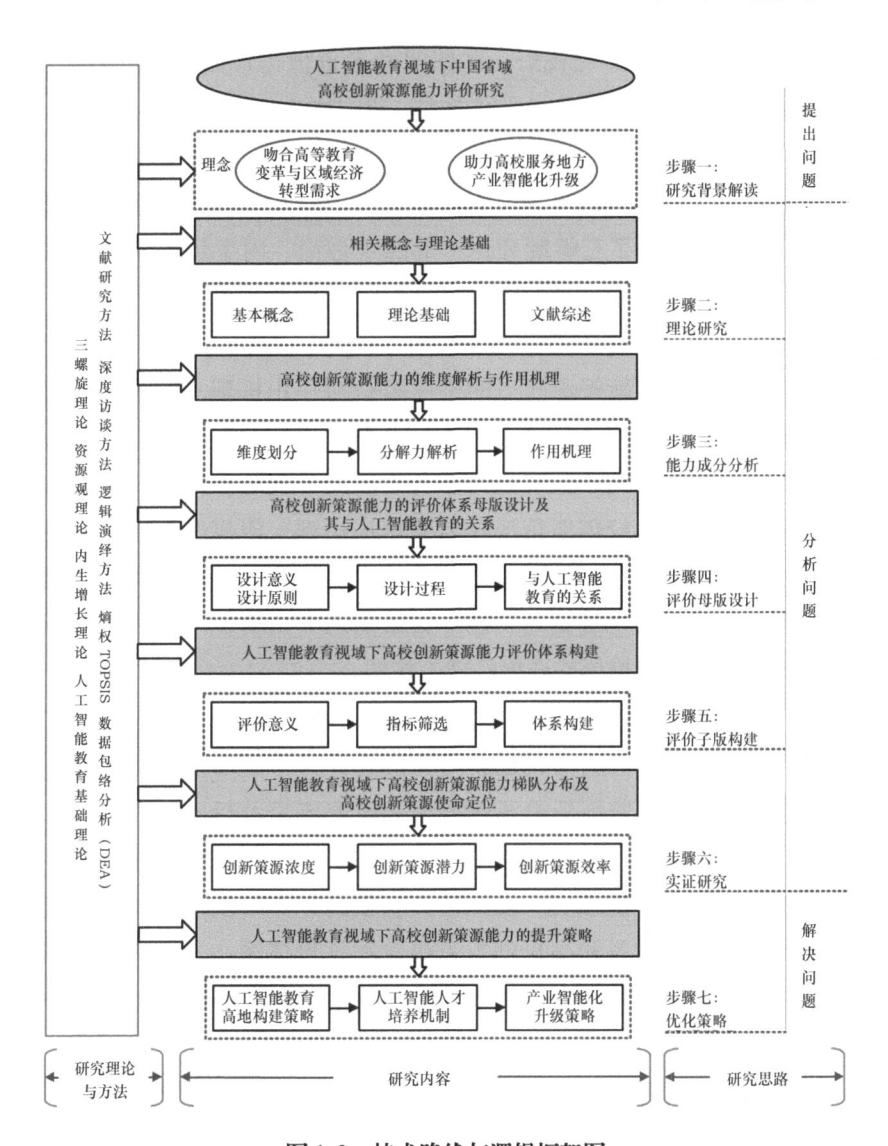

图 1.2　技术路线与逻辑框架图

为高等教育的重要组成部分和新兴研究视域，为系统性评价我国省域高校创新策源能力提供了新视角与新契机。然而，学界现有文献对高校创新策源能力的评价研究不足，对高校人工智能教育的凸显不够，较少成果涉及高校人工智能教育创新策源活动，加快推进高校创新策源能力评价研究十分必要。因此，提出研究问题，阐明研究目的和研究意义，聚焦"人工智能教育视域下中国省域高校创新策源能力评价研究"，力图拓展创新策源能力评价研究视野。在阐明学术价值与应用价值的基础上，详细介绍了本书的研究思路、研究内容、研究方法与主要创新点。

第二章 相关概念与理论基础。本章首先提出了人工智能教育、高校及高校创新策源能力的内涵，为后续章节的展开提供了概念参照与逻辑起点。其次，回顾了三螺旋理论、资源观理论、内生经济增长理论和人工智能教育基础理论，为后续研究奠定了扎实的理论基石，提供了丰富的理论指导。

第三章 高校创新策源能力的维度解析与作用机理。本章从高校创新策源能力的概念出发，按照研究逻辑次第厘清高校创新策源能力的维度划分思路、维度类别、分解力内涵和维度释义凝练等内容，清晰梳理出各维度分解力及高校创新策源能力的作用机理，构建出高校创新策源能力作用机理概念模型，探明高校创新策源供给侧、需求侧和贯通侧依托高校创新策源能力全链贯通、创产共荣的运行机制，为高校创新策源能力评价体系设计与指标遴选提供理论参照。

第四章 高校创新策源能力的评价体系母版设计及其与人工智能教育的关系。本章首先阐明高校创新策源能力评价体系的设计意义及设计原则。其次，充分借鉴创新策源能力相关研究成果及权威文件中具有代表性的指标群，并结合深度访谈结果，分别从高校创新策源能力的存量维度、增量维度和效能维度，设计出高校创新策源浓度评价体系、高校创新策源潜力评价体系和高校创新策源效率评价体系，三者共同构成高校创新策源能力三维评价空间。最后，着重阐明了人工智能教育与高校创新策源能力的关系。

第五章 人工智能教育视域下高校创新策源能力评价体系构建。本章首先明确了开展人工智能教育视域下高校创新策源能力评价研究的现实意义。其次，阐明了评价体系的构建原则与评价指标的筛选思路。最后，在高校创新策源能力评价体系母版的基础上，调整了部分不合适的指标，聚焦于大部分可续用的指标，构建出子版评价体系，即人工智能教育视域下的高校创新策源能力评价体系，为后面开展实证研究奠定了基础。

第六章 人工智能教育视域下高校创新策源能力梯队分布及高校创新策源使命定位。本章首先选择熵权－TOPSIS法评价高校创新策源浓度和高校创新策源潜力,使用 DEA-BCC 模型评价高校创新策源效率。其次,结合 31 省份截面数据,对人工智能教育视域下的高校创新策源能力进行实证研究。再次,结合评价结果,分析了人工智能教育视域下高校创新策源能力梯队划分情况及地理空间分布特征,分别刻画了人工智能教育视域下高校创新策源浓度、潜力、效率及高校创新策源能力梯队地理空间分布图。最后,针对各梯队特点,明确了人工智能教育视域下高校创新策源使命及实现路径。

第七章 人工智能教育视域下高校创新策源能力的提升策略。本章在人工智能教育视域下高校创新策源能力评价结果的基础上,提出了人工智能教育视域下的高校创新策源能力提升策略与路径,充分考虑人工智能教育的属性特点,从多主体多维度出发,重点围绕提升人工智能教育视域下高校创新策源浓度、人工智能教育视域下高校创新策源潜力和人工智能教育视域下高校创新策源效率提出策略建议,切实为高校创新策源活动成效的持续优化和人工智能教育资源的价值释放提供参考与启示。

第八章 结论与展望。本章根据评价结果得出研究结论,指出本书所研究内容的局限性与不足之处,并对后续研究进行了展望。

三 研究方法

本书主要采用如下几种研究方法:

(1) 文献研究方法。收集分析国内外相关文献和研究报告,展开文献综述工作以及本书的总体框架设计。重点在于理论的梳理以及理论模型的构建。在了解学界主要研究思路、研究方法、理论基石的基础上进一步明确本书的研究范畴,同时也为本书进一步开展提供理论、方法和实证支持。

(2) 深度访谈方法。访谈法是社科领域重要的资料收集方法,本书通过与高校学科建设、人才培养、科技创新主管部门负责人,人工智能学院院长、教师及学生,属地教育主管部门工作人员等进行深度交流,了解当前高校创新策源活动及人工智能学科专业群的发展现状,搜集高校创新策源活动的相关信息,提炼高校人工智能教育创新策源活动的现实特征,为构建高校创新策源能力评价体系提供一手定性资料,体现本书的应用价值和推广意义。

（3）逻辑演绎方法。本书以高校创新策源能力的概念为逻辑起点，基于现阶段高校创新策源活动的现实情况，对三螺旋理论、资源观理论和内生经济增长理论等进行延展，通过对高校创新策源能力的维度类别及作用机理进行凝练，构建出高校创新策源能力作用机理概念模型，为构建高校创新策源能力评价体系提供理论基础与机制支持。

（4）熵权 TOPSIS 法。运用 TOPSIS 法进行多目标评价时，确定评价指标的权重对于最终的评价结果影响很大。为了减少确权过程中的主观性干扰，本书采用熵权法确定 TOPSIS 评价过程中的指标权重，并利用熵权 TOPSIS 法测算各省份高校创新策源浓度及创新策源效率。

（5）数据包络分析。该方法简称 DEA，是一种经典的用以研究多投入、多产出决策单元有效性的效率评价工具。使用 DEA 方法研究创新策源效率，可以不含有具体的生产函数，就进行多投入—多产出规模效率估计，还可以进行规模无效单位改进方向和程度的分析研究。高校创新策源存在一定的可控性，且大部分 DMU 难以处于最优的生产规模状态，故本书选用投入导向的规模收益可变模型，即 DEA-BCC 模型。

第六节　主要创新点

目前学界关于创新策源能力的研究往往围绕区域、产业、技术、经济展开，较少涉及高等教育。其实在创新策源活动中，区域创新态势、产业发展规模、先进技术水平及经济结构类型只是创新策源活动终端的具体表现，明确高等院校在创新策源活动中的供给作用，方可呈现创新策源活动全链条画像，因此提出高校创新策源能力这一概念尤为重要。若想具体了解高校创新策源能力的现实水平及未来潜势，需要系统性构建评价指标体系进行分析，因此基于对高校创新策源能力的深入解读，构建高校创新策源能力评价指标体系尤为关键。人工智能教育作为高等教育的一个分支，为数字经济发展和新兴产业迸发提供了智力支持，在高校创新策源能力评价指标体系的基础上，进一步细化评价范围，构建人工智能教育视域下的高校创新策源能力评价指标体系尤为迫切。因此，在高校创新策源能力评价指标体系大框架下，深入评价人工智能教育视域下的高校创新策源能力符合研究逻辑与现实。

本书在系统梳理国内外直接和间接相关文献的基础上，以理论研究为始点，以实证研究为内核，对研究问题进行定性与定量分析，厘清了高校创新策源能力的维度划分思路、分解力内涵和维度释义凝练，清晰梳理出各维度分解力及高校创新策源能力的作用机理，系统评价了人工智能教育视域下高校创新策源能力，在学术思想、学术观点和研究方法上都有一定的创新，具体如下。

（1）本书拓展了创新策源能力的研究边界，深化了对高校创新策源能力的解读。本书将高校创新策源能力视为创新策源能力的下位概念，并基于概念，厘清高校创新策源能力的维度划分思路、分解力内涵及维度释义凝练，进而梳理各维度分解力及高校创新策源能力的作用机理，探明创新策源供给侧、需求侧和贯通侧依托高校创新策源能力全链贯通、创产共荣的运行机制。目前学界关于创新策源能力的理论与评价研究较为丰富，但对高校创新策源能力的研究尚少，在一定程度上延缓了创新能力前瞻式研究和高等教育现代化的探索进程。将高校创新策源能力从创新策源能力范畴中细化出来，是因为创新策源活动的重要供给侧之一就是高校，高校在学科建设、人才培养、科技攻关等方面的势能、潜能、效能在一定程度上决定了区域产业经济的厚度、强度、高度，同时，区域经济产业环境亦反促高校创新策源能力的跃升。因此，本书对高校创新策源能力进行了系统性分解和阐释，丰富了高校创新策源能力相关理论和实践依据，为后续研究夯实了理论根基。

（2）本书设计了高校创新策源能力评价指标体系框架，为开展不同视域下的评价研究提供了母版参照，拓展了评价研究领域的外延。学界已有的相关评价研究成果主要为创新策源能力评价，而未侧重以高校为评价主体，只是将与高校相关的指标囊括于创新策源能力评价体系之中，难以凸显高校促进区域经济产业发展的推动作用。高校是创新策源供给侧的重要主体，以往研究仅从定性层面阐释高校促进区域创新发展的关系，还不足以清晰认知高校创新策源能力的现实水平。高等教育涉产学研政用多个维度，是创新策源活动的助推器和黏合剂，打开高校创新策源能力评价研究切角，符合时代急需与发展实际。因此，本书设计出高校创新策源能力评价指标体系框架，呈现了高校创新策源能力的基本脉络与多维特征，为教育主管部门和学术组织开展不同视域下的高校创新策源能力评价研究提供了一套有参照价值的评价母版。

（3）本书着重考虑新发展阶段的人工智能学科布局、数字经济类型与智能产业结构，进一步聚焦构建了人工智能教育视域下的高校创新策源能力评价指标体系。响应教育部印发的《高等学校人工智能创新行动计划》号召，为高校人工智能学科开展科技创新、人才培养、服务产业需求提供参考，突出研究背景的进步性与时代性。尝试构建人工智能教育视域下的高校创新策源能力评价指标体系，力促评价体系应用价值的实现，为后续相关研究开展提供理论与方法参考。基于评价结果，明确各省份高校创新策源能力的梯队分布及创新策源使命定位，为高校合理配置人工智能教育资源、优化人才培养模式、完善成果转化机制等提供启示。因此，本书从人工智能教育视域，打开了高校创新策源能力评价体系的精细化研究思路，为今后开展各类新兴视域下的评价研究提供了启示与参考，有助于推动创新策源能力的各类下位概念衍生，共同促进创新策源能力学术思想体系的完善和优化。

第七节　本章小结

本章介绍了本书选题背景，提出研究问题，阐明研究目的和研究意义，并详细介绍了研究思路、研究内容、研究方法和主要创新点。具体来说，人工智能教育已成为高等教育的重要组成部分和新兴研究视域，为系统性评价我国省域高校创新策源能力提供了新视角与新契机。然而，学界将人工智能与创新策源能力相结合的研究虽占一定比例，但较少成果涉及高校人工智能教育创新策源活动。因此，细分"创新策源能力评价"研究方向，聚焦"人工智能教育视域下中国省域高校创新策源能力评价研究"具有较高的学术价值和应用价值。此外，本书也着力推动三点创新，一是拓展创新策源能力的研究边界；二是设计高校创新策源能力评价指标体系，进一步拓展评价研究外延；三是聚焦新发展阶段和新知识需求，构建人工智能教育视域下的高校创新策源能力评价指标体系。

第 二 章

相关概念与理论基础

第一节 基本概念

一 人工智能教育

人工智能由技术到学科，成功经历四步走，并逐步成为高等教育的"新贵"。首先是人工智能技术从产业溢至教育，其次是人工智能赋能高等教育智能化转型，在此基础上，人工智能正式跃升为一级学科，现阶段是以人工智能为内核的"智能+"学科群逐步显现。其中，人工智能学科专业的出现，正式把人工智能教育从以技术赋能教育的辅助范畴锁定至专门化的高等教育子领域。人工智能教育的兴起，对广大学者而言是全新的研究领域。

诸多国内外学者从工具化、课程化、学科化、能力化等视角解读人工智能教育。一是基于工具性视角界定人工智能教育的概念。如 Chiu 等（2023）就学习、教学、评估和管理 4 个关键教育领域探究人工智能教育的作用、成效及挑战，提出人工智能教育是应用智能辅导系统、机器人技术、数字化评估等 AI 技术，为师生提供个性化与自适应学习模式，促进授课与学习过程中的知识理解，多时段提供机器支持的查询与即时反馈，持续改进学习方式、研究形式、教学模式、评估手段和管理方法的教育体系[1]。福尼（2022）认为，人工智能教育较多出现在迁移学习、强

---

[1] Thomas K. F. Chiu, Qi Xia, Xinyan Zhou, Ching Sing Chai and Miaoting Cheng, "Systematic Literature Review on Opportunities, Challenges, and Future Research Recommendations of Artificial Intelligence in Education", *Computers and Education: Artificial Intelligence*, Vol. 4, 2023, p. 100118.

化学习、自动诊断与可解释性等领域，旨在运用 AI 技术处理各种学习资料，进而解决实际问题[①]。二是从课程建设角度解读人工智能教育。如 Chiu（2021）认为，人工智能教育虽逐步普及，但组织专家、教师设计相关课程体系难度较大，原因之一便是目前有助于教育实践者专业化、体系化设计人工智能相关课程的有价值信息较少，由此建议人工智能教育课程需包含内容、生产、过程与实践等 4 个方面的课程设计模型，充分解读人工智能知识体系、技术过程、产品构造、互动机制等多个模块[②]。三是从学科发展角度定义人工智能教育。如林健等（2020）梳理了美国人工智能专业的发展脉络，并从中提炼出人工智能教育的概念，认为人工智能教育是以人工智能本科专业为内核，计算机、电气工程、人工智能与决策等学科群为基石，跨学科门类教师共同参与，多学科交叉课程一体贯通的本硕博育人体系[③]。四是从能力塑成视角提炼人工智能教育的内涵。如周志华（2018）认为，人工智能教育是以弱人工智能为重心，能够培育创新型人才的源头创新能力、复杂问题解决能力及关键技术攻关能力的学科[④]。张海生（2020）认为，人工智能教育将在人才培养质量、培养标准、培养规模及培养目标等方面实现新突破，更为注重培养大学生的智能机器竞合能力、自主创新能力、高效学习能力、复杂问题解决能力及批判性思维[⑤]。龙宝新（2023）则更关注"人—机"共强[⑥]。

结合以上代表性学术观点及发展实际，认为人工智能教育是指为提升高等教育在创新领域的时代性和前沿性，跃升高等教育服务区域经济发展和数字产业升级的能量级，在人工智能技术与相关成果需求的双驱动下，高校在"智能+"学科建设、专业设置、课程凝练、师资建设、

---

① Andrew Forney and Scott Mueller, "Causal Inference in AI Education: a Primer", *Journal of Causal Inference*, Vol. 10, No. 1, January 2022, pp. 141–173.

② Thomas K. F. Chiu, "A Holistic Approach to the Design of Artificial Intelligence (AI) Education for K–12 Schools", *TechTrends*, Vol. 65, No. 5, August 2021, pp. 796–807.

③ 参见林健、郑丽娜《美国人工智能专业发展分析及对新兴工科专业建设的启示》，《高等工程教育研究》2020 年第 4 期。

④ 参见周志华《创办一流大学人工智能教育的思考》，《中国高等教育》2018 年第 9 期。

⑤ 参见张海生《人工智能时代的高等教育将如何存在》，《江苏高教》2020 年第 2 期。

⑥ 参见龙宝新《人工智能时代的教育变革及其走向》，《南京社会科学》2023 年第 3 期。

技术攻关、项目研究、平台搭建等方面形成的教育新范式。

二 高校创新策源能力

"策源"一词最早出现于鲁迅《且介亭杂文二集》，具体表述为"北京虽然是'五四运动'的策源地"[1]，这里的策源地指战争、社会运动等策动、起源的地方，也可将其视为策源供给侧的雏形表达。而策源与创新的嬗变融合，则源于上海市人民政府发展研究中心课题组的研究成果《上海建设具有全球影响力科技创新中心战略研究》。该成果为上海设立了"成为科技创新和产业变革的策源地"的发展目标[2]。而后，不少学者开始探讨创新策源能力的概念，普遍认为创新策源具有两个视角：一是"源"的属性。源即原始创新，原始创新活动的迸发量和活跃度决定了创新策源地的供给效率[3]。具有流动性、活跃性、辐射性等特点的创新如流水一般自我发展、自我更新，甚至自我管理，它们源于创新策源高地，漫灌于创新平地或低谷。二是"策"的作用。策即策划，策划的价值借助创新辐射效应实现，即创新主体通过调整科技创新战略，或基于前沿创新资源的集群互融与交叉互鉴，不断优化前沿科技成果转移转化路径，帮助创新主体谋定创新策略、释放成果价值，提高技术转移转化效率[4]，或依托基础研究，持续推动知识创新，回拉知识应用过程中边际效益递减的颓势[5]。

基于对"策""源"的解读，不少学者赋予创新策源能力全新概念。如姚占雷等（2021）将其视作一种原始创新能力，它超越创新模仿，具有源头性和独创性特点，并通过策划、组织各类科技活动将源头积累的

---

[1] 王续添：《从"国家"到"地方"：中国现代国家改造中的"战略退却"——对五四运动和联省自治运动关系的一种考察》，《中共党史研究》2019年第5期。

[2] 参见上海市人民政府发展研究中心课题组、肖林、周国平、严军《上海建设具有全球影响力科技创新中心战略研究》，《科学发展》2015年第4期。

[3] 参见陈强《科学建"源"与合理施"策"》，《世界科学》2020年第S1期。

[4] 参见王少《科技创新策源地：概念、内涵与建设路径》，《科学管理研究》2021年第39卷第2期。

[5] Nathan Rosenberg, "The Commercial Exploitation of Science by American Industry", in Nathan Rosenberg, ed. *Studies on Science and The Innovation Process*, Hackensack: World Scientific Publishing Company, 1985, pp. 7–39.

能量释放至产业链等创新策源需求侧[①]。朱梦菲等（2020）则认为，创新策源能力不仅是一种原始创新能力，除了侧重科技创新，还注重产业创新，尤其是现代产业、创新企业两类集群的形成[②]。敦帅等（2021）认为，创新策源能力指通过提升"创新之策"能力建设和"创新之源"条件建设，打造创新调节和创新能力互依互促的创新路径，推动创新机制持续完善，催生学术新思想、科学新发现、技术新发明、产业新方向争相涌现的综合能力[③]。党倩娜（2020）认为，创新策源是一个与能力和动力有关的概念，既有源头创新的能力，也是驱动创新发展的力量，是创新发源与创新策划两个含义的结合[④]。李万（2020）认为，创新策源能力是指一个国家和地区把握科技创新前沿趋势，策动未来发展，成为科学新规律的发现者、技术发明的创造者、创新产业的开拓者、创新理念的实践者所具备的能力[⑤]。张国云（2021）则认为，创新策源能力是企业针对创新对象，汇聚相关资源，创造并有效转化重大成果，引领未来产业发展的能力[⑥]。以上研究成果突出了创新策源能力的源头性、驱动性等特点，呈现出创新策源能力由创新策源供给侧向创新策源需求侧的作用脉络，这些要素均有助于明确高校创新策源能力的概念。综上推知，高校创新策源能力由高校创新策源供给侧向高校创新策源需求侧施力，其中高校创新策源供给侧为高等教育链，链条主体为高等院校；高校创新策源需求侧为高端产业链，链条主体为高新技术企业。除此两侧，还可将创新链视作高校创新策源贯通侧，三侧相互融合，共生共荣，与三螺旋理论契合[⑦]。

基于以上代表性研究成果，本书认为高校创新策源能力是指高校汇聚教

[①] 参见姚占雷、李倩、许鑫《创新策源能力三力识别模型构建与应用研究》，《科技情报研究》2021年第3卷第3期。

[②] 参见朱梦菲、陈守明、邵悦心《基于AHP-TOPSIS和SOM聚类的区域创新策源能力评价》，《科研管理》2020年第41卷第2期。

[③] 参见敦帅、陈强、马永智《创新策源能力评价研究：指标构建、区域比较与提升举措》，《科学管理研究》2021年第39卷第1期。

[④] 参见党倩娜《"创新策源"的基本含义及功能》，2020年11月13日，http：//www.istis.sh.cn/list/list.aspx？id=12918，2024年5月17日。

[⑤] 参见李万《增强科技创新策源能力的战略选择》，《中国科技论坛》2020年第8期。

[⑥] 参见张国云《创新策源：如何激发企业创投活力？》，《中国发展观察》2021年第8期。

[⑦] 参见李滋阳、李洪波、范一蓉《基于"教育链—创新链—产业链"深度融合的创新型人才培养模式构建》，《高校教育管理》2019年第13卷第6期。

学、科研等育人及创新资源,持续推动关键领域的研发创造,不断提升科技成果转移转化效率,引领产业升级与经济转型的策划与源头供给能力。

第二节 相关理论

一 三螺旋理论

三螺旋原指高校—产业—政府(UIG)三重螺旋,由亨利·埃茨科威兹(Henry Etzkowitz)和罗伊特·雷德斯多夫(Loet Leydesdorff)于20世纪90年代中期共同提出,该理论模型提出了创新理论研究领域的新范式[1],深化了高校、产业、政府三者之间的互动协同关系,引发了对创业型大学的深度思考[2],为后续其他链条主体的融合创新研究奠定了理论基础。

(一)三螺旋理论的核心内容

得益于各类先进技术的赋能,以及融合、跨界创新动机的叠加,创新模式不再局限于单个链条或主体,创新边界逐步模糊,多方创新资源开始由初步融合向深度融合演变[3],高校的育人属性与创业属性同时显现,高校以优势学科群为基础,对区域经济、产业发展起到推动作用,也在推动经济产业发展的阶段中探索更为紧密的合作模式,进而形成高校、产业、政府"1+1+1>3"的三赢局面[4]。三螺旋理论的核心内容可以用三个词来高度概括:一跨界,二融合,三协同[5]。

---

[1] Henry Etzkowitz and Loet Leydesdorff, "The Dynamics of Innovation: from National Systems and 'Mode 2' to a Triple Helix of University-industry-government Relations", *Research Policy*, Vol. 29, No. 2, February 2000, pp. 109 – 123.

[2] 参见余潇潇、刘源浩《基于三螺旋的研究型大学创新创业教育模式探索与实践》,《清华大学教育研究》2016年第37卷第5期。

[3] Maura McAdam and Koenraad Debackere, "Beyond 'triple helix' toward 'quadruple helix' Models in Regional Innovation Systems: Implications for Theory and Practice", *R&D Management*, Vol. 48, No. 1, Dec. 2017, pp. 3 – 6.

[4] Eustache Mêgnigbêto, "Modelling the Triple Helix of University-industry-government Relationships with Game Theory: Core, Shapley Value and Nucleolus as Indicators of Synergy within an Innovation System", *Journal of Informetrics*, Vol. 12, No. 4, Nov. 2018, pp. 1118 – 1132.

[5] Loet Leydesdorff and Martin Meyer, "The Triple Helix of University-industry-government Relations", *Encyclopedia of Creativity, Invention, Innovation and Entrepreneurship*, Vol. 58, No. 2, October 2003, pp. 191 – 203.

三螺旋理论的跨界性在于知识创新组织边界的跨越[1]。其内部可归纳为知识价值理念的跨越、多主体多要素的跨越以及知识体系结构的跨越[2]。螺旋的本质是不同内容的交织，跨越作为交织关系形成的前提，其首要的引领是理念的先行与价值观念的塑造[3]。信息技术促进了知识社会的创造和建构，并决定了创新模式的嬗变机理。传统的创新观念难以适应新时期的模式诉求，使价值导向不断更新升级[4]。传统的技术导向观念逐步演变为服务导向、实践应用、价值创造的核心逻辑[5]。这一理念的关键和更迭，在于多元化内涵的呈现，包括制造与服务的并行、实践与理论的侧重、价值共同塑造的参与[6]。多元化的内涵引领，决定了三螺旋跨越的接纳性，即纳入各类要素、各类任务和建设方向，实现跨越的基础建设。随着跨越内容的引入，三螺旋理论跨界性进入实质性的跨越阶段，即主体、要素不断交织、消融和再创造[7]。人才、信息、资本与技术成果等要素自由循环，形成非线性的网络系统，网络关系的发展奠定，推动了要素的升级、主体边界的跨越[8]。最后，在价值理念与具体要素的跨越之上，形成了打破知识边界的知识创新体系，体系组合、交融后，随之塑造了完整的知识经济社会。由于体系的庞杂性与社会的复杂性，其内

---

[1] Annamária Inzelt, "The Evolution of University-industry-government Relationships during Transition", *Research Policy*, Vol. 33, No. 6 – 7, September 2004, pp. 975 – 995.

[2] Henry Etzkowitz and Loet Leydesdorff, "The Endless Transition: A 'triple helix' of University-industry-government Relations: Introduction", *Minerva The International Review of Ancient Art and Archaeology*, Vol. 36, No. 3, 1998, pp. 203 – 208.

[3] Loet Leydesdorff and Henry Etzkowitz, "Triple Helix of Innovation: Introduction", *Science and Public Policy*, Vol. 25, No. 6, December 1998, pp. 358 – 364.

[4] Inga Ivanova and Loet Leydesdorff, "Redundancy Generation in University-industry-government relations: The Triple Helix Modeled, Measured, and Simulated", *Scientometrics*, Vol. 99, No. 3, August 2013, pp. 927 – 948.

[5] 参见魏春艳、李兆友《基于三螺旋理论的产业共性技术创新研究》，《东北大学学报》（社会科学版）2020年第22卷第2期。

[6] Anders Broström, "The Triple Helix: University-industry-government Innovation in Action", *Papers in Regional Science*, Vol. 90, No. 2, June 2011, pp. 441 – 442.

[7] Dirk Meissner, Mario Cervantes and Jan Kratzer, "Enhancing University-industry Linkages Potentials and Limitations of Government Policies", *International Journal of Technology Management*, Vol. 78, No. 1/2, August 2018, pp. 147 – 162.

[8] 参见周倩、胡志霞、石耀月《三螺旋理论视角下高校创新创业教育政策的演进与反思》，《郑州大学学报》（哲学社会科学版）2019年第52卷第6期。

部的跨越是多样的，可以归纳为"创新"的创新：积极重构与加强创新的组织安排，诠释了子系统通过跨越实现混合组织与混合体系的进化过程，进化的连接器既包括基础性的创新，也囊括跨越行动边界后的新创新[1]。某种层面而言，这种螺旋式的内核跨越，为高校创新与教育事业铺垫了科学的道路：高校的创新，需要跨越式的变动，通过思想建设、主体扩宽、要素泛增及体系扩张，实现知识螺旋化的原始积累。进而，高校在教育实践中，需要强化更多的边界互动，通过与其他主体的边界模糊化行为，积累更多知识变革的能力。

随着三螺旋理论跨界基础的奠定，大学、产业与政府或是教育链、产业链、创新链等多种链条进入三螺旋融合阶段[2]。融合的核心是弥补三螺旋机制中，各主体的实际缺口，以发展适用于三主体协同创新的平台、组织架构[3]。实现三螺旋的动态融合，首要是引导三个主体间产生实质性合作。各主体在保有能力、特色的前提下，通过融合表现出其他协同主体的能力。在增强各自核心功能的同时，延伸和拓展其他主体的一些功能并发挥新作用，为共同合作与螺旋式协同进化奠定上升动力[4]。基于融合的积累，各主体、各螺旋态形成协同合力：宏观和微观的通畅循环，激活人才、信息等资源的充分流动和集聚，实现主体间互惠互利的良性协同创新[5]。因此，三螺旋理论很好地指导了以高校为核心的政产学研体系，服务于高校创新教育事业的革新。

---

[1] Alexander Kaufmann and Franz Tödtling, "Science-industry Interaction in the Process of Innovation: the Importance of Boundary-crossing Between Systems", *Research Policy*, Vol. 30, No. 5, May 2001, pp. 791–804.

[2] Milica Jovanović, Gordana Savić, Yuzhuo Cai and Maja Levi–Jakšić, "Towards a Triple Helix Based Efficiency Index of Innovation Systems", *Scientometrics*, Vol. 127, No. 5, April 2022, pp. 2577–2609.

[3] João PC Marques, João MG Caraça and Henrique Diz, "How Can University-industry-government Interactions Change the Innovation Scenario in Portugal? —the Case of the University of Coimbra", *Technovation*, Vol. 26, No. 4, April 2006, pp. 534–542.

[4] Elias G. Carayannis and Jeffrey Alexander, "Winning by Co-Opeting in Strategic Government-University-Industry R&D Partnerships: The Power of Complex, Dynamic Knowledge Networks", *The Journal of Technology Transfer*, Vol. 24, No. 2, August 1999, pp. 197–210.

[5] Emina Veletanlić and Creso Sá, "Government Programs for University-industry Partnerships: Logics, Design, and Implications for Academic Science", *Research Evaluation*, Vol. 28, No. 2, Nov. 2019, pp. 109–122.

（二）三螺旋理论的研究框架

考虑到三螺旋理论的核心是创新，且自身隶属于创新理论体系，因此三螺旋理论的研究框架大致符合创新体系的要素、关系与功能层面设计[①]。

要素方面，三螺旋创新体系包括大学、产业、政府三主体要素[②]。而主体及其内部联系间的关系要素总和决定了三螺旋创新体系的关键框架。关系要素是支撑三螺旋动态平衡的关键，非研发、非创新活动的服务与支持亦保障了平衡系统的稳定性。学者将三螺旋创新体系关系要素大致分为三类[③]，分别是：①个体创新活动主体与创新机构间的联系。大学、产业主体内部都包含这一类关系，本质上是组织引领下的共同创新过程。②创新与非创新活动的组合。螺旋创新体系也将非创新活动作为重要组成部分。非创新活动是推动研究与试验发展（R&D）创新活动走向市场，实现产业化的必要支撑。③个体机构领域与复杂机构领域的关系。多个机构的合作，积极推动创新知识的产业化和商业化。螺旋创新体系既保持个体机构组织独立身份特色，更强调复杂机构之间的相互作用，促进跨边界的知识创新与组织创新。由此促进三螺旋协同创新和共同进化[④]。

（三）三螺旋理论的演进创新

三螺旋理论演进创新中，随着要素、关系、功能的不断更新与组合，其主要发展出三种演进形态，即：知识空间、创新空间与趋同空间的自我发展[⑤]，以实现知识生产、知识创新、知识应用、知识商业化与工业化

[①] Masato and Imoto, "Industry-Academic-Government Collaboration and the Revitalization of University Education and Research: Example from the Tosa-Cha Project of the Department of Lifestyle Design at University of Kochi", *The Journal of Economic Education*, Vol. 31, September 2012, pp. 146 – 154.

[②] Jingjing Yang and Lianping Ren, "Government-Industry-Education-Research Collaboration in Tourism: University's Perspective", *Journal of Hospitality & Tourism Research*, Vol. 45, No. 5, March 2021, pp. 898 – 901.

[③] William H Becker, *The Dynamics of Business-Government Relations: Industry and Exports*, 1893 – 1921, Chicago: University of Chicago Press, 1982.

[④] 参见柳剑平、何凤琴《基于三螺旋理论的多主体协同创新模式与路径——以江西赣江新区为例》，《江西社会科学》2019 年第 39 卷第 8 期。

[⑤] Glenda Kruss, "Balancing Old and New Organisational Forms: Changing Dynamics of Government, Industry and University Interaction in South Africa", *Technology Analysis & Strategic Management*, Vol. 20, No. 6, Nov. 2008, pp. 667 – 682.

四个目标①。在知识空间的演进中，螺旋理论是指知识经济社会转型中，强化创建知识空间，有效集聚国家或区域内的优势知识创新力量，并减少研发体系的重复建设，促进"临界质量"的生成。其次是趋同空间的塑造，趋同空间将区域内具有不同组织背景与观念的各种创新活动者召集到一起。这些集聚和组织构成了彼此信任和协同合作的关系，提出了对区域发展具有深远意义的创新发展战略。基于趋同空间的延展，创新空间成为实现趋同空间所确定的战略目标的新机构形式和组织机制。大学、产业和政府创新主体之间的螺旋协同创新，创造性地生成的组织形式和组织机制，才可能是知识经济创新发展的根本原因②。

由此可见，三螺旋理论指导了高校、政府与产业或是教育链、产业链、创新链等多种链条主体参与创新事业的逻辑，并重点发挥了高校主体的能动性，通过创新与教育事业的联结，响应并推动国家创新战略的实现③。

二 资源观理论

（一）资源拼凑理论

资源拼凑理论最早由法国学者克洛德·列维－斯特劳斯（Claude Lévi-Strauss）提出，其认为拼凑是对现有思想元素的重构与整合，伴随着拼凑的深度进行，融合出新的认知规则和行为④。同时雅克·德里达等学者对拼凑思想进行补充，强调拼凑是对社会规则或体系的弥补与修改，拼凑的过程就是对社会活动持续的修补，其本质是修补漏洞。由此可见，资源拼凑概念最早出现于哲学研究中，其被定义为思想的完善。

创新资源拼凑的概念最早由美国学者贝克提出，贝克认为，资源拼

---

① Alexander Kaufmann and Franz Tödtling, "Science-industry Interaction in the Process of Innovation: the Importance of Boundary-crossing Between Systems", *Research Policy*, Vol. 30, No. 5, May 2001, pp. 791–804.

② 参见刘飞、王欣亮《新时代军民融合科技创新体系构建：基于三螺旋理论的视角》，《科学管理研究》2018 年第 36 卷第 3 期。

③ 参见卿春、邹贵波、夏换《"三螺旋理论"视域下高校创新创业教育共同体构建》，《贵州社会科学》2018 年第 6 期。

④ 参见黄明、吉祥熙《资源协奏及其在异质情境下的作用机制：综述与展望》，《研究与发展管理》2023 年第 35 卷第 2 期。

凑是创新者的临时行动[1]，即处于资源有限的不良环境中，利用手边有限资源的合理分配与协调，保证创业活动的延续。这一概念也引发国内学者的共鸣，秦剑（2012）认为，资源拼凑的本质是资源创造，尽可能地提升已有资源的利用价值，通过创造性开发避免对外部资源的依赖[2]。不难发现，资源拼凑理论在创业视角下的早期运用中被定义为资源挖掘，强调对自身资源的调整与开发，主管行动者是创业者本身，而未引入互动和协同。

弗尼利等（2006）认为资源拼凑是多主体的合作行为，通过资源分享、共建系统为创新企业带来更大的效益[3]；多梅尼科（2010）则认为，在社会创业中，通过拼凑和互助可有效解决社会创业难题，实现利益均衡发展[4]。至此，正式标志着资源拼凑理论在创业活动中的运用价值，即协调、协同的本质界定已明确。但由于资源拼凑的解读视角不一，其概念也趋于多元化，如表 2.1 所示。

表 2.1　　　　　　　　　　资源拼凑概念界定

视角	定义
资源视角	利用周围资源的二次组合，处理资源危机并发掘发展新机遇
构建主义视角	首先识别资源的内在属性，区分资源多样性，针对性获取资源，保障企业存活
能力视角	资源拼凑是产生竞争优势的自主能力与重要活动形式，使同质资源差异化

综合已有研究可见，资源拼凑是原发性、创造性的主观行动，是资

---

[1] Ted Baker and Reed E. Nelson, "Creating Something from Nothing: Resource Construction through Entrepreneurial Bricolage", *Administrative Science Quarterly*, Vol. 50, No. 3, September 2005, pp. 329 – 366.

[2] 参见秦剑《基于创业管理视角的创业拼凑理论发展及其实证应用研究》，《管理评论》2012 年第 24 卷第 9 期。

[3] Elaine Ferneley and Frances Bell, "Using Bricolage to Integrate Business and Information Technology Innovation in SMEs", *Technovation*, Vol. 26, No. 2, February 2006, pp. 232 – 241.

[4] Maria Laura Di Domenico, Helen Haugh and Paul Tracey, "Social Bricolage: Theorizing Social Value Creation in Social Enterprises", *Entrepreneurship Theory and Practice*, Vol. 34, No. 4, July 2010, pp. 681 – 703.

源匮乏者通过资源获取、资源整合、资源重组等手段突破资源束缚的环境，以灵活多变的策略应对资源危机，达到满足自身生存或发展的最低状态。从概念而言，资源拼凑从最初的"修补论"到今日的"协调协同观"，这个跨越并不单是主体的变动与调整，更是从被动到主动的反应机制改变，反映出各组织对资源危机的应对能力与调控思路。

资源拼凑依据不同的分类方式有不同的内涵与形式，如表 2.2 所示。

表 2.2　　　　　　　　　资源拼凑的分类解读

分类方式	并行拼凑	连续拼凑
以拼凑方式分类	同时进行多个项目的资源拼凑，优先级一致，若出现拼凑阻碍时，则放弃某个项目，直至时机成熟再度进行	同时仅进行一个项目的资源拼凑，直至出现结果（失败或成功），才进行第二次资源拼凑
以资源种类分类	关系网络拼凑 基于社会网络进行资源拼凑，依赖于创客的关系网进行资源获取	技术拼凑 以专业技术进行资源整合拼凑，通过即兴创作进行资源攻关
以创新角度分类	手段导向型拼凑 利用周边资源进行快速拼凑，适应突然出现的机遇或解决突发性问题	目标导向型拼凑 依据所需的资源设定拼凑计划，在结果已知的情况下预测信息，获得有利资源

资源观的拼凑视角补充了高校科技创新事业在资源匮乏时的转化能力。某种层面而言，人工智能等新型教育资源、视角的引入，正是唤醒高校创新策源能力的拼凑行为，通过交叉学科的"拼凑式"互补，推动创新优势与能力的更新。

（二）资源基础理论

资源基础理论将组织视为异质性资源的集合体，组织通过各项异质性资源的运用与分配来获取可持续、更稳定的竞争优势，并获得更高的组织绩效。资源基础理论有两大核心前提假设[①]：一是组织获得的资源具

---

① 参见刘力钢、刘杨、刘硕《企业资源基础理论演进评介与展望》，《辽宁大学学报》（哲学社会科学版）2011 年第 39 卷第 2 期。

有鲜明的异质性表现，资源的异质性本质造就了组织的独特性；二是组织资源具备不完全流动性[1]，导致生产性要素出现不同的使用效果、效率，继而推动企业资源异质性的保持。资源基础观强调，组织内部的资源决定了组织的市场地位与竞争优势，异质性的特征决定了组织的差异，也由此产生了组织绩效的差异；源基础观，明确突出了组织资源的基础性地位，资源的优劣、积累是决定组织上层建筑的关键与保障。

资源基础理论的最大贡献在于将发展的关注点从竞争、壮大聚焦至竞争动力的来源——资源，组织成长的动力源自资源的异质性特征与资源使用方式的差异。巴尼（1991）将组织资源分为物质资源、人力资源等，而能赋予组织竞争优势的资源则一般具备四个特性：价值、稀缺属性、不可模仿、不可替代[2]。从发展的视角来看，资源拼凑理论是资源基础理论的延伸与"实际化"改造：其一，资源基础理论无法指导拥有同质资源的企业突破竞争边界，获取异质价值与可持续发展能力；其二，一旦组织处于非流动资源状态，即资源固化、僵硬时，组织该如何获取竞争优势；其三，如何在缺乏资源这一基础条件时，组织将有限资源或劣质资源转换为有价值、稀缺、不可模仿与不可替代的高质量资源。对于这些问题，资源拼凑观则能很好地回答与解释。

（三）资源依赖理论

资源依赖理论认为，组织依托于外部环境进行发展，强调组织需要与外部环境进行交流、互动与交换，资源的有效获取才能为组织提供长久生存的动力。资源依赖观提出的核心假设为：组织无法孤立地自给自足生存，为了发展必须获得资源，为了获得资源必须依赖外部环境，资源的稀缺性和必要性决定组织的依赖性本质[3]。由此可见，资源依赖理论是资源拼凑的前提和基础，资源依赖观所倡导的组织对外界的适应与反应能力，在行动侧即表现为资源拼凑行为，是组织对自身处境的挣扎与奋斗，也是对外部环境的自我适应与调整。同时，资源依赖理论凸显了

---

[1] 参见张继亮、王映雪《资源与结构组织发展的双重依据》，《学术交流》2022年第5期。

[2] Jay Barney, "Firm Resources and Sustained Competitive Advantage", *Journal of management*, Vol. 17, No. 1, March 1991, pp. 99–120.

[3] Michael Connolly and Chris James, "Collaboration for School Improvement", Educational Management Administration & Leadership, Vol. 34, No. 1, January 2006, pp. 69–87.

环境动态性，即外部资源亦具有流动性和变化性，组织需要对外部机会进行识别、把握，而后进行获取与应用，环境动态观点的产生为资源拼凑行为提供了可能性与理论尝试，也突出了资源拼凑的一个核心特征：主观能动性，资源拼凑是组织对外部环境的主动融合，也是和外部其他组织的交流、学习和交易[1]。

三 内生增长理论

经济增长从狭义上理解是指社会总财富的增加，通常用国内生产总值的增长率来表示，在一定程度上代表了国家的经济发展趋势，对于国家发展具有重要意义[2]。长久以来，经济学家一直致力于研究该主题，试图解释国家内部和国家之间的财富差异产生的来源。从古典经济增长理论到新古典经济增长理论，再发展到内生经济增长理论，各派经济学者基于不同视角，探讨了国民财富的性质和来源、经济增长的动力和决定要素[3]。而内生经济增长理论处于前沿的原因，在于以罗默为代表的经济学者们在新古典经济增长模型的基础上，结合时代变化和特征，创造性地挖掘出了技术和人力这两项内生于经济发展之中的决定性要素[4]。

（一）重商主义

中世纪末期，伴随着欧洲国家从封建制度转向资本主义，这一段时期主要的经济学说为"重商主义"[5]。重商主义学说由米拉波在1763年提出，主张以国家富强为目标，重视工业、商业，以及国家干预经济活动，包括采用国家力量，比如建立第三方部门来监督工商业的生产活动质量。

---

[1] 参见原长弘、贾一伟、方坤等《中国大学体制类型对高校知识转移的影响：一个基于资源观的分析》，《科学学与科学技术管理》2009年第30卷第7期。

[2] Ron Martin and Peter Sunley, "Slow Convergence? The New Endogenous Growth Theory and Regional Development", *Economic Geography*, Vol. 74, No. 3, July 1998, pp. 201–227.

[3] Christopher A. Laincz and Pietro F. Peretto, "Scale Effects in Endogenous Growth Theory: an Error of Aggregation Not Specification", *Journal of Economic Growth*, Vol. 11, No. 3, October 2006, pp. 263–288.

[4] Alain Alcouffe and Thomas Kuhn, "Schumpeterian Endogenous Growth Theory and Evolutionary Economics", *Journal of Evolutionary Economics*, Vol. 14, No. 2, June 2004, pp. 223–236.

[5] Ramesh Chandra and Roger J. Sandilands, "Does Modern Endogenous Growth Theory Adequately Represent Allyn Young?", *Cambridge Journal of Economics*, Vol. 29, No. 3, January 2005, pp. 463–473.

基本观点包括：首先，黄金白银这类重金属等价于财富，因此一国增加财富的最佳渠道为增加金银货币，这也对英国通过殖民方式掠夺他国财富的行动提供了理论指导[1]。其次，"重商"不仅包括商业、贸易，亦包括工业及生产。各国通过生产加工高附加值的产品，利用国家力量保证生产活动的效率以及产品的质量，再通过贸易顺差获得足够的金银储备，这亦导致了国家对劳动力的大量需求。在15—17世纪科技力量并不发达的时期，重商主义促进了西方国家经济日益繁荣，然而由于其过多采用贸易垄断、贸易保护以及殖民掠夺他国财富的方式，使得该学说存在时代局限性。

(二) 古典经济增长理论

18—19世纪，以魁奈、亚当·斯密和大卫·李嘉图等经济学者为代表所提出的古典经济增长理论扬弃了重商主义学说中有关"经济增长主要依赖金银货币财富增加积累"的观点，提出国民财富的来源是一国在生产经营活动中产生的物质（产品），并非金银等贵金属，并主张用资本和劳动取代金银货币作为经济增长中的关键性因素。其中，亚当·斯密最早在 Wealth of Nations（《国富论》）中对国民财富的性质和来源进行了研究，其主要观点包括：国家财富增长主要依赖劳动分工和原始资本积累，自由市场机制亦在国民财富增长中扮演重要角色[2]。其中分工使得个人和部门能够生产其具备绝对优势的产品，因而能够最大限度地提升劳动生产效率，从而在交换中获益。因此，劳动力的规模（工人数量）和质量（素质及专业熟练度）能够对国民财富增加产生重要影响[3]。而资本积累则能够影响分工的扩张与效率，与劳动分工的规模和细致度息息相关。这一点亦得到其他古典经济学家的认同，巴蒂斯特·萨伊更是将资本积累置于国民财富增长的首要位置。在代表作《政治经济学概论》中

---

[1] Dennis A. Kopf, "Endogenous Growth Theory Applied: Strategies for University R&D", *Journal of Business Research*, Vol. 60, No. 9, September 2007, pp. 975 – 978.

[2] Robert U. Ayres, "Towards a Disequilibrium Theory of Endogenous Economic Growth", *Environmental and Resource Economics*, Vol. 11, No. 3, April 1998, pp. 289 – 300.

[3] Hiro Izushi, "What Does Endogenous Growth Theory Tell about Regional Economies? Empirics of R&D Worker-based Productivity Growth", *Regional Studies*, Vol. 42, No. 7, August 2008, pp. 947 – 960.

萨伊指出，机器和科学，作为资本的主要形式能够赋能工业活动生产出更多种类和数量的产品，从而使得一国积累财富①。此外，萨伊亦创造性地提出，货币作为一种交易机制并不是经济繁荣或萧条的根本原因，并提出萨伊定律，即通过供给来引领、创造、带动需求②。随后，大卫·李嘉图在此基础上进一步研究了收入分配问题，提出比较优势理论，认为技术进步、优化国际分工均是国民财富增加的重要因素。此外，李嘉图所提出的边际生产力递减规律为新古典经济理论等研究奠定了思想基础。

（三）新古典经济增长理论

20世纪50年代，黄金时代来临。新古典增长理论通常认为以经济学家罗伯特·索洛提出的索洛经济增长模型为代表，其核心观点为：短期来看，劳动力和资本积累是经济增长的主要动力；而长期来看，技术进步才是决定性因素。索洛在柯布道格拉斯生产函数的基础上，强调并引入技术进步要素，极大增强了经济增长理论的解释性，特别是针对发展中国家的经济增长率高于发达国家的现象。在新古典经济增长理论中，强调了各国经济增长速度会在长期趋于一致。在这种平衡稳定的状态下，技术进步作为一种外生要素，为经济增长注入了新的活力，开拓了新的增长空间③。

（四）内生经济增长理论

20世纪80年代中期，以卢卡斯和娜莫为代表的经济学家逐渐在新古典经济增长理论上发展出新经济增长理论，即内生增长理论④。代表性的增长模型包括收益递增增长模型和专业化人力资本积累增长模型。前者由保罗·罗默于1986年提出，该模型将知识和技术研发作为经济增长的重要因素，罗默将技术内生化，认为创新和创意机制是使得经济能够实

---

① Matthew Watson, "Endogenous Growth Theory: Explanation or Post Hoc Rationalisation for Policy?", *The British Journal of Politics and International Relations*, Vol. 6, No. 4, Nov. 2004, pp. 543 – 551.

② Gabriel Fagan, Vitor Gaspar and Peter McAdam, "Immanuel Kant and Endogenous Growth Theory", *Scottish Journal of Political Economy*, Vol. 63, No. 5, September 2015, pp. 427 – 442.

③ Ron Martin and Peter Sunley, "Slow Convergence? The New Endogenous Growth Theory and Regional Development", *Economic Geography*, Vol. 74, No. 3, July 1998, pp. 201 – 227.

④ Daniel Dujava, "Innovation Processes from the Viewpoint of the Theory of Endogenous Growth", *Ekonomicky Casopis*, Vol. 61, No. 6, 2013, pp. 618 – 633.

现长期增长的保障机制，并提出了知识溢出模型①。20世纪90年代，罗默再次将人力资本要素引入内生增长模型，即强调了人力资本、知识、技术对于经济增长的重要性，以及投资和知识能够形成良性循环，从而持久地提升经济增长率②。后者，专业化人力资本积累增长模型则由卢卡斯提出。卢卡斯与罗默的观点一脉相承，并进一步就人力资源展开研究，发现人力资本增值速度与经济产出的规模与速度成正比，因而人力资本的积累具有外部性。人力资本、知识的外溢作用及随之而来的外部性推动了研发技术的发展，并最终对经济增长产生重要影响。综上所述，内生经济增长理论认为，一国在劳动投入和分工的过程中，由于需要对劳动力进行教育、培养等投资，因而会形成人力资本。在其他资本投入的过程中，研发活动、创新创意活动能够带来技术的更新与迭代。将技术进步内生化，其收益递增能够带来经济增长率的长期提高③。总而言之，技术创新等创新活动是主要来源，而劳动分工以及具备较高成熟度和素质的人力资源力量则是能够决定技术创新水平的关键驱动力。这一观点补充了长久以来主流经济学对技术关注度的缺失，亦符合当下社会发展需求，技术创新逐渐成为不可或缺的时代推动力。

基于内生经济增长理论，可以明晰技术创新、劳动分工程度、专业化人力资源积累三大要素对经济增长的重要作用④。这对人工智能教育体系中，中国省域高校实现长期的创新绩效增长有重要的启示意义。高校一直是新思想、新发明、新技术、新兴产业的重要策源地，其创新、创意活动水平的高低将决定高校创新体系能力的强弱。在人工智能教育体系中，新一代信息技术和观念的引入，将对体系内部劳动力分工以及人

---

① Elhanan Helpman, "Endogenous Macroeconomic Growth Theory", *European Economic Review*, Vol. 36, No. 2, April 1992, pp. 237–267.

② Zoltan Acs and Mark Sanders, "A Theory of Entrepreneurial Rents in Endogenous Growth: Implications for Regional Innovation Policies", *International Journal of Human Resource Management*, Vol. 19, No. 4, 2011, pp. 528–542.

③ Sergio Salas, "A Liquidity Crunch in an Endogenous Growth Model with Human Capital", *Southern Economic Journal*, Vol. 88, No. 3, Nov. 2021, pp. 1199–1238.

④ Stanislao Gualdi and Antoine Mandel, "Endogenous Growth in Production Networks", *Journal of Evolutionary Economics*, Vol. 29, No. 1, January 2018, pp. 91–117.

力资源的专业化带来颠覆性的影响①。而罗默、卢卡斯等经济学家的研究结果证实，这两者又会从根本上决定创新活动的质量高低。具体而言，人工智能教育能够加快高校、产业、产学研合作创新平台、科技服务平台等创新平台的搭建。这些创新平台极大提高了省内、省外创新资源的配置效率，并提升了体系内人力资源专业化程度，将有助于高校立足于学科优势，加快推进科技成果转化，致力于"卡脖子"技术攻关，进而培育高校创新策源新动能②。

四　人工智能教育基础理论

（一）人工智能对教育的支撑作用

随着人工智能与教育事业的交叉联动，人工智能教育基础理论逐步成为高校创新策源活动的重要指引③。在教育质量优化路径中，借助以计算为基础的人工智能技术，将模式识别、深度学习、机器应用等方式应用于教育、教学、创新、研发等高校产品管理、教学系统产品生成和学习系统产品实践等板块中，实现人工智能对教育的基础性支持④。人工智能对教育的基础支撑作用，主要呈现在学习性服务、教学性服务以及行政性服务三个方面⑤。在学习性服务中，人工智能基于特征分析和预测功能，建构自适应系统与个性化智能辅导系统，这些产出极大程度辅助了学生的学习能力，形成围绕自主学习、动态学习的服务性功能⑥。而在教学性服务方面，人工智能教育主要引领了互动和交流的教学场景。其包括主体与人工智能应用实体的交互感，主体对应了人工智能教育情景中

---

① Giovanni Dosi, Andrea Roventini and Emanuele Russo, "Endogenous Growth and Global Divergence in a Multi-country Agent-based Model", *Journal of Economic Dynamics and Control*, Vol. 101, April 2019, pp. 101–129.

② 戚湧：《内生增长理论与高校产学研结合创新研究》，《江苏高教》2007年第2期。

③ Ron Good, "Artificial Intelligence and Science Education", *Journal of Research in Science Teaching*, Vol. 24, No. 4, April 1987, pp. 325–342.

④ Geoff Cumming, "Artificial Intelligence in Education: An Exploration", *Journal of Computer Assisted Learning*, Vol. 14, No. 4, June 1998, pp. 251–259.

⑤ Sisi Li and Baocun Liu, "Joseph E. Aoun: Robot-proof: Higher Education in the Age of Artificial Intelligence", *Higher Education*, Vol. 77, No. 4, June 2019, pp. 757–759.

⑥ Noemi Halpern, "Artificial Intelligence and the Education of the Learning Disabled", *Journal of Learning Disabilities*, Vol. 17, No. 2, February 1984, pp. 118–120.

的"人"特色,应用实体对应了人工智能教育中的"物"或"工"概念[1]。前者以教师、学业同伴、教学管理者为主导,后者以服务性产品或机器为主体[2]。两者的交融为人工智能教育的教学性服务产生视觉、感觉、触觉与听觉的多维表达[3]。视觉是人工智能的人智互动结果,通过视觉产物的实体表达辅导教育知识的传递效果。感觉是以多种场景下的信息转化形成意义、内涵和概念的准确传递[4]。触觉和听觉是伴随视觉产物下的联动反馈,如百度智能云、华为5G+人工智能系统等,辅助教学性服务的高质生成。行政性服务则以面向学生、教师、系统的人工智能聚合软件为主[5]。其通过智能技术嵌入的教育系统要素,引导人工智能与教育教学相结合,形成不同应用方向、趋势、层次的实践形态,协助教学管理者优化教育管理内容,使人工智能教育应用达到融合与协调状态[6]。行政性服务具体包括智能环境、智能工具、智能管理等一系列具体平台[7]。

(二)人工智能对教育关系的重塑作用

基于学习性服务、教学性服务以及行政性服务的延展融合,人工智

---

[1] Joanne Harmon, Victoria Pitt, Peter Summons and Kerry J. Inder, "Use of Artificial Intelligence and Virtual Reality Within Clinical Simulation for Nursing Pain Education: A Scoping Review", *Nurse Education Today*, Vol. 97, February 2021, p. 104700.

[2] 孙田琳子:《人工智能教育中"人—技术"关系博弈与建构——从反向驯化到技术调解》,《开放教育研究》2021年第27卷第6期。

[3] Michael J. Timms, "Letting Artificial Intelligence in Education out of the Box: Educational Cobots and Smart Classrooms", *International Journal of Artificial Intelligence in Education*, Vol. 26, No. 2, January 2016, pp. 701–712.

[4] Hui Luan, Peter Geczy, Hollis Lai, Janice Gobert, Stephen JH Yang, Hiroaki Ogata, Jacky Baltes, Rodrigo Guerra, Ping Li and Chin-Chung Tsai, "Challenges and Future Directions of Big Data and Artificial Intelligence in Education", *Frontiers in Psychology*, Vol. 11, October 2020, p. 580820.

[5] Jia-Cing Liang, Gwo-Jen Hwang, Mei-Rong Alice Chen and Darmawansah Darmawansah, "Roles and Research Foci of Artificial Intelligence in Language Education: An Integrated Bibliographic Analysis and Systematic Review Approach", *Interactive Learning Environments*, Vol. 31, No. 7, July 2021, pp. 4270–4296.

[6] Yuan Yuzhi and D Yuhong, "The Impact of Artificial Intelligence on Skill Demands and Its Implications for Education Supply—An Empirical Study Based on a Procedural Hypothesis", *Educational Research*, Vol. 40, No. 2, 2019, pp. 113–123.

[7] Arash Heidari, Nima Jafari Navimipour and Mehmet Unal, "Applications of ML/DL in the Management of Smart Cities and Societies Based on new Trends in Information Technologies: A Systematic Literature Review", *Sustainable Cities and Society*, Vol. 85, October 2022, p. 104089.

能形成了硬件与软件的整合，并推动高校事业高质量发展①。在硬件方面，通过各类实质性系统，辅助高校教育要素高效互动、展现；在软件方面，则是面向教育价值的关系补构，是在智能本质决定下，兼具计算、感知、表征后的识别、推理技术对教育教学要素的样式补充。在软件中，人工智能辅助高校教育各类主体做到"人—技"互动状态，为教育事业增值奠定基础②。在硬件与软件的联系中，人工智能教育形成了"潜件"的发展方向，潜件是指人工智能以解决方案的形式，将教育应用作为应用人工智能技术解决教育问题的系统性方案③。潜件的特色在于将软硬件的"人—技"关系升级为"人—智"结构。人工智能推动教育主体与受教育客体利用人工智能应用形态、人工智能交互方式与交互形态，形成"角色—拟态"的互动关系④。人工智能教育的应用态，是将人工智能技术应用于教育系统、实践后转化为智慧教育模式与状态，表征为人工智能的教育化用途⑤。人工智能教育的交互方式，则指人工智能发挥功能，结合学习性服务、教学性服务与行政性服务等内容，生产服务价值的技术手段⑥。人工智能交互形态，则指人工智能对教育层面应用后的技术性物化结构，其深刻影响了教育事业对人工智能的认知、理解与使用。"人—智"结构的呈现，取决于上述三种人工智能机制对角色拟态的反应能力。人工智能利用媒介化技术实现拟态角色的建立，最终满足教育角色应用需求，在两者的不断升级互动中，动态完成"人智"相依的系统样态。"拟态"的出现需要先经过多个阶段，包括模拟阶段、成熟阶段、仿

---

① Bo Göranzon and Magnus Florin, *Artifical Intelligence, Culture and Language: On Education and Work*, Berlin: Springer Science & Business Media, 2012.

② Yinying Wang, "When Artificial Intelligence Meets Educational Leaders' Data-informed Decision-making: A Cautionary Tale", *Studies in Educational Evaluation*, Vol. 69, June 2021, p. 100872.

③ 袁莉、曹梦莹、约翰·加德纳、迈克尔·奥利里：《人工智能教育评估应用的潜力和局限》，《开放教育研究》2021 年第 27 卷第 5 期。

④ 权国龙、顾小清、汪静：《人工智能教育应用的视觉交互"赋能"效应研究》，《开放教育研究》2021 年第 27 卷第 4 期。

⑤ 孙妍：《从"知识图谱"到"人机协同"——论人工智能教育对教师的重塑和挑战》，《高教探索》2021 年第 3 期。

⑥ 李晓岩、张家年、王丹：《人工智能教育应用伦理研究论纲》，《开放教育研究》2021 年第 27 卷第 3 期。

真阶段和创新应用阶段①。

（三）人工智能对高校创新的赋能作用

人工智能完成人智系统建设后，初步为高等教育进阶奠定了基础，即形成完整的人工智能教育基础。人智系统的前沿性不仅适用于高校的基础课堂应用，还可以推动实验室交互、课题验证、创新研发等一系列活动。简言之，人工智能教育基础既升级了传统的课堂教学能力，还满足了高校的创新能力建设。人工智能教育基础对高校创新能力的赋能通则主要呈现在三个方面。其一，学者认为人工智能推动了高校创新活动的可视化进程，增强了创新意向对象的可见性。利用人工智能交互机制，实现了高校创新的视觉优化②，比如视觉赋能实现了实验细节、成果检测等任务的可见化、显微化与清晰化。此外，通过本机制的过滤能力，可以排除创新过程中的杂项，如失误细节、应选用低效等，过滤了大量的灰色信息，使创新过程的黑箱白色显性化。其二，人工智能教育基础实现了创新过程的可变性。在创新活动中，利用庞大的人工智能语言，引导教育系统和被支持主体看懂创新诉求，通过人工智能还原式或催化式视觉转化以及智能机器"人格化"表达，使创新内容、结果趋于完美，以形义一致的方式实现创新高级智能化③。其三，人工智能教育基础在价值和意义层面，推动创新交互过程的智慧性。人工智能教育基础引导高校创新主体，基于智慧化立场、角度及方法研究客体，实现创新质量的初步提升④。进而通过多模态高密集的人工智能技术，辅助创新运算、模

---

① Pu Song and Xiang Wang, "A Bibliometric Analysis of Worldwide Educational Artificial Intelligence Research Development in Recent Twenty Years", *Asia Pacific Education Review*, Vol. 21, No. 3, August 2020, pp. 473－486.

② Maya Banerjee, Daphne Chiew, Keval T. Patel, Ieuan Johns, Digby Chappell, Nick Linton, Graham D. Cole, Darrel P. Francis, Jo Szram, Jack Ross and Sameer Zaman, "The Impact of Artificial Intelligence on Clinical Education: Perceptions of Postgraduate Trainee Doctors in London (UK) and Recommendations for Trainers", *BMC Medical Education*, Vol. 21, No. 1, August 2021, p. 429.

③ Yang Xiangdong, Julia Shaftel, Douglas Glasnapp and John Poggio, "Qualitative or Quantitative Differences: Latent Class Analysis of Mathematical Ability for Special Education Students", *The Journal of Special Education*, Vol. 38, No. 4, February 2005, pp. 194－207.

④ Kathleen A. J. Mohr, Guoqin Ding, Ashley Strong, Lezlie Branum, Nanette Watson, K. Lea Priestley, Stephanie Juth, Neil Carpenter and Kacy Lundstrom, "Reading the Past to Inform the Future: 25 Years of The Reading Teacher", *The Reading Teacher*, Vol. 71, No. 3, October 2017, pp. 251－264.

型切换，进一步强化创新效力。总体来看，伴随智慧要素融入创新各环节，先进知识技术应用于创新全生命周期，人工智能教育极大推动了高校创新及高校创新策源能力的产生。在人工智能与高等教育融合过程中，高校创新群体的观念、技术供给能力、高素质人才、共性共享资源不断补充，受益于智慧化运作，各类资源浓度显著高于传统创新阶段[1]。因此，人工智能教育基础基于软件、硬件、潜件的综合应用，对高校创新的赋能是全方位、多层次、多视角的，不仅推动了创新活动各环节的进步，而且保障了创新成果的卓越递增[2]。

第三节 本章小结

本章主要对相关理论基础与基本概念进行了阐述。首先，提出了人工智能教育、高校及高校创新策源能力的内涵，为后续章节的展开提供了概念参照与逻辑起点。其次，详细介绍了相关基础理论，重点对三螺旋理论的核心内容、研究框架、演进创新等与本研究相关度较高的内容进行了凝练；分析了资源观理论，主要囊括资源拼凑理论、资源基础理论和资源依赖理论等内容；基于重商主义、古典经济增长理论和新古典经济增长理论的发展历程，对内生经济增长理论作了解读；阐述了人工智能教育基础理论的相关要点，为后续研究开展奠定了理论基石。

---

[1] 参见郑刚、杨雁茹、张汶军《生命价值与技术变革的现实"联姻"——基于人工智能教育应用的哲学审思》，《电化教育研究》2021年第42卷第3期。

[2] Phillip S. Strain and Gail E. Joseph, "A not So Good Job with 'Good job': A Response to Kohn 2001", *Journal of Positive Behavior Interventions*, Vol. 6, No. 1, January 2004, pp. 55–59.

第 三 章

高校创新策源能力的维度解析与作用机理

相关文献、理论梳理及高校创新策源能力的概念提出，为深入解析高校创新策源能力维度奠定了理论基础，本章从维度划分思路、维度类别、分解力内涵、维度释义凝练和作用机理五个方面开展研究，分别解读各维度分解力的内循环机理，并系统化提炼高校创新策源能力的作用机理。

第一节 维度划分思路

依据学界划分创新策源能力维度的主要思路对高校创新策源能力进行维度划分具有科学性和可行性。目前划分思路有三种，且集中体现于评价研究。

一 参照官方文件文本的划分思路

参照《关于面向全球面向未来提升上海城市能级和核心竞争力的意见》提出的"学术新思想、科学新发现、技术新发明、产业新方向"四个维度对创新策源能力进行划分，并从投入产出角度对四个"新"进行评价，代表性观点如表 3.1 所示。

表 3.1 创新策源能力维度划分（政策文件要义）

划分原则	一级维度	二级维度	维度释义	学者
《关于面向全球面向未来提升上海城市能级和核心竞争力的意见》提出的"学术新思想、科学新发现、技术新发明、产业新方向"四个维度	学术新思想	创新基础 创新投入 创新产出	均从三个方面对四个"新"进行评价，三个方面分别是： （1）创新基础是指引才育才留才的软硬件环境，为创新型人才开展创新策源活动提供平台支撑 （2）创新投入是指各类创新要素投入，看其是否充足，为创新策源活动长期稳定开展提供有力保障 （3）创新产出是指基于从 0 到 1 的原始创新，催生新成果、新技术、新产品、新产业、新经济	朱梦菲等（2020）[1]
	科学新发现	创新基础 创新投入 创新产出		
	技术新发明	创新基础 创新投入 创新产出		
	产业新方向	创新基础 创新投入 创新产出		
	学术新思想	学术资源水平 学术思想产出	科学新思想的投入与产出分别用区域学术资源的现实水平和学术思想的产出情况来阐释	敦帅等（2021）[2]
	科学新发现	科学资源投入 科学发现产出	科学新发现的投入与产出分别用区域科技资源的投入水平和科技成果的产出情况来阐释	
	技术新发明	发明技术披露 发明技术价值	技术新发明的投入与产出分别用区域技术专利的申请数量和技术发明的价值呈现来阐释	
	产业新方向	产业研发投入 创新产业比例	产业新方向的投入与产出分别用产业研发投入水平和创新产业占比来阐释	

[1] 参见朱梦菲、陈守明、邵悦心《基于 AHP-TOPSIS 和 SOM 聚类的区域创新策源能力评价》，《科研管理》2020 年第 41 卷第 2 期。

[2] 参见敦帅、陈强、马永智《创新策源能力评价研究：指标构建、区域比较与提升举措》，《科学管理研究》2021 年第 39 卷第 1 期。

二 基于特定视角的划分思路

基于关联性较强的区域、行业、专利视角划分创新策源能力的维度。比如围绕粤港澳大湾区这一创新策源浓度较高的创新引领区域，立于4个基准层划分创新策源能力；在新能源汽车、人工智能产业背景下，探讨创新策源能力的维度划分；抑或是基于专利视角，分析创新策源能力，详见表3.2。

表 3.2　　　　创新策源能力维度划分（基于关联性较强的视角）

划分原则	维度	学者	维度	学者	维度	学者	维度	学者
基于与创新策源能力关联性较强的某类视角	技术创新策源能力	刘琦(2021)①	基础层	胡斌等(2020)②	战略前瞻能力	傅翠晓等(2021)③	创新策源投入	衣春波等(2021)④
	产业创新策源能力		技术层		学术创新能力		创新策源产出	
	创新应用策源能力		应用层		技术创新能力		创新策源质量	
	科学创新策源能力				产业集聚能力			

三 立足概念的划分思路

从概念出发，基于某种逻辑关系分解创新策源能力。目前学界的代表性观点或是按照并列关系对创新策源能力进行划分，具体表现为不同角度的分解力（见表3.3）；或是按照创新策源活动中各环节的递进关系对创新策源能力进行分解，各环节的内在主线表现为由创新发源到创新策划的演进（见表3.4）；也有将并列关系和递进关系归并到一起的划分

---

① 参见刘琦《粤港澳大湾区科技创新策源能力评价研究》，《经济体制改革》2021年第3期。
② 参见胡斌、吕建林、杨坤《人工智能企业创新策源能力影响因素分析》，《西安财经大学学报》2020年第33卷第5期。
③ 参见傅翠晓、许海娟《区域新能源汽车产业创新策源能力分析——以上海为例》，《创新科技》2021年第21卷第10期。
④ 参见衣春波、赵文华、邓璐芗等《基于专利信息的技术创新策源评价指标体系构建与应用》，《情报杂志》2021年第40卷第2期。

方式，如从创新政策、创新投入、创新产出和开放发展四个维度划分创新策源能力[①]，这种划分方式兼顾层次感和逻辑性。

表3.3　　　　　　　创新策源能力维度划分（并列关系）

划分原则	一级维度	二级维度	维度释义	学者
创新策源能力的概念及各维度的并列关系	基础研究影响力	基础研究资源 基础研究质量	具备前沿性和原创性的基础研究是区域创新策源能力推动高新产业升级的关键积淀	浦悦等（2021）[②] 张金福等（2021）[③]
	核心技术引领力	核心技术披露 核心技术价值	人工智能、大数据、语音识别等为塑成创新策源能力提供了核心技术支撑	
	应用场景拉动力	场景研发条件 场景应用产出	人工智能技术科创平台、数字化成果与人才协同驱动创新策源能力持续优化，逐渐消融行业间壁垒，并加速推动产业链纵横向深度融合和先进技术成果落地转化	
	创新资源集聚力	人才资源集聚 支撑资源集聚	高端人才、优质资本、数据资源和硬件基础等关键资源的集中度对创新策源能力影响不容忽视	
	创新创业环境吸引力	创新环境水平 创业环境水平	系统化、专业化的支撑政策体系，良好的政商关系，包容的创新创业环境，充裕的财政、民间资本支持彰显出该区域创新策源能力中环境吸引力的水平	

---

① 参见宁连举、肖玉贤、刘经涛等《跨行政区域创新策源能力评价与实证——基于熵权法、TOPSIS法、灰色关联分析》，《科技管理研究》2021年第41卷第20期。

② 参见浦悦、胡斌《基于AHP–熵权TOPSIS法的区域人工智能产业创新策源能力评价》，《生产力研究》2021年第1期。

③ 参见张金福、刘雪《我国地方创新策源能力的模糊综合评价研究》，《科技管理研究》2021年第41卷第9期。

表3.4 　　　　　　　　创新策源能力维度划分（递进关系）

划分原则	维度	学者	维度	学者	维度	学者
创新策源能力的概念及各环节的递进关系	资源汇聚	党倩娜（2020）①	原始创新	任声策（2020）②	资源汇聚	张国云（2021）③
	研发创造		应用创新		研发创造	
	成果转化		商业化		成果转化	
	未来引领		创新扩散		产业引领	

总的来看，第一种思路，即"学术新思想、科学新发现、技术新发明、产业新方向"四个维度的内涵较为宏大，常以区域内多元创新主体为基石，对高等教育的侧重不显著，未突出高校创新策源活动中各环节的演进逻辑，停滞于对政策文本的直接解读阶段。第二种思路对不同视角的聚焦感过强，划分后的维度个性化和差异化特征明显，更贴合限定的研究背景，不便比较和借鉴。第三种思路蕴含并列和递进关系，为高校创新策源能力维度划分提供了深入性借鉴。在递进层面，高校创新策源能力显然承接了创新策源能力中汇聚、创造、转化和引领四层含义，呈现出"汇聚创新资源—持续研发创造—提升转化效率—引领产业发展"的递进脉络。为了方便理解，可将汇聚创新资源划至存量维度，主要表现为高校育人资源、创新扶持要素和支撑要素的集中度；将持续研发创造划至增量维度，主要表现为高校创新攻关、知识生产、外界支撑的变动幅度；将提升转化效率划至效能维度，主要表现为高校创新策源投入与产出情况；将引领产业发展划至时间维度，主要表现为未来不同时间节点的高校创新策源目标，该目标难以直接测度，需根据存量维度、增量维度和效能维度的现实状态推定，故而重点对前三个维度进行细化和研究。在并列层面，进一步借鉴学界将创新策源能力划分为多个分解力的理念，把高校创新策源能力分解为三个力，即存量维度的"现实力"、增量维度的"后发力"和效能维度的"有效力"，如表3.5所示。

---

① 参见党倩娜《"创新策源"的基本含义及功能》，上海情报服务平台，2020年11月13日，http://www.istis.sh.cn/list/list.aspx?id=12918，2024年5月17日。

② 参见任声策《以"源"促"策"，全面增强创新策源能力》，《解放日报》2020年3月24日第5版。

③ 参见张国云《创新策源：如何激发企业创投活力?》，《中国发展观察》2021年第8期。

表 3.5　　　　　　　　高校创新策源能力维度划分

划分原则	分解力	维度类别	维度释义
高校创新策源能力的概念及维度的递进、并列关系	现实力	存量维度	高校育人资源、创新扶持要素和支撑要素的集中能力
	后发力	增量维度	高校创新攻关、知识生产、外界支撑的提升能力
	有效力	效能维度	高校有效转移转化相关技术成果的能力

第二节　维度类别

由概念可知，高校创新策源能力依然顺承了创新策源能力的关键环节与演进逻辑。具体来讲，汇聚教学、科研等育人及创新资源隶属于存量维度；持续推动关键领域的研发创造隶属于增量维度；不断提升科技成果转移转化效率，引领产业升级与经济转型隶属于效能维度。高校创新策源能力从存量、增量、效能三个维度协同发力，逐次实现高校创新策源活动的跟跑、并跑、领跑。

一　存量维度

存量，指在当下时点高校已产生和汇聚的平台、人才、资金等创新资源结存数量。黄卫挺等（2014）指出，在国家城镇化发展和城市建设进程中，城市的存量发展即对城市进行全方位升级改造能加快推动社会主义现代化建设[1]，在增强创新策源能力背景下，高校创新与城市升级均需在现有存量资源的基础上进行。创新驱动本质上也是人才驱动[2]，高校作为人才聚集地，已成为支撑创新驱动发展战略的中坚力量，对人才存量进行结构性调整有助于提升高校创新策源能力。资源存量奠定了创新发展的基础，是创新策源浓度的物质化表现，各类创新资源要素的汇聚

---

[1] 参见黄卫挺、杨昕《同步推进存量和增量维度上的城市发展》，《中国经贸导刊》2014年第21期。

[2] 参见卓玛草《中国要素配置与人力资本错配效应的分行业测算分析》，《北京理工大学学报（社会科学版）》2021年第23卷第4期。

数量是高校创新策源能力存量维度的重要体现。在高校创新策源活动中，构建存量维度，对测度高校创新资源结存数量具有合理性和科学性。

二 增量维度

增量是在存量基础上创新进步的表现。现阶段我国处于转变发展方式、优化经济结构、转换增长动力的关键时期，建设现代化创新体系是突破瓶颈的有效路径。王凡（2018）率先探讨了存量改革和增量创新的模式，他指出存量调整、存量转换、存量转型、存量释放、存量转增量是实现制度创新和体制创新的战略主线[①]。在高校创新策源活动中，如果只有存量的积累，缺乏创新性的增量叠加，则会陷入"闭门造车"的窘境，产学研协同催生高质量科研成果的预期将难以实现。尤其当前我国正处于建设"双一流"高校的关键阶段，基于创新资源和科研成果的增量维度可有效体现高校的核心实力和进步趋势。因此构建增量维度，便于测度高校持续研发创造能力的韧性。

三 效能维度

高校创新策源能力起自源头创新，需要借助多链条协同创新推动科研成果有效转移转化，提高投入产出效率，这也是效能维度的要义。不论是借助高校创新资源的集聚效应还是依托多链条育人资源的规模效应，其目的皆在于通过科技创新活动，有效弥合创新差距，提升创新效率[②]。鉴于此，可运用效能维度考察高校创新策源活动的实际效率，判断是否实现了高校创新策源活动的高质量发展，以及发展的段位与程度。

第三节　分解力内涵

宏观来看，在高校创新策源活动中，创新策源供给侧、创新策源需

[①] 参见袁晓江《中国经济改革转型模式研究的新进展——评〈存量改革增量创新经济转型模式研究〉》，《特区经济》2018年第1期。

[②] 参见黄永春、邹晨、吴商硕《区域空间结构对科技创新的影响机制研究》，《科学学研究》2022年第40卷第11期。

求侧和创新策源贯通侧借助高校创新策源能力相依相促、充分融通。细化来看，则要解析高校创新策源能力的动力源，明确各维度分解力的内涵和边界。

一 现实力

现实力是高校聚集育人资源、创新扶持要素和支撑要素的能力，力度的强弱取决于高校从三侧吸纳或累积的资源厚度与广度，主要表现为软、硬环境建设。其中，软环境是指服务科技创新而设立的学科、专业、课程以及配套的政策体系等[1]。硬环境是指保障科技创新的产业园区、实验室、设备、仪器、资金配置、就业体量等[2]。精准掌握现实力便于摸清家底，夯实高校创新策源能力的现实基础。

二 后发力

后发力是高校持续推动创新攻关、加快知识生产以及捕获外界支持的能力，力度的强弱取决于三侧的助推后劲，强劲的后发力会使高校创新策源能力由弱变强，强者恒强。后发力的来源主要包括创新活动的边界外拓、创新合作的日益丰富、成果呈现的质量跃升以及产业环境的支撑强化等[3]。后发力作为高校创新策源能力的驱动器，可以长线助推高校成为创新策源高地。

三 有效力

有效力是高校提升创新策源投入产出效率、推动优质成果有效转移转化的能力，力度的强弱取决于投入端的氛围投入、外部汲取、前景投入以及产出端的氛围产出、外部获得、前景产出。其中，氛围投入包括人才汲取、成果培育；外部汲取包括风险控制、基础建设；前景投入包

---

[1] 参见韩婷芷《传统优势学科如何赋能高校拔尖创新人才培养——基于我国33所行业特色型大学的分析》，《江苏高教》2022年第1期。

[2] 参见张丹、崔光佐《"互联网+教育"背景下高校智慧实验室的构建》，《现代教育技术》2019年第29卷第6期。

[3] 参见邱坚坚、刘毅华、袁利等《粤港澳大湾区科技创新潜力的微观集聚格局及其空间规划应对》，《热带地理》2020年第40卷第5期。

括学科实力、合作前景①。氛围产出包括人才输出、成果辐射；外部获得包括风险规避、基建成长；前景产出包括知识转化、经济贡献等②。提升有效力可推动高校创新策源能力落地赋能。

第四节　维度释义凝练

一　高校创新策源浓度

高校创新策源能力存量维度的"现实力"主要由资源要素的集中度决定，这些资源由创新活动沉淀、凝结而来，浓度便是表征存量维度的真实刻画。就创新浓度而言，其理论根源是罗纳德·伯特（1992）提出的"结构洞理论"：在社会网络中，个体之间存在间断或者无直接联系的状态，将两者联系起来的第三方拥有控制和信息优势，并为提升社会网络浓度带来契机③。创新策源浓度则受创新要素集群的影响较多，创新资源要素密度与交互频率的加大，可进一步提升创新因子活跃度，进而带动创新力量的汇聚和创新资源浓度的提升，最终放大创新策源效应④。因此，高校创新策源浓度是对高校育人及创新资源现实水平的准确测度，便于直观了解高校创新策源现状，有效衡量存量维度的现实力，为进一步探讨创新要素聚集度提供理论支点。

二　高校创新策源潜力

根据内生经济增长理论可知，内生的技术进步是确保经济持续增长的关键要素⑤。同理，高校创新策源能力增量维度的"后发力"主要由创新主体的知识、技术成果生产增幅决定，高潜力主体在未来时间的成果

---

① 参见柯亮、姚聪莉《"双一流"建设高校科技创新效率及时空分布特征研究》，《自然辩证法通讯》2021年第43卷第5期。

② 参见何声升《高校科技创新绩效影响因素分位研究——创新价值链理论视角》，《高校教育管理》2020年第14卷第5期。

③ 参见刘伟、彭琪《结构洞理论视角下的乡村精英与乡村振兴》，《江汉论坛》2020年第11期。

④ 参见周其仁《创新要有密度和浓度》，《中国民商》2017年第10期。

⑤ 参见刘伟、范欣《现代经济增长理论的内在逻辑与实践路径》，《北京大学学报（哲学社会科学版）》2019年第56卷第3期。

产出量变化更显著,驱动相应经济、产业发展的动力更强劲。因此,高校创新策源潜力是指高校创新攻关、知识生产、技术供给及外界要素支撑的潜力,重点在于增幅的表达,便于洞悉高校创新策源的未来趋势,有效衡量增量维度的后发力,为进一步明确各类成果的变动幅度提供理论空间。值得注意的是,学界关于创新策源潜力的相关研究成果较为丰富,主要分为创新潜力测算[①]、创新潜力评价[②③]、创新潜力影响因素分析[④]和创新潜力的空间集聚格局[⑤]四个方面。诸上成果中关于创新潜力的测量、评价体系构建及创新潜力空间分布的研究皆为探讨高校创新策源潜力提供了理论和方法借鉴。

三 高校创新策源效率

高校创新策源能力的效能维度是融合存量维度和增量维度的关键角度,效能维度的有效力可推动高校创新成果转移转化。在创新效率的研究中,学界普遍从投入和产出两个维度分析创新效率的现状、诱因及策略。比如李滋阳等(2020)结合产学研政用各方主体间关系和作用机理,从投入、产出两个层面进行随机前沿分析,测算了高校科技创新成果的有效转化率,并提出突破创新效率瓶颈的策略与路径[⑥]。马宝林等(2021)则围绕文理科高校的创新静态、动态效率变动进行分析,并深入

---

① 参见温科、张贵、张晓阳《产业创新生态的运行现状、发展潜力与类别》,《科技管理研究》2020年第40卷第4期。

② Izabela Krawczyk-Sokolowska, Agata Pierscieniak and Wieslawa Caputa, "The Innovation Potential of the Enterprise in the Context of the Economy and the Business Model", *Review of Managerial Science*, Vol. 15, No. 1, Nov. 2019, pp. 103 – 124.

③ 参见王纪武、刘妮娜《杭州市9区创新发展潜力评价研究》,《经济地理》2020年第40卷第11期。

④ 参见文淑惠、陈灿《成渝城市群与珠三角城市群创新潜力比较及影响因素分析》,《科技进步与对策》2019年第36卷第9期。

⑤ Ziyang Li, Hongwei Shi and Hongda Liu, "Research on the Concentration, Potential and Mission of Science and Technology Innovation in China", *PLoS One*, Vol. 16, No. 10, October 2021, p. e0257636.

⑥ 参见李滋阳、李洪波、王海军等《高校科技创新效率及影响因素探讨——基于随机前沿函数的分析》,《中国高校科技》2020年第9期。

探讨了文理科高校的差异①。基于此，高校创新策源效率重点体现了高校创新策源活动中投入与产出的情况，有效衡量效能维度的有效力，是评判高校科技创新成果有效转移转化的落脚点。

因此，高校创新策源浓度是高校创新策源能力存量维度的释义凝练，可衡量现实力；高校创新策源潜力是高校创新策源能力增量维度的释义凝练，可衡量后发力；高校创新策源效率是高校创新策源能力效能维度的释义凝练，可衡量有效力。

第五节 作用机理

本书将高校创新策源能力划分为存量维度的现实力、增量维度的后发力和效能维度的有效力。分解力子系统中蕴含不同的作用路径，探明三力的内循环机理，便于系统化解读高校创新策源能力的作用机理。

一 分解力作用机理

（一）现实力作用机理

现实力促进高校创新策源供给侧显性及隐性资源、贯通侧扶持及融合要素、需求侧产业及区域支撑要素的汇聚，营造良好的软硬件环境与创新氛围，进一步提高高校创新策源浓度，为创新型人才充分把握前沿理论与技术奠定基础。同时，高校创新策源浓度的持续提升会激发现有资源的创新拼凑与整合②，爆发出更强的现实力。

（二）后发力作用机理

后发力促进高校创新策源供给侧攻关及呈现潜势、贯通侧知识及专利生产潜势、需求侧产业及区域支撑潜势的提升，揭示良好的创新预期与孵化前景，进一步挖掘高校创新策源潜力，为科研创新活动累积更多势能。同时，高校创新策源潜力的深度释放将提升各侧潜势的均衡度，

---

① 参见马宝林、安锦、张煜等《中国高校科技创新效率研究》，《科学管理研究》2021年第39卷第2期。

② 参见孙永波、丁沂昕、杜双《冗余资源、资源拼凑与创业机会识别的非线性关系研究》，《科研管理》2022年第43卷第1期。

形成更强的后发力。

（三）有效力作用机理

有效力促进高校创新策源供给侧、贯通侧和需求侧的氛围投入、外部汲取和前景投入，拉高三侧的氛围产出、外部获得和前景产出，促进创新增量向创新存量高度转化，取得高质量创新成效，不断提升高校创新策源效率。同时，高校创新策源效率的提升能避免创新冗余与浪费[①]，呈现更强的有效力。

二　高校创新策源能力作用机理

基于上述分析，本书将高校创新策源能力作用机理归纳如下：现实力的提升有利于促成"氛围佳"的创新环境，而创新环境的持续优化进一步提升创新策源浓度，最终形成"现实力—氛围佳—创新策源浓度"相对闭环，并巩固高校创新资源的存量。后发力的提升有利于促成"前景好"的创新预期，而创新预期的持续优化进一步提升创新策源潜力，最终形成"后发力—前景好—创新策源潜力"相对闭环，并促进高校创新资源的增长。有效力的提升有利于促成"质量优"的创新成效，而创新成效的持续优化进一步提升创新策源效率，最终形成"有效力—质量优—创新策源效率"相对闭环，并促进高校创新资源新生增量向固有存量有效转化。在三个子循环的作用下，高校创新策源能力不断增强，推动高校创新策源供给侧、贯通侧和需求侧全链贯通、良性循环、创产共荣，实现原始创新突破和前沿技术成果有效转移转化，最终塑成创新策源高地，如图3.1所示。

第六节　本章小结

上一章节提出了高校创新策源能力的概念，并将其视为创新策源能力的子领域，在此研究范畴下，本章系统性回览相关文献，按照研究逻辑先后厘清高校创新策源能力的维度划分思路、维度类别、分解力内涵

[①] 钟熙、宋铁波、陈伟宏等：《富则思安了吗？创新期望顺差、冗余资源与企业研发国际化》，《系统管理学报》2021年第30卷第5期。

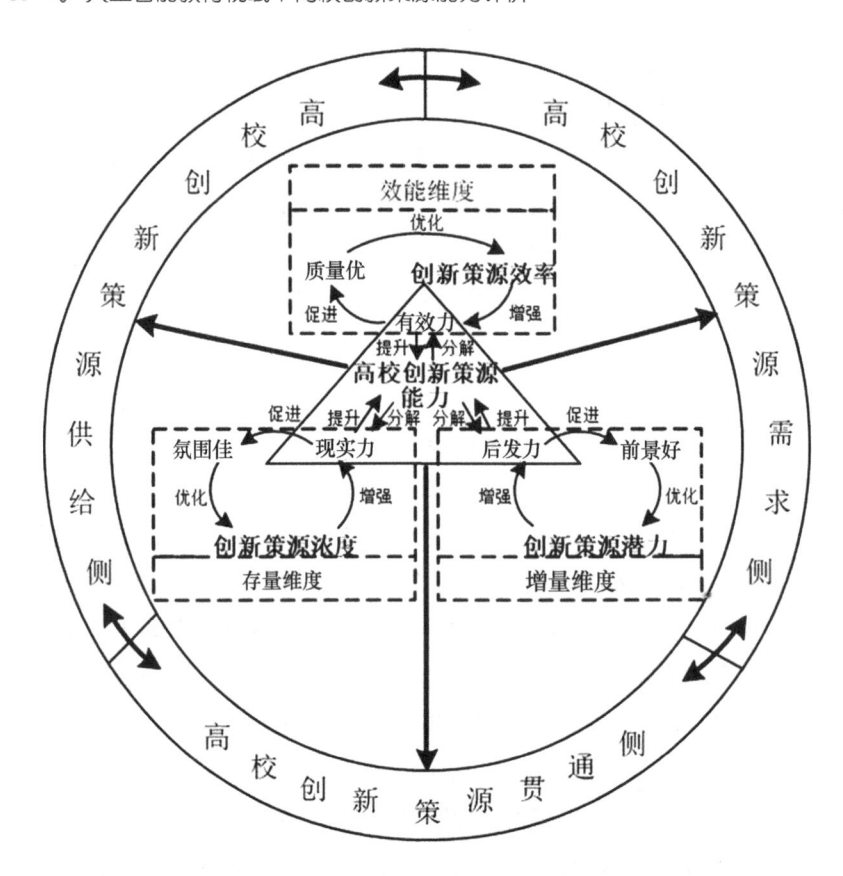

图 3.1 高校创新策源能力作用机理概念模型

和维度释义凝练等方面的内容，进而梳理各维度分解力及高校创新策源能力的作用机理，探明创新策源供给侧、需求侧和贯通侧依托高校创新策源能力全链贯通、创产共荣的运行机制，为高校创新策源能力评价体系构建和指标遴选奠定扎实的理论基础。

第四章

高校创新策源能力的评价体系母版设计及其与人工智能教育的关系

第一节 设计高校创新策源能力评价体系的意义

目前学界已展开对高校创新策源能力的相关研究,但大部分成果以定性分析为主,对全国各省份高校创新策源能力能级水平的呈现较为模糊,不便于提供可量化的参考。而测度、评价高校创新策源能力的水平,则需要设计科学合理的评价指标体系,为不同视域下的研究开展提供可参照的评价母版,因此系统化设计高校创新策源能力评价体系具有以下四方面意义。

一、全景呈现高校创新策源能力的基本脉络。设计高校创新策源能力三维评价体系本质上是将高校创新策源能力分解为现实力、后发力及有效力,并搭建起考量现实力的高校创新策源浓度、考量后发力的高校创新策源潜力及考量有效力的高校创新策源效率三维评价体系,呈现出高校创新策源能力评价体系主体脉络,为人工智能教育视域下的高校创新策源能力评价体系构建奠定评价框架基本参照。

二、清晰体现高校创新策源能力的多维特征。其一是覆盖高校创新策源供给侧、高校创新策源贯通侧和高校创新策源需求侧,较为全面地反映省域高校创新策源浓度的存量优势与现实短板;其二是以高校创新策源供给侧、高校创新策源贯通侧和高校创新策源需求侧为逻辑起点,为探讨高校创新策源潜力的增量优势与后劲短板提供理论支持和框架指导;其三是从高校创新策源投入端和高校创新策源产出端着手,较为准确地反映省域高校创新策源效率的层次与水平，为进一步优化投入产出效率提供科学依据与建议方向。

三、科学建立高校创新策源能力评价指标的遴选准则。其一是评价指标的选取立足于权威理论成果，且符合高校创新策源活动的现实特征，便于抓取各省域截面数据开展实证研究。其二是评价指标重点吸收了区域创新、城市群发展、同类型高校群评价研究的精髓，提升了评价指标的实用度和覆盖面，可从多个维度系统化反映省域高校创新策源能力的水平。

四、充分诠释高校创新策源能力评价研究的目标价值。其一是一体化明确各省份高校创新策源浓度、高校创新策源潜力和高校创新策源效率不均衡不充分的现状。其二是为不同研究视域下，精准划分各省份高校创新策源能力的能级梯队，准确描绘高校创新策源能力地理空间格局，靶向拟定各梯队高校创新策源使命及相应策略奠定基础。

第二节 高校创新策源能力三维评价指标体系设计原则

在高校创新策源能力评价体系设计和指标遴选过程中，紧密联系高校创新策源能力的概念、维度划分思路和作用机理等核心内容，设计具备科学性、系统性、可行性、独立性和可比性的评价指标体系，力求反映出我国省域高校创新策源能力的现状与潜势，为策略拟定和路径谋划奠定基础。

一 科学性原则

高校创新策源能力评价指标体系应满足维度清晰、层次鲜明、结构合理等构建要求，适于测度和评判省域创新策源能力的全脉络，既不过于精细烦琐，也不过于简约粗犷，同时能确保指标数据可统计、可获得，数据信息具有权威性和可靠性。设计高校创新策源能力评价指标体系要以成熟的理论和研究成果为基石，既要从概念要素、维度分解、作用机理等方面深刻解读高校创新策源能力，准确把握新发展阶段高校创新策源能力的重要意义和本质属性，也要推动理论与实践同向同行，尤其在诠释指标含义时，可选择符合客观实际、易于解读和统计的指标数据，确保评价指标符合科学客观的规律。

二　系统性原则

高校创新策源能力产生并作用于高校创新策源供给侧、贯通侧和需求侧三侧，同时受多因素影响。高校创新策源能力评价体系具体由高校创新策源浓度评价体系、高校创新策源潜力评价体系和高校创新策源效率评价体系共同组成。在评价体系的维度划分方面，要立于系统性角度设计高校创新策源能力评价体系，力求多维共存，确保该评价体系是一个涵盖三侧、贯通全链的有机整体。在评价指标的遴选方面，要充分考虑高校创新策源能力的全面性表达，确保各评价指标的局部测度与评价体系的整体研判相互呼应、协同统一。

三　可行性原则

开展高校创新策源能力评价研究要注重两点可行性：一是评价方法的可行性，二是数据获取的可行性。一方面，要熟练掌握评价方法和数据处理方法。评价方法是开展评价研究的压舱石，应对应不同维度的评价体系，选择相适应的评价方法，在研究过程中，还要夯实数据处理能力，使评价方法的运用和数据处理水平相得益彰。另一方面，指标数据是开展评价研究的基础条件，需要保证相关数据的可获性、易得性。对于高校创新策源能力评价指标来讲，或直接检索对应数据，或计算得出间接数据，要避免出现评价指标与数据的割裂状态。此外，在研究中也要注意调整、替换少数不恰当的指标，在不影响评价结果的前提下，使评价方法、指标、数据相协调，评价过程可操作。

四　独立性原则

高校创新策源能力评价体系各维度评价指标需保持相互独立性，尤其是高校创新策源浓度评价体系和高校创新策源潜力评价体系的指标。前者主要测度高校创新资源的存量，后者主要测度高校创新资源的增量，因此这两个维度的评价指标不仅要保持评价体系内的相互独立性，也要保持评价体系间的相互独立性。在评价高校创新策源效率时，投入端与产出端的个别指标难免与高校创新策源浓度和高校创新策源潜力评价体系的指标相近，但高校创新策源效率评价体系的评价目的与评价方法不同，只需要保持评价体系内的指标独立性即可。

五　可比性原则

高校创新策源能力评价体系要具备可比性。具体来讲，评价指标对应不同的统计范围，相关截面数据本身就可以用来横向比较，当然也可以运用评价方法，对某个年度的截面数据进行分析处理，再根据分析结果进行比较。结合分析结果，可以推断各省份高校创新策源能力的空间分布，判断高校创新策源活动的区域一体化成效，明确不同省份高校创新策源能力的长板与短板，掌握不同年度的高校创新策源能力发展水平，为政策创新、制度优化、路径探索提供启示。

第三节　评价指标的遴选

据前文可知，学界关于区域创新策源能力水平和区域高校科技创新水平的衡量通常局限在存量性指标或增量性指标，较少有研究集存量、增量、有效量三视角于一体，此三视角实际是对区域创新策源能力水平与区域高校科技创新水平进行评价的不同维度，不能粗略地混而论之。本书在广泛分析和系统借鉴相关研究成果的基础上，创新地用高校创新策源浓度、高校创新策源潜力和高校创新策源效率分别对省域高校创新策源能力进行存量、增量和有效量层面的度量与评价。高校创新策源浓度、高校创新策源潜力和高校创新策源效率分别从静态、动态、有效态三角度衡量了省域高校创新策源能力的水平，高校创新策源使命则揭示了省域高校创新策源活动的开展方向，共同达成三类评价视角相结合、主客观相统一的愿景。

省域高校创新策源能力评价研究的范畴依然属于区域创新评价。1990年以来，学界对区域创新体系的研究日益增加。其中库克（1992）对区域创新体系的研究极具标志性，他认为区域创新体系是由在地理上相互关联并具有明确分工的创新主体，如企业、高校、科研机构等构成的区域性组织系统①。阿斯海姆等（2002）对区域创新体系和域内产业群发展进行融合研究，这种思路为后续研究压实了主线，即区域创新体系的优化实质上是为了提升区域产业竞争力和促进区域经济发展②。龚荒等（2002）③、刘建丽（2014）④ 则从不同视角对区域创新体系的设计原则、组织架构与策略措施进行探讨。杨浩昌等（2021）⑤、解学梅等（2021）⑥基于已有成果，分别对区域制造业创新驱动力和区域创新生态系统进行评价。从理论上讲，以上成果深化了对区域创新体系的研究，有其积极意义。一是从空间维度对区域创新系统进行评价研究，增加了地理分布等研究视角，进一步拓展了国家或省域科技创新系统的研究边界。二是对目前我国解决创新发展不均衡及创新资源聚集与调整等现实难题提供了启示。

我国区域创新体系的基本结构受历史、文化、经济、资源等多因素影响，在地域分布上呈现出诸多差异与特点，同时，在"双循环"大背景下，我国经济发展与产业升级的开放度与创新度日益提升，但在不同省域产业基础、科技水平、发展速度与转型效率上存在较大差异。同理，我国省域高等教育资源同受历史演进、科教资源分布、经济水平和生产生活环境等因素影响，也势必呈现出不同的创新策源水平。因此，从省域高校创新策源能力的存量维度、增量维度和效能维度三个维度分别遴选指标，分别设计高校创新策源浓度评价体系、高校创新策源潜力评价体系和高校创新策源效率评价体系，三者共同构成一个省域高校创新策源能力三维评价空间。

---

① Philip Cooke, "Regional Innovation Systems: Competitive Regulation in the New Europe", *Geoforum*, Vol. 23, No. 3, January 1992, pp. 365 – 382.

② Yingtong Xiao, Yalin Xu, Meng Li, Yanan Wang and Wei Chen, "Does the Integration of Manufacturing and Producer Services Improve Carbon Emission Efficiency?", *Clean Technologies and Environmental Policy*, Vol. 26, No. 5, July 2024, pp. 1603 – 1619.

③ 参见龚荒、聂锐《区域创新体系的构建原则、组织结构与推进措施》，《软科学》2002年第6期。

④ 参见刘建丽《新型区域创新体系：概念廓清与政策含义》，《经济管理》2014年第36卷第4期。

⑤ 参见杨浩昌、李廉水、刘耀彬《区域制造业创新驱动力评价及其差异研究》，《科学学研究》2021年第39卷第10期。

⑥ 参见解学梅、刘晓杰《区域创新生态系统生态位适宜度评价与预测——基于2009—2018中国30个省市数据实证研究》，《科学学研究》2021年第39卷第9期。

在遴选相应的评价指标时，本书重点考虑以下三类因素：一是强调创新体系中的多主体结构，即强调高校、科研机构、企业、政府、中介机构等创新主体在创新策源活动中的互动关系；二是强调创新要素的转移转化，着重考量创新要素在教育链中的生成、创新链中的流通、产业链中的转化关系，其中创新生成环节的涌现能力体现在高校的原始创新能力，创新流通环节的融合能力表现为知识流动与技术转移能力，创新转化环节的应用能力表现在企业将技术创新转化为市场应用的能力；三是省域教育链、创新链、产业链的交互关系，产业链为教育链、创新链提供了宏观层面的产业经济支撑，并衍生出微观层面的产业孵化能力，而教育链、创新链以智力支持和成果供给等形式反哺区域产业链的发展与升级。

在上述原则指导下，本研究充分考虑主题相关性、指标代表性、数据易得性和统计口径差异性，经过专家分析与对比分析，遴选出各维度评价体系的指标，这些指标基本涵盖了目前学界显示度比较高的成果观点，能够较为全面地覆盖本研究计划测度和评价的角度。具体来讲，得到初步的指标集之后，本研究邀请创新评价、工业工程、高等教育等研究领域的学者、专家对评价指标进行审阅与分析。然后，通过整理、归纳、借鉴专家组的会审意见，对指标集作进一步的优化处理，如删减代表性与相关性较低的指标，修正内容表达不够准确的指标，增加维度覆盖不够全面的指标，等等。最后，经过进一步完善与微调，得出一套较为合理、科学的三维评价体系。

第四节　综合评价指标体系的设计

据第三章分析，我们分别用高校创新策源浓度、高校创新策源潜力和高校创新策源效率衡量高校创新策源能力的三个分解力，因此分别设计高校创新策源浓度评价体系、高校创新策源潜力评价体系和高校创新策源效率评价体系，三者共同组成高校创新策源能力评价体系。这些指标的来源主要有三种：一是借鉴创新策源能力相关研究成果中代表性、解释力和呈现度较高的指标群；二是依照前沿性、相关性、指导性较强的权威文件；三是参考高校学科建设主管部门负责人、学院院长、教师、学生和属地教育主管部门工作人员等的访谈结果与定性资料。同时，这些指标体现出高校创新策源活动多元互动、全链贯通、创产共荣等特征，能够较为全面地衡量省域高校创新策源浓度、潜力、效率，形成立体化、多角度的省域高校创新策源能力水平立体画像。

一 高校创新策源浓度评价体系

高校创新策源浓度评价体系指标的构建具有三个基础：其一是学界关于高校创新策源浓度评价的主流研究成果指标集，详见表4.1。其二是前沿性、相关性较强的权威文件，如《国家科技创新基地优化整合方案》《教育部办公厅关于实施一流本科专业建设"双万计划"的通知》等。其三是高校学科建设、科研主管部门负责人，相关学院院长、教师及学生，属地教育主管部门工作人员等的访谈结果与定性资料。基于以上3个指标来源，同时邀请创新评价、创新管理、高等教育等研究领域的7位专家对高校创新策源浓度评价体系与候选指标进行系统性审阅、讨论分析和多番修正，以提升评价体系的科学性和合理性，指标信息的规范性及指标数据的可获性、易得性等。

表4.1　高校创新策源浓度评价相关研究成果指标集

研究视角	研究内容	相关指标			研究方法	学者
国家创新策源能力	国家创新策源能力构建机理与综合评价	人工智能政策工具区位优势	学科交叉创新要素	隐性知识创新环境	归纳推理法模糊综合评价法熵权法Dempster-Shafer	张萌等(2022)[1]Yang等(2020)[2]全正焕等(2022)[3]

---

[1] 参见张萌、孔昭君《国家创新策源能力构建：内涵、基础与途径》，《科技和产业》2022年第22卷第7期。

[2] Yang, Fen and Guangsheng Guo, "Fuzzy Comprehensive Evaluation of Innovation Capability of Chinese National High-tech Zone Based on Entropy Weight-taking the Northern Coastal Comprehensive Economic Zone as an Example", *Journal of Intelligent & Fuzzy Systems*, Vol. 38, No. 6, June 2020, pp. 7857–7864.

[3] Jeonghwan Jeon, Selvaraj Geetha, Deakook Kang and Samayan Narayanamoorthy, "Development of the Evaluation Model for National Innovation Capability", *Technology Analysis & Strategic Management*, Vol. 34, No. 3, March 2022, pp. 335–348.

续表

研究视角	研究内容	相关指标	研究方法	学者
国家创新策源能力	原始创新策源能力分析	学科交叉　核心科学 国家实验室　研发团队	案例分析法	余江等 (2020)①
区域创新策源能力	区域创新策源能力评价	科研创新载体　技术创新载体 产业创新载体　创新政策 创新要素	纵横向拉开档次法 粒子群优化算法 K-means 聚类算法	卢超等 (2022)② Yan 等 (2021)③
		制度改革　人才集中　科普图书 高新技术企业	层次分析法 粒子群优化算法 模糊综合评价法	张金福等 (2021)④
		一流高校　中国科学院院士 中国工程院院士　重点实验室 创新平台　高新企业	AHP-TOPSIS 法 SOM 聚类	朱梦菲等 (2020)⑤
	跨行政区域创新策源能力评价	创新政策	熵权法 TOPSIS 法 灰色关联分析	宁连举等 (2021)⑥
	区域创新策源能力测度	学术基础　科学基础　技术基础 产业基础　政府支持	模糊集定性比较分析法（fsQCA）	曹萍等 (2022)⑦

---

① 参见余江、刘佳丽、甘泉等《以跨学科大纵深研究策源重大原始创新：新一代集成电路光刻系统突破的启示》，《中国科学院院刊》2020 年第 35 卷第 1 期。

② 参见卢超、李文丽《京沪深创新策源能力评价研究：基于国家科学技术"三大奖"的视角》，《中国科技论坛》2022 年第 2 期。

③ Yongcai Yan, Mengxue He and Lifang Song, "Evaluation of Regional Industrial Cluster Innovation Capability Based on Particle Swarm Clustering Algorithm and Multi-objective Optimization", *Complex & Intelligent Systems*, Vol. 9, No. 4, September 2021, pp. 3547-3558.

④ 参见张金福、刘雪《我国地方创新策源能力的模糊综合评价研究》，《科技管理研究》2021 年第 41 卷第 9 期。

⑤ 参见朱梦菲、陈守明、邵悦心《基于 AHP-TOPSIS 和 SOM 聚类的区域创新策源能力评价》，《科研管理》2020 年第 41 卷第 2 期。

⑥ 参见宁连举、肖玉贤、刘经涛等《跨行政区域创新策源能力评价与实证——基于熵权法、TOPSIS 法、灰色关联分析》，《科技管理研究》2021 年第 41 卷第 20 期。

⑦ 参见曹萍、赵瑞雪、尤宇等《创新策源能力如何影响区域创新绩效？——基于 30 个省份的 QCA 分析》，《科技管理研究》2022 年第 42 卷第 13 期。

续表

研究视角	研究内容	相关指标	研究方法	学者
区域创新策源能力	区域创新策源能力影响因素	资本支持 创新平台 科技中介 知识流动 人才结构 产业水平 区域经济 自然资源	文献编码分析法 相关性分析	傅翠晓等 (2022)① Chen 等 (2020)②
	区域创新策源能力影响机制	学术资源 技术要素 产业基础	贝叶斯网络	敦帅等 (2021)③
	区域创新策源能力影响机理	人才网络存量	协同动力学 Haken 演化模型	刘琦等 (2022)④
	区域创新系统	区域知识系统 区域机构系统 区域研发系统 区域网络系统	文献计量 分析技术	费尔南德斯等 (2020)⑤
城市创新策源能力	城市创新策源能力评价	软环境 硬环境	AHP 层次法 德尔菲法	姚占雷等 (2021)⑥
		学术资源 高学历人口 QS top 200 高校	极值法 德尔菲法 熵值法	敦帅等 (2021)⑦

---

① 参见傅翠晓、全利平《基于文献编码的区域创新策源能力影响因素研究——一个理论框架》,《创新科技》2022 年第 22 卷第 8 期。
② Jian Chen, Lingjun Wang and Yuanyuan Li, "Natural Resources, Urbanization and Regional Innovation Capabilities", *Resources Policy*, Vol. 66, June 2020, p. 101643.
③ 参见敦帅、陈强、丁玉《基于贝叶斯网络的创新策源能力影响机制研究》,《科学学研究》2021 年第 39 卷第 10 期。
④ 参见刘琦、罗卫国、罗萧《人才网络视角下粤港澳大湾区创新策源能力影响机理研究》,《企业经济》2022 年第 41 卷第 12 期。
⑤ Cristina Fernandes, Luís Farinha, João J. Ferreira, Björn Asheim and Roel Rutten, "Regional Innovation Systems: What Can We Learn from 25 Years of Scientific Achievements?", *Regional Studies*, Vol. 55, No. 3, July 2020, pp. 377–389.
⑥ 参见姚占雷、李倩、许鑫《创新策源能力三力识别模型构建与应用研究》,《科技情报研究》2021 年第 3 卷第 3 期。
⑦ 参见敦帅、陈强、马永智《创新策源能力评价研究:指标构建、区域比较与提升举措》,《科学管理研究》2021 年第 39 卷第 1 期。

续表

研究视角	研究内容	相关指标	研究方法	学者
科技创新策源能力	基于某领域的创新策源能力评价	政策支持 高校集聚 产业集聚 人才集聚 资金集聚	比较分析法	魏伟(2022)[1]
		科创资源 科创成果 科创要素 环境底蕴		中共成都市委党校课题组等(2022)[2]
	科技创新策源能力人才集聚策略	前沿学科 顶尖高校 国际顶尖人才 高新技术产业 制度创新	定性分析法	骆建文等(2022)[3]
	基于专利信息的技术创新策源评价	人才资源 机构资源 战略质量 经济质量	专家调查法 层次分析法	衣春波等(2021)[4]
	科技创新策源能力评价研究	重点实验室 科学研究会议	HAKEN协同演化模型 SOM聚类算法	刘琦(2021)[5]
	科技创新策源地	大学与科研院所 行政管理 创新环境	文献研究法	王少(2021)[6]
产业创新策源能力	产业创新策源能力分析	产业政策 学术创新 技术创新 产业集聚	对比分析法	傅翠晓等(2021)[7]

---

[1] 参见魏伟《上海集成电路领域创新策源能力的研究》，《中国集成电路》2022年第31卷第8期。

[2] 参见中共成都市委党校课题组、林德萍、王燕枝《成渝地区双城经济圈背景下成都科技创新策源路径研究》，《成都行政学院学报》2022年第2期。

[3] 参见骆建文、王洋《提升深圳科技创新策源能力的国际顶尖人才集聚与培育策略研究》，《上海管理科学》2022年第44卷第5期。

[4] 参见衣春波、赵文华、邓璐芗等《基于专利信息的技术创新策源评价指标体系构建与应用》，《情报杂志》2021年第40卷第2期。

[5] 参见刘琦《粤港澳大湾区科技创新策源能力评价研究》，《经济体制改革》2021年第3期。

[6] 参见王少《科技创新策源地：概念、内涵与建设路径》，《科学管理研究》2021年第39卷第2期。

[7] 参见傅翠晓、许海娟《区域新能源汽车产业创新策源能力分析——以上海为例》，《创新科技》2021年第21卷第10期。

续表

研究视角	研究内容	相关指标	研究方法	学者
产业创新策源能力	产业创新策源能力评价	基础研究资源 场景研发条件 人才资源集聚 支撑资源集聚 创新环境水平 政策发布数量	AHP－熵权 TOPSIS 法	浦悦等（2021）[1]
企业创新策源能力	企业创新策源能力影响因素	政府支持知识存量	随机前沿模型	胡斌等（2020）[2]

最终，本书结合高校创新策源能力作用机理、存量维度的现实力作用机理、高校创新策源三侧资源汇聚目标以及评价体系的构建原则与指标遴选要求，确定了涵盖三级指标的评价体系，详见表 4.2。其中，一级指标 3 个，二级指标 7 个，三级指标 18 个。高校创新策源浓度涉及三侧，故将高校创新策源浓度评价体系的一级指标设为高校创新策源供给侧资源浓度、高校创新策源贯通侧联通浓度与高校创新策源需求侧支持浓度；此外，选择显性资源浓度、隐性资源浓度、创新扶持浓度、创新融合浓度、就业支撑浓度、产业支撑浓度与环境支撑浓度等 7 个指标作为二级评价指标；选择高端平台要素、核心学科要素、核心专业要素、核心课程要素、创新劳动要素、研发保障要素、知识累积要素等 18 个指标作为三级评价指标。

表 4.2　　高校创新策源浓度评价体系

一级指标	二级指标	三级指标	指标含义
高校创新策源供给侧资源浓度	显性资源浓度	高端平台要素	省域属高校国家重点实验室数量（单位：个）
		核心学科要素	省域属第二轮"双一流"建设学科数量（单位：个）

---

[1] 参见浦悦、胡斌《基于 AHP－熵权 TOPSIS 法的区域人工智能产业创新策源能力评价》，《生产力研究》2021 年第 1 期。

[2] 参见胡斌、吕建林、杨坤《人工智能企业创新策源能力影响因素分析》，《西安财经大学学报》2020 年第 33 卷第 5 期。

续表

一级指标	二级指标	三级指标	指标含义
高校创新策源供给侧资源浓度	显性资源浓度	核心专业要素	省域属高校一流专业数量（单位：个）
		核心课程要素	省域属高校一流课程数量（单位：门）
		创新劳动要素	省域属高校全时当量研究与发展人员（单位：人年）
	隐性资源浓度	研发保障要素	省域属高校非科研人员规模（单位：万人）
		知识累积要素	省域属高校图书或电子档案存量（单位：万册）
		基础资源要素	省域属高校固定资产总值（单位：万元）
高校创新策源贯通侧联通浓度	创新扶持浓度	政策扶持要素	省域属"十四五"规划"创新"热词提及频次（单位：次）
		经费扶持要素	省域属高校科技经费（单位：万元）
		资金保障要素	省域属高校当年预算总额（单位：亿元）
	创新融合浓度	创新探索要素	省域属高校未来技术学院数量（单位：个）
		创新连接要素	省域属高校现代产业学院数量（单位：个）
		创新流动要素	省域属高校当年科研学术交流会议或访谈次数（单位：次）
		创新孵化要素	省域属国家级科技企业孵化器数量（单位：个）
高校创新策源需求侧支持浓度	就业支撑浓度	从业人员要素	省域属高新技术产业就业人员总数（单位：万人）
	产业支撑浓度	产业体量要素	省域属高新技术产业主营业务收入（单位：亿元）
	环境支撑浓度	区域能级要素	省域属GDP（单位：亿元）

(一) 创新策源供给侧资源浓度

本书将创新策源供给侧资源浓度分为显性资源浓度和隐性资源浓度。显性资源浓度是指创新策源供给侧中最具代表性和引领性的教育与创新资源，选取的指标为高端平台要素、核心学科要素、核心专业要素、核心课程要素、创新劳动要素。隐性资源浓度则指创新策源供给侧中具有服务性、支持性和保障性的重要资源，选取的指标为研发保障要素、知识累积要素、硬件基础要素。

1. 高端平台要素

高端平台是高额经费、高端人才、高级别项目以及前沿技术成果的聚集载体，也是试行制度和倾斜政策的释放点。目前我国的高端平台主要是指国家科技创新基地，主要有三类，分别是科学与工程研究类国家科技创新基地、技术创新与成果转化类国家科技创新基地和基础支撑与条件保障类国家科技创新基地[①]。其中，最具代表性的当数科学与工程研究类国家科技创新基地，具体包括国家实验室和国家重点实验室，这两类实验室的基础建设与设施配备极为先进，往往围绕前沿科学、基础科学、工程科学等超宏观、微观方向开展基础研究与应用研究，为补齐科研短板、突破"卡脖子"技术和发现重大理论提供强力支撑，也是政产学研各界极为重视并且争相申报建设的高端平台。需要注意的是，国家实验室一般由地方政府申报主办，大部分国家重点实验室则由高校主办管理。本书的高校范围是指教育部公布的2020年全国普通高等学校名单（本科1272所、专科1468所，共计2740所）和2021年全国普通高等学校名单（本科1270所、专科1486所，共计2756所）中的学校。在选取年度截面数据时，以各年份的高校名单为基准。因此，本书选取省域属高校国家重点实验室数量（单位：个）作为高端平台要素的指标含义。

2. 核心学科要素

核心学科是指冲击世界前沿领域，满足国家重大战略需求，推动区域创新发展，加快自身内涵式建设，培养高层次、工程领军人才，容纳

---

① 科技部、财政部、国家发展改革委：《国家科技创新基地优化整合方案》，财政部，2019年4月2日，http://www.mof.gov.cn/zhengwuxinxi/caizh，2024年5月17日。

高水平师资队伍，服务原始创新和科技强国的优势、特色学科[1][2]。核心学科一方面具备师资与育人体系优势；另一方面，拥有纵横向资金资源优势[3]，这与"双一流"建设学科的内涵极为吻合。"双一流"建设是我国高等教育在新发展阶段的标志性工程，旨在依托一流大学和一流学科的分类崛起，着力争创一流成果、服务重大需求、培养高端人才。按照建设周期来看，首轮"双一流"建设期为 2016—2020 年，该阶段建设成效显著，但由于不少院校对"特色+差异"的建设理念定位不准，不同程度地存在"重学科高原，轻特色高峰"的现象。因此，在第二轮"双一流"建设名单中，不再区分一流大学建设高校和一流学科建设高校，而是本着分类发展、聚焦难点、突出特色的原则，对各地"双一流"建设高校及建设学科予以重点支持。是否入选"双一流"也成为高校在当前建设阶段的突出荣誉与核心指标。因此，本研究选取省域属第二轮"双一流"建设学科数量（单位：个）作为核心学科要素的指标含义。

3. 核心专业要素

核心专业是指能够起到示范引领作用的新工科、新农科、新医科、新商科、新文科本科专业，此类专业群可以产生"鲶鱼效应"，有效带动高校专业结构调整、质量优化，更加吻合高层次人才和特色急缺人才的培养需求。教育部办公厅发布的《关于实施一流本科专业建设"双万计划"的通知》明确指出，将本着覆盖各类院校、涵盖全部专业、突出示范引领、分化两个赛道和两个筹建阶段的原则，到 2021 年，建成 10000 个左右国家级一流本科专业点和 10000 个左右省级一流本科专业点[4]。显然，双万计划符合核心专业的标准，且在卓越人才培养方面实现了专业全覆盖，具有极强的包容性和代表性。因此，本研究选取省域属高校一

---

[1] 参见沈佳坤、张军、吴非《"双一流"建设高校推动我国政用产学研融通创新的作用机制——基于中关村科学城典型项目的研究》，《高校教育管理》2022 年第 16 卷第 1 期。

[2] 参见李海刚、茹少峰、张鹏《高校创新生态系统科技成果转化绩效测度》，《统计与决策》2022 年第 38 卷第 1 期。

[3] 参见沈佳坤、张军、冯宝军《一流学科建设经费的优化配置路径分析——学术与社会双重逻辑的实证研究》，《高校教育管理》2021 年第 15 卷第 3 期。

[4] 《教育部办公厅关于实施一流本科专业建设"双万计划"的通知》，教育部，2017 年 8 月 18 日，http：//www.moe.gov.cn/srcsite/A08/s7056/2019-04/t2019 0409_377216.html，2024 年 5 月 17 日。

流专业数量（单位：个）作为核心课程要素的指标含义。

4. 核心课程要素

核心课程是高校育人体系中最为直接和关键的要素，培育不同类型的高端人才均要紧紧依靠此课程，核心课程的金课属性和去水率为课程育人提供了坚实保障[1]。在一流专业建设"双万计划"发布后，教育部配套发布了《关于一流本科课程建设的实施意见》，按照"淘水造金"的理念，着力推进一流本科课程建设，全面打造"多类型+多样化"的课程体系。据统计，首批一流课程共计5118门，包括五类"金课"，分别为线上、线下、线上线下混合式，虚拟仿真实验教学和社会实践一流课程。一流课程的遴选推动了教学方法和课程内容的双变革，同时与一流专业互为表里，互为依托，也为一流教材的编写压实了根基。因此，本书选取省域属高校一流课程数量（单位：门）作为核心课程要素的指标含义。

5. 创新劳动要素

创新劳动是在创新型国家建设进程中能够发挥主观能动性的一项关键性生产要素[2]。同理，高校中的创新劳动人群主要为高校科研人员，此类人员不仅有科学研究的任务，还有人才培养、文化传承、社会服务等责任。省域属高校研究与发展全时人员数是某省的全部高校全时人员数与非全时人员按工作量折算为全时人员数的总和。因此，本书选取省域属高校全时当量研究与发展人员（单位：人年）作为创新劳动要素的指标含义。

6. 研发保障要素

研发保障要素是使高校科研人员不被事务性工作耗散无谓的精力和时间，有助于其专精于科研，并挖掘自身深层次创造力，同时获得尊重感、公平感和自豪感的支撑要素。在资本要素中，人力资本与科技创新的协同发展，是破解科技创新困境的良策[3]，人力资本中的非科研人员能

---

[1] 参见朱秋月、黄明东、沈凌《供给侧视域下一流课程建设：逻辑、困境和因应路径》，《现代教育管理》2021年第10期。

[2] 参见李松龄《创新劳动推动创新型国家建设的理论认识与制度安排——基于劳动价值理论的思考》，《现代经济探讨》2020年第2期。

[3] 参见谷军健、赵玉林《中国如何走出科技创新困境？——基于科技创新与人力资本协同发展的新视角》，《科学学研究》2021年第39卷第1期。

起到协同创新活动和科研团队的润滑乃至催化作用。省域属高校非科研人员数可以反映高校为科研人员提供研发保障的人数。这些人员虽不直接参与科学研究，但他们提供行政、后勤等柔性支撑服务，让一线科研人员更好地投身研究活动。因此，本书选取省域属高校非科研人员规模（单位：万人）作为研发保障要素的指标含义。

7. 知识累积要素

知识积累是指学术界各个学科门类、学派、学者的基础理论研究、应用研究和发展研究成果，呈现方式往往以著作、学术期刊、会议资料等为主，此类文献蕴含的创新色彩较为浓重，前沿性较强。高校科研与教学人员作为知识生产者和创新实践者，需要借鉴传承、创新发展学界已有的研究成果，而高校图书馆的馆藏图书存量恰好为科研人员查阅文献、了解前沿动态、获取参考资料提供了便利[1]，此外，高校图书馆的建设与馆藏水平深刻反映了学校学术资源富含度，是评价高校层次的一个隐含因素。因此，本书选取省域属高校图书或电子档案存量（单位：万册）作为知识累积要素的指标含义。

8. 基础资源要素

基础资源要素是指进行科学研究的物质基础。对于科研人员而言，完备的信息化条件和先进的实验设备与高质量的成果产出息息相关。优质且前沿的硬件设施有助于科研人员瞄准研发痛点，蓄势原始创新，扎实基础研究。此外，硬件设施为信息交流、实验室高效运行提供保障，为科研人员带来科研便利。本书选取省域属高校固定资产总值（单位：万元）作为基础资源要素的指标含义，固定资产总值涵盖教学科研仪器设备资产和信息化设备资产值等。

（二）高校创新策源贯通侧联通浓度

本书将高校创新策源贯通侧联通浓度分为创新扶持浓度和创新融合浓度。创新扶持浓度是指创新策源贯通侧中支持高校创新策源活动开展的资源要素，选取的指标为政策扶持要素、经费扶持要素和资金保障要素。创新融合浓度则指创新策源贯通侧中起到连接和交流作用，具有跨

---

[1] 参见李平、薛静、周海川《科研人员的知识获取能力对其创新能力影响的实证研究》，《技术经济》2015年第34卷第8期。

链条、跨行业属性的资源要素，选取的指标为创新探索要素、创新连接要素、创新流动要素和创新孵化要素。

1. 政策扶持要素

政策扶持往往起到"指挥棒"的作用，对高等教育变革、新兴产业发展和创新策源方向聚焦起到引导作用，同时在创新活动中表现出较强的信号传递效应，尤其对高校政策制定[①]、高新技术企业等创新型企业健康发展起到促进作用[②]。此外，政策扶持有利于营造良好的创新生态，为政用产学研各方注入"强心剂"，并为创新研究提供有力保障。高校与地方政府应按照"以上带下、上下联动、横向互动"的策略，结合实情与特质，构建政学互促的创新扶持政策[③]。因此，本书选取省域属"十四五"规划"创新"热词提及频次（单位：次）作为政策扶持要素的指标含义。

2. 经费扶持要素

经费扶持要素是保障科研活动常态化开展的关键要素，如何扩大科研人员对经费管理与使用的自主权也是近年来经费来源与使用单位普遍关注的问题[④]。伴随经济快速发展，创新研究所需经费不断累积，有力推动了集成创新、原始创新与沉淀转化再创新活动的开展。对于高校科研工作而言，经费来源集中于纵横向拨入经费。其中，政府财政拨款是高校创新策源活动的重要资金池[⑤]，具有一定的权威性和代表性，同时还包括科研事业费、企事业单位委托经费和各种收入中转为科技经费等。因此，本书选取省域属高校科技经费（单位：万元）作为经费扶持要素的指标含义。

---

① 参见曹宇新《"强基计划"人才培养模式的高校政策再制定研究——基于 36 所试点高校"强基计划"培养方案的文本分析》，《教育理论与实践》2022 年第 42 卷第 3 期。

② 参见罗锋、杨丹丹、梁新怡《区域创新政策如何影响企业创新绩效？——基于珠三角地区的实证分析》，《科学学与科学技术管理》2022 年第 43 卷第 2 期。

③ 参见张扬、顾丽梅《中国创新型城市政策的演进逻辑与实践路径——基于文本分析的视角》，《科学管理研究》2021 年第 39 卷第 6 期。

④ 参见邰双汭《科技创新背景下扩大高校科研自主权的创新方法研究》，《科学管理研究》2021 年第 39 卷第 2 期。

⑤ 参见刘罡《"双一流"建设背景下高校资金筹集的思考》，《中国高等教育》2020 年第 11 期。

3. 资金保障要素

资金保障要素是指高校推动优势学科专业强势发展和其他学科专业常态化发展的经费保障。高校制定"十四五"规划时，一要确保传统优势学科和其他学科的经费支持，二要为新兴学科提供更多助力。高校年度预算是各项事业高质量发展的源头活水，能稳固 R&D 人员队伍，充分保障高校 R&D 活动的顺利开展。因此，本书选取省域属高校当年预算总额（单位：亿元）作为资金保障要素的指标含义。

4. 创新探索要素

创新探索需要依托实体运行的前沿技术探索载体，基于"新工科"2.0 建设思路成立的未来技术学院实现了高等教育新尝试。未来技术学院是瞄准"卡脖子"技术，培养创新型人才，力图推动创新全链条产生颠覆性变革，引领未知技术初探和研发的新型学院[1]，也是我国布局未来科技竞争的重要战略支点[2]。因此，本研究选取省域属高校未来技术学院数量（单位：个）作为创新探索要素的指标含义。

5. 创新连接要素

创新连接要素是指创新链、教育链、产业链等多链条的连接载体或链条节点嵌合平台，此类载体或平台以新产业需求为牵引，容括企业、高校、科研机构等多主体共建需求和多场景育人功能。现代产业学院作为此类新型育人平台，实现产教融合育人模式的创新[3][4]，并呈现出三个新特征，即更加强调育人成效，更加突出校企协同，更加注重灵活机制[5]。因此，本书选取省域属高校现代产业学院数量（单位：个）作为创新连接要素的指标含义。

---

[1] 参见林健《未来技术学院建设：教师队伍建设和未来技术研发》，《清华大学教育研究》2021 年第 42 卷第 3 期。

[2] 参见刘进、李岳璟、林松月《新工科建设背景下未来技术学院高质量发展研究》，《重庆大学学报（社会科学版）》2021 年第 27 卷第 5 期。

[3] 参见黄彬、姚宇华《新工科现代产业学院：逻辑与路径》，《高等工程教育研究》2019 年第 6 期。

[4] 参见沈洁、徐明华、徐守坤《现代产业学院创新型工程人才培养探索》，《中国高等教育》2021 年第 12 期。

[5] 参见沈希《以现代产业学院助推新时期产教融合》，《教育发展研究》2021 年第 41 卷第 5 期。

6. 创新流动要素

创新流动是指知识溢出与流动，此类流动往往伴随人员、信息的交互而产生。创新资源的流动产生知识溢出效应，进而通过知识溢出效应对创新活动和创新绩效产生影响。在高层次的学术交流中，线上线下的人员流动和聚集会引发知识流、信息流等各类资源的互通，并强化参与者的知识储备与研究能力[1]，形成跨行业、跨区域、跨领域的合作模式和专题性、针对性、深入性的沟通渠道[2]，为多学科交叉、多观点互补和多灵感衍生提供了良好契机[3]。因此，本书选取省域属高校当年科研学术交流会议或访谈次数（单位：次）作为创新流动要素的指标含义。

7. 创新孵化要素

创新孵化是指为科研或创业项目提供研发及商业化的物理空间，并提供配套的软硬件设备、政策法律咨询、融资推介和市场开拓服务等扶持体系。创新孵化的目的是依托孵化渠道实现信息流、项目流、技术流的价值交换，在各类要素流尤其是技术流的流转中，催动科研成果向新型产品或服务的流动并实现产业化。科技企业孵化器向项目团队或初创企业提供上述服务，通过针对性支持和通用资源的共享，降低失败风险，压低孵化成本，提升孵化成功率，进一步疏通由研到产的路径[4]。因此，本书选取省域属国家级科技企业孵化器数量（单位：个）作为创新孵化要素的指标含义。

（三）高校创新策源需求侧支持浓度

本书将高校创新策源需求侧支持浓度分为就业支撑浓度、产业支撑浓度和环境支撑浓度。就业支撑浓度是指与高校创新策源活动相关性较强的行业对就业人员吸纳体量，选取的指标为从业人员要素。产业支撑浓度是指与高校创新策源活动相关性较强的产业当前的发展现状，选取

---

[1] 参见王淑英、王洁玉、寇晶晶《创新资源流动对区域创新绩效的影响研究——空间视角下金融集聚调节作用的实证检验》，《科技管理研究》2020 年第 40 卷第 3 期。

[2] 参见都宁、刘梅华《学术交流活动对高校科技创新能力的影响》，《中国高校科技》2015 年第 11 期。

[3] 参见郑存库《学术交流对地方高校科学研究的推动作用》，《科技管理研究》2005 年第 3 期。

[4] 参见颜振军、李静、吴欣彦《科技企业孵化器生态位的理论研究与实证分析》，《科技管理研究》2021 年第 41 卷第 18 期。

的指标为产业体量要素。环境支撑浓度主要指高校所在区域的经济厚度，选取的指标为区域能级要素。

1. 从业人员要素

从业人员的体量是区域经济发展的"晴雨表"，就业情况体现了该区域的业态质量。企业以新求进，以稳求胜，能否吸引并留住优质人才，并提供能位相配的就业岗位和薪资待遇，是占据人才争夺战优势地位的关键。同时，从业人员的岗位类别也体现了区域的产业结构和主导产业类型。高新技术企业是区域经济产业发展的驱动者和高质量招聘的需求者，技术特点明显，企业文化活跃，创新氛围浓厚，能承接大量优秀毕业生就业创业，作为大学生普遍关注的雇主，反而能促进高校人才培养的精准度有效提升。因此，本书选取省域属高新技术产业就业人员总数（单位：万人）诠释从业人员要素。

2. 产业体量要素

产业体量意味着区域产业的承载力和贡献力。对于高校而言，所处辖区的产业优势会提升资金、技术、人力、知识资本对高等教育的赋能作用。高新技术产业营收状况能反映高新技术产业的实际体量，所以本书选取省域属高新技术产业主营业务收入（单位：亿元）作为产业体量要素的指标含义。

3. 区域能级要素

区域能级要素主要体现为区域经济实力和综合发展水平的排序，高能级的区域会构筑起地缘优势，助推高等教育一体化进阶发展。很多高校践行"校城一体"的办学理念[①]，根据城市规划和发展走势勾勒新校区蓝图，或依据城市支持力度推动分校建设，可以说区域发展能级与高校发展势头密切相关。就目前而言，GDP总量及排名依然是区域能级的重要评价指标。因此，本书选取省域属GDP（单位：亿元）作为区域能级要素的指标含义。

---

① 参见王清远、唐毅谦、叶安胜等《"区域应用、开放协同、校城融合"三位一体高素质人才培养体系的构建与实践》，《中国大学教学》2019年第4期。

二 高校创新策源潜力评价体系

高校创新策源潜力评价体系指标的来源有三种：一是着重参考学界关于高校创新策源潜力评价的主流研究成果指标集，详见表4.3。二是参照相关性、指导性较强的权威文件，如《知识产权认证管理办法》等。三是参考高校学科建设、科研主管部门负责人，相关学院院长、教师及学生，属地教育主管部门工作人员等的访谈结果与定性资料。基于以上3个指标来源，同时邀请创新评价、创新管理、高等教育等研究领域的7位专家对高校创新策源潜力评价体系与候选指标进行系统性审阅、讨论分析和多番修正，以提升评价体系的科学性和合理性，指标信息的规范性及指标数据的可获性、易得性等。

表4.3　　高校创新策源潜力评价主流研究成果指标集

研究视角	研究内容	相关指标	研究方法	学者
国家创新策源能力	国家创新策源能力构建机理	创新需求　要素协同　创新环境　区位优势	归纳推理法	张萌等(2022)[1]
国家创新策源能力	原始创新策源能力分析	产学研用协同　高价值核心专利申请	案例分析法	余江等(2020)[2]
国家创新策源能力	原始创新策源能力分析	突破性创新	理论分析法	卡里尼亚尼等(2019)[3]
区域创新策源能力	区域创新策源能力影响因素	研发项目　产学研合作　科技论文　发明专利申请　发明专利授权　产业集聚　区域发展	文献编码分析法　对比分析法	傅翠晓等(2022)[4]

---

[1] 参见张萌、孔昭君《国家创新策源能力构建：内涵、基础与途径》，《科技和产业》2022年第22卷第7期。

[2] 参见余江、刘佳丽、甘泉等《以跨学科大纵深研究策源重大原始创新：新一代集成电路光刻系统突破的启示》，《中国科学院院刊》2020年第35卷第1期。

[3] Giuseppe Carignani, Gino Cattani and Giusi Zaina, "Evolutionary Chimeras: A Woesian Perspective of Radical Innovation", *Industrial and Corporate Change*, Vol. 28, No. 3, January 2019, pp. 511–528.

[4] 参见傅翠晓、全利平《基于文献编码的区域创新策源能力影响因素研究——一个理论框架》，《创新科技》2022年第22卷第8期。

续表

研究视角	研究内容	相关指标	研究方法	学者
区域创新策源能力	创新策源能力影响机制	学术论文 学术著作 专利授权 领域顶级奖项 高新产业产值	贝叶斯网络	敦帅等(2021)[①]
	区域创新策源能力评价	国家自然科学奖 国家技术发明奖 国家科技进步奖 WOS检索核心合集论文	纵横向拉开档次法	卢超等(2022)[②]
		国家自然科学基金 专利申请受理	层次分析法 粒子群优化算法 模糊综合评价法	张金福等(2021)[③]
		学术论文 学术著作 源于企业的R&D项目 新增就业岗位 高新产业	AHP-TOPSIS法 SOM聚类	朱梦菲等(2020)[④]
	跨行政区域创新策源能力评价	发明专利申请 发明专利授权	熵权法 TOPSIS法 灰色关联分析	宁连举等(2021)[⑤]
	区域创新策源能力影响机理	人才网络流量	协同动力学 Haken演化模型	刘琦等(2022)[⑥]

---

① 参见敦帅、陈强、丁玉《基于贝叶斯网络的创新策源能力影响机制研究》，《科学学研究》2021年第39卷第10期。

② 参见卢超、李文丽《京沪深创新策源能力评价研究：基于国家科学技术"三大奖"的视角》，《中国科技论坛》2022年第2期。

③ 参见张金福、刘雪《我国地方创新策源能力的模糊综合评价研究》，《科技管理研究》2021年第41卷第9期。

④ 参见朱梦菲、陈守明、邵悦心《基于AHP-TOPSIS和SOM聚类的区域创新策源能力评价》，《科研管理》2020年第41卷第2期。

⑤ 参见宁连举、肖玉贤、刘经涛等《跨行政区域创新策源能力评价与实证——基于熵权法、TOPSIS法、灰色关联分析》，《科技管理研究》2021年第41卷第20期。

⑥ 参见刘琦、罗卫国、罗萧《人才网络视角下粤港澳大湾区创新策源能力影响机理研究》，《企业经济》2022年第41卷第12期。

续表

研究视角	研究内容	相关指标	研究方法	学者
城市创新策源能力	城市创新策源能力评价	国际顶级学术奖项 PCT专利申请　发明专利申请 科学技术人员　高新技术产业	极值法 德尔菲法 熵值法	敦帅等（2021）[①]
		知识流动　人才流动	AHP层次法 德尔菲法	姚占雷等（2021）[②]
科技创新策源能力	基于某领域的创新策源能力评价	科学发现　技术突破	比较分析法	魏伟（2022）[③]
		专利申请	IPC分类检索	杨四娟等（2021）[④]
	科技创新策源能力评价研究	产业合作　学术论文　学术著作	HAKEN协同演化模型 SOM聚类算法	刘琦（2021）[⑤]
	基于专利信息的技术创新策源评价	发明申请　发明授权	专家调查法 层次分析法	衣春波等（2021）[⑥]
	科技创新策源地	策源依托点　校企合作	文献研究法	王少（2021）[⑦]

[①] 参见敦帅、陈强、马永智《创新策源能力评价研究：指标构建、区域比较与提升举措》，《科学管理研究》2021年第39卷第1期。

[②] 参见姚占雷、李倩、许鑫《创新策源能力三力识别模型构建与应用研究》，《科技情报研究》2021年第3卷第3期。

[③] 参见魏伟《上海集成电路领域创新策源能力的研究》，《中国集成电路》2022年第31卷第8期。

[④] 参见杨四娟、路炜《专利视角下的我国植介入医疗器械无线供电技术创新策源能力提升启示》，《中国发明与专利》2021年第18卷第8期。

[⑤] 参见刘琦《粤港澳大湾区科技创新策源能力评价研究》，《经济体制改革》2021年第3期。

[⑥] 参见衣春波、赵文华、邓璐芗等《基于专利信息的技术创新策源评价指标体系构建与应用》，《情报杂志》2021年第40卷第2期。

[⑦] 参见王少《科技创新策源地：概念、内涵与建设路径》，《科学管理研究》2021年第39卷第2期。

续表

研究视角	研究内容	相关指标	研究方法	学者
产业创新策源能力	产业创新策源能力分析	战略前瞻　论文发表　产业规模	对比分析法	傅翠晓等（2021）[1]
	产业创新策源能力评价	论文录用数　专利申请数量　专利授权率　科研协作水平	AHP-熵权TOPSIS法	浦悦等（2021）[2]
企业创新策源能力	企业创新策源能力影响因素	企业规模	随机前沿模型	胡斌等（2020）[3]
	企业创新策源潜力分析	研发（R&D）　创新支持　人力资源　基础设施	系统文献回顾（SLR）模糊层次分析法（Fuzzy AHP）	克拉天奇克·索科沃夫斯卡等（2019）[4]　马尔科维奇等（2019）[5]

最终，本书结合高校创新策源能力作用机理、增量维度的后发力作用机理、高校创新策源三侧持续增长目标以及评价体系的设计原则与指标遴选要求，确定了涵盖三级指标的评价体系，详见表4.4。其中，一级指标3个，二级指标7个，三级指标13个。由高校创新策源能力作用机理可知，高校创新策源潜力同样涉及三侧，故而本书将高校创新策源供给侧资源潜力、高校创新策源贯通侧生产潜力与高校创新策源需求侧支撑潜力设置为一级评价指标；遴选创新攻关潜力、创新呈现潜力、知识生

---

[1] 参见傅翠晓、许海娟《区域新能源汽车产业创新策源能力分析——以上海为例》，《创新科技》2021年第21卷第10期。

[2] 参见浦悦、胡斌《基于AHP-熵权TOPSIS法的区域人工智能产业创新策源能力评价》，《生产力研究》2021年第1期。

[3] 参见胡斌、吕建林、杨坤《人工智能企业创新策源能力影响因素分析》，《西安财经大学学报》2020年第33卷第5期。

[4] Izabela Krawczyk-Sokolowska, Agata Pierscieniak and Wieslawa Caputa, "The Innovation Potential of the Enterprise in the Context of the Economy and the Business Model", *Review of Managerial Science*, Vol. 15, No. 1, Nov. 2019, pp. 103-124.

[5] Dušan Marković, Goran Janaćković, Nenad Simeunović and Bojan Lalić, "Identifying and Ranking Novel Indicators of MSMEs Innovation Potential", *Technology Analysis & Strategic Management*, Vol. 32, No. 5, October 2019, pp. 529-541.

产潜力、专利生产潜力、人才吸纳潜力、产业支撑潜力和环境支撑潜力 7 个指标作为二级评价指标；选择创新开拓变动、创新合作变动、奖项呈现变动、赛事呈现变动、知识承载变动、知识凝练变动、国内学术变动、国际学术变动等 13 个指标作为三级评价指标。

表 4.4　　　　　　　　高校创新策源潜力评价体系

一级指标	二级指标	三级指标	指标含义
高校创新策源供给侧资源潜力	创新攻关潜力	创新开拓变动	省域属国家自然科学基金项目数量变动（单位：项）
		创新合作变动	省域属教育部产学合作协同育人项目数量变动（单位：项）
	创新呈现潜力	奖项呈现变动	省域属高校"三大奖"数量变动（单位：项）
		赛事呈现变动	省域属高校国家级学科竞赛获奖数量变动（单位：项）
		知识承载变动	省域属高校学术期刊数量变动（单位：种）
高校创新策源贯通侧生产潜力	知识生产潜力	知识凝练变动	省域属高校出版科技著作数量变动（单位：部）
		国内学术变动	省域属高校发表的国内论文数量变动（单位：篇）
		国际学术变动	省域属高校发表的国际论文数量变动（单位：篇）
	专利生产潜力	专利申请变动	省域属高校发明专利申请数量变动（单位：项）
		专利授权变动	省域属高校发明专利授权数量变动（单位：项）
高校创新策源需求侧支撑潜力	人才吸纳潜力	从业人员变动	省域属高新技术产业就业人员数量变动（单位：人次）
	产业支撑潜力	产业体量变动	省域属高新技术产业主营业务收入总额变动（单位：亿元）
	环境支撑潜力	区域能级变动	省域属 GDP 变动（单位：亿元）

(一) 高校创新策源供给侧资源潜力

本书将创新策源供给侧资源潜力分为创新攻关潜力和创新呈现潜力。创新攻关潜力是指科研攻关活动的潜势，表现为高校科技工作或产学研合作方的增幅，选取的指标为创新开拓变动和创新合作变动。创新呈现潜力则指具有代表性、可参阅分享的学术成果增幅，选取的指标奖项呈现变动、为赛事呈现变动和知识承载变动。

1. 创新开拓变动

创新开拓变动是指基于基础科学、技术科学、生命与医学以及交叉融合等的科技创新活动外拓与新增趋势。国家自然科学基金委员会本着"鼓励探索，突出原创；聚焦前沿，独辟蹊径；需求牵引，突破瓶颈；共性导向，交叉融合"的资助理念，为优秀科研人才打造稳定的资助链，帮助各学科团队瞄准难题、激发活力、主动开拓。各高校尤其是工科背景的高校习惯以国家自然科学项目的立项增幅评判科技工作的进展情况。因此，本书选取省域属国家自然科学基金项目数量变动（单位：项）作为创新开拓变动的指标含义。

2. 创新合作变动

创新合作主要是指基于政府引导、校企合作的产学研合作[①]，此类合作变动具体体现在产学研合作项目的变动。产学研合作项目以新工科、新农科等新学科专业为根基，推动教育链、产业链、创新链协同育人，主动对接国家经济社会发展急需和新兴产业软硬科技需求，力促校企合作、协同育人取得实效。因此，本书选取省域属教育部产学合作协同育人项目数量变动（单位：项）作为创新合作变动的指标含义。

3. 奖项呈现变动

奖项呈现是指具有里程碑意义和本学科内极具代表性的科研奖项，为凸显研究成果的权威性和含金量，可重点参考国家科学技术奖相关数据。国家科学技术奖包括五类，分别是国家最高科学技术奖、国家自然科学奖、国家技术发明奖、国家科学技术进步奖和中华人民共和国国际科学技术合作奖。学界目前普遍选择其中的"三大奖"作为高校奖项呈

[①] 参见朱永跃、顾国庆《基于协同创新的校企合作信任关系研究》，《科技进步与对策》2013 年第 30 卷第 19 期。

现的评价指标，即国家自然科学奖、国家技术发明奖和国家科学技术进步奖。一是因为"三大奖"是省域高校的科技创新实力呈现，二是因为这些成果指标在相关评价研究中得到广泛应用[1]。因此，本书选取省域属高校"三大奖"数量变动（单位：项）作为奖项呈现变动的指标含义。

4. 赛事呈现变动

赛事呈现是指高校在教育部认可的"全国普通高校大学生竞赛榜单"中的获奖情况。由中国高等教育学会高校竞赛评估与管理体系研究工作组发布的 2021 年全国普通高校大学生竞赛排行榜可知，2021 年学科竞赛排行榜榜单共计赛事 56 项，比 2020 年减少 1 项，具体包括中国"互联网+"大学生创新创业大赛、"挑战杯"全国大学生课外学术科技作品竞赛、"挑战杯"中国大学生创业计划大赛、ACM-ICPC 国际大学生程序设计竞赛、全国大学生数学建模竞赛、全国大学生电子设计竞赛等高级别赛事。近年来，高校以赛育人链条日益完善，逐步形成以"赛"为内核，以"用"为牵引，以"政""产"为依托，以"学"为落点的以赛育人体系[2]，并借助全流程备赛、参赛充分展现团队的学习成效与研发成果。同时，各类赛事含金量不断提升，成为大学生升学、考研、就业、落户的重要加分项。因此，本书选取省域属高校国家级学科竞赛获奖数量变动（单位：项）作为赛事呈现变动的指标含义。

5. 知识承载变动

知识承载的重要形式之一为静态形式，静态形式则以学术期刊等成果集为主[3]，该形式的学术目标是实现知识汇聚，开展知识服务。对于省域高校来讲，期刊规模扩充与集群化发展，以及知识传播和增值是重点关注的问题，也是自身推动知识数据化、持续优化知识服务模式的重要基础[4]。因此，本书选择省域属高校学术期刊数量变动（单位：种）作为

---

[1] 参见卢超、李文丽《京沪深创新策源能力评价研究：基于国家科学技术"三大奖"的视角》，《中国科技论坛》2022 年第 2 期。

[2] 参见李滋阳、石宏伟、罗建强《大学生智能制造竞赛育人绩效影响因素分析——10 项竞赛的多案例研究》，《高校教育管理》2021 年第 15 卷第 6 期。

[3] 参见任锦《科技期刊举办在线学术会议的现状与对策》，《科技与出版》2021 年第 6 期。

[4] 参见袁庆、刘红霞、沈锡宾等《中国科技期刊知识服务的实现路径思辨》，《编辑学报》2021 年第 33 卷第 6 期。

知识承载变动的指标含义。

（二）高校创新策源贯通侧生产潜力

本书将高校创新策源贯通侧生产潜力分为知识生产潜力和专利生产潜力。知识生产潜力主要是指文本性成果生产潜势，表现为期刊、著作等学术作品的增幅，选取的指标为知识凝练变动、国内学术变动和国际学术变动。专利生产潜力则指高校在专利申请和授权方面的增幅，选取的指标为专利申请变动和专利授权变动。

1. 知识凝练变动

知识凝练是指以不同学科门类或交叉学科背景下的知识集合，具有可分享、可利用等特点[1]。学术著作作为参评成果奖项、职称评审、项目结题的典型知识凝练形式，是开展高校学术评价重点参考的指标内容[2]。因此，本书选取省域属高校出版科技著作数量变动（单位：部）作为知识凝练变动的指标含义。

2. 国内学术变动

国内学术变动主要是指国内学术论文的数量变化，目前国内学术期刊论文的级别主要由核心期刊和非核心期刊组成，其中核心期刊以CSSCI、北大核心、科技核心、CSCD等为主；非核心期刊质量则普遍较低，但也不乏真知灼见之文章。国内学术论文的体量跃升与高质量成果的涌现体现出国内学术发展态势。因此，本书选取省域属高校发表的国内论文数量变动（单位：篇）作为国内学术变动的指标含义。

3. 国际学术变动

国际学术变动主要是指国际学术论文数量的变化幅度，目前国际学术期刊论文的级别主要由核心期刊和非核心期刊组成，其中核心期刊以SSCI、SCI、EI、ISTP等核心刊物论文等为主；非核心期刊范围较广。国际权威期刊的发文数量侧面反映了我国科研状态由紧随国外到融入国际的变化。因此，本研究选取省域属高校发表的国际论文数量变动（单位：

---

[1] 参见唐晓波、翟夏普《基于本体知识集合的知识检索研究》，《图书馆学研究》2018年第1期。

[2] 参见姜春林、郭琪琴、张光耀《人文社科学术著作评价指标体系构建及实证研究》，《情报杂志》2022年第41卷第2期。

篇）作为国际学术变动的指标含义。

4. 专利申请变动

专利申请变动是指处于申请阶段，还未正式得到授权的专利数量变化幅度。待转化专利变动体现了高校师生技术创新能力和专利申请能力的变化[1]，待转化专利的数量增加在一定程度上为高质量专利诞生厚植了土壤。因此，本书选取省域属高校发明专利申请数量变动（单位：项）作为专利申请变动的指标含义。

5. 专利授权变动

专利授权变动是指正式得到授权的专利数量变化幅度。授权专利作为校企、校校、校研等科研创新合作关系下的产物[2]，具有有效性特征，且为下一步的有效转移转化奠定了基础。因此，本书选取省域属高校发明专利授权数量变动（单位：项）作为专利授权变动的指标含义。

（三）高校创新策源需求侧支撑潜力

本书将高校创新策源需求侧支撑潜力分为人才吸纳潜力、产业支撑潜力和环境支撑潜力。人才吸纳潜力是指高校所在区域的就业岗位供给量增幅，选取的指标为从业人员变动。产业支撑潜力是指高校所在区域的产业体量增幅，选取的指标为产业体量变动。环境支撑潜力是指高校所在区域的经济社会发展水平增幅，选取的指标为区域能级变动。

1. 从业人员变动

从业人员变动是指某行业或产业的就业人员数量变化，区域从业人员数量的变动主要由当年某行业或某类产业招聘数量体现，高质量的就业环境和就业结构可提升区域产业的青年人口吸引力，尤其是对高校毕业生的求职吸引力。一直以来，就业都是经济社会发展的稳定器，也是由学到产的助推器，每个时期或每个年度的从业人员增幅暗示了人口流入、就业结构调整、产业结构优化、能岗匹配的态势，对该区域高校创新策源活动中的育人和人才供给环节具有潜移默化的就业环境涵养作用，

---

[1] 参见张慧卿、朱冬香、张杰等《京津地区部分高校技术创新能力探究——基于近20年专利视角的比较分析》，《中国高校科技》2021年第9期。

[2] 参见解志韬、孔繁翀、谢楠《长三角"双一流"高校协同创新时空演进——基于合作授权专利的社会网络分析》，《研究与发展管理》2021年第33卷第5期。

有助于激发高校创新策源供给侧与需求侧的双向就业促进效应，形成优势互补、供需相合的区域就业布局[①]。因此，本书选取省域属高新技术产业就业人员数量变动（单位：人次）作为从业人员变动的指标含义。

2. 产业体量变动

产业体量变动是指跨区域产业转移、新创产业发展和夕阳产业退出等引发的行业营收总量变动，其中蕴含着产业结构的调整。各类产业的转移或调整在宏观层面影响区域产业经济发展，也就是引起就业环境变化；在微观层面影响从业岗位的适配性、供需比变化，也就是导致就业结构调整。在此过程中，产业体量变动直接影响不同知识与技能水平的岗位数量，尤其是针对高校应届生等新就业人群的招聘计划[②]。因此，本书选取省域属高新技术产业主营业务收入总额变动（单位：亿元）作为产业体量变动的指标含义。

3. 区域能级变动

区域能级是指省域、城市群、中心城市等在经济排位、策源作用、国际化水平、网络枢纽层次等方面的综合性表现[③]，其年度变动情况备受地方政府、高校、企业、投融资机构等组织的关注。换言之，区域能级的变动反映出枢纽竞争力的变化，是高校创新策源需求侧最为宏观和终端的环境呈现。目前，省域 GDP 排名变动虽然很难涵盖政治、经济、文化、生态等考核因素，但依然是分析区域能级变动最常用指标。因此，本研究选取省域属 GDP 变动（单位：亿元）作为区域能级变动的指标含义。

三　高校创新策源效率评价体系

高校创新策源效率评价体系指标的来源同样为三种：一是着重参考学界关于高校创新策源效率评价的主流研究成果指标集，详见表 4.5。二

---

① 参见刘培、陈浩、王春凯《中国就业结构演变历程及"十四五"高质量就业发展思路》，《经济体制改革》2021 年第 6 期。

② 参见陈龙、张力《区域产业转移与就业技能结构——来自中国的经验证据》，《宏观经济研究》2021 年第 6 期。

③ 参见欧阳杰、李家慧《世界级城市群及其中心城市的枢纽能级分析——基于国际航空网络结构的研究》，《城市问题》2020 年第 11 期。

是参照前沿性、相关性、指导性较强的权威文件，如《促进科技成果转移转化行动方案》等。三是参考高校学科建设、科研主管部门负责人，相关学院院长、教师及学生，属地教育主管部门工作人员等的访谈结果与定性资料。基于以上3个指标来源，同时邀请创新评价、高等教育等研究领域的7位专家对高校创新策源效率评价体系与候选指标进行系统性审阅、讨论分析和多番修正，以提升评价体系的科学性和合理性，指标信息的规范性及指标数据的可获性、易得性等。

表 4.5　高校创新策源效率评价主流研究成果指标集

研究视角	研究内容	相关指标	研究方法	学者
区域创新策源能力	区域创新策源能力评价	科研创新投入　科研创新产出 技术创新投入　技术创新产出 产业创新投入　产业创新产出	纵横向拉开档次法 空间计量方法	卢超等（2022）[1] Zhang等（2020）[2]
		学术投入　学术产出 科学投入　科学产出 技术投入　技术产出 产业投入　产业产出	AHP-TOPSIS法 SOM 聚类	朱梦菲等（2020）[3]
		企业　科研机构　共生环境	数据包络分析（DEA）	Wang等（2018）[4]

---

[1] 参见卢超、李文丽《京沪深创新策源能力评价研究：基于国家科学技术"三大奖"的视角》，《中国科技论坛》2022年第2期。

[2] Fuqin Zhang, Yue Wang and Wei Liu, "Science and Technology Resource Allocation, Spatial Association, and Regional Innovation", *Sustainability*, Vol. 12, No. 2, January 2020, p. 694.

[3] 参见朱梦菲、陈守明、邵悦心《基于AHP-TOPSIS和SOM聚类的区域创新策源能力评价》，《科研管理》2020年第41卷第2期。

[4] Song Wang, Jianqing Zhang, Fei Fan, Fei Lu and Lisheng Yang, "The Symbiosis of Scientific and Technological Innovation Efficiency and Economic Efficiency in China—An Analysis Based on Data Envelopment Analysis and Logistic Model", *Technology Analysis & Strategic Management*, Vol. 31, No. 1, June 2018, pp. 67–80.

续表

研究视角	研究内容	相关指标	研究方法	学者
区域创新策源能力	跨行政区域创新策源能力评价	创新投入　创新产出	熵权法 TOPSIS 法 灰色关联分析	宁连举等（2021）①
	创新策源能力影响机制	学术研究经费　技术研发人员 技术风投资本　技术转移 产企创新投入	贝叶斯网络	敦帅等（2021）②
	区域创新策源能力影响因素	创新资金投入　创新人才投入 知识投入　金融环境 专利产出技术转移 新产品产出基础设施	文献编码分析法	傅翠晓等（2022）③
区域创新绩效	区域创新绩效	专利申请数量 新产品销售收入 技术合同成交额	模糊集定性比较分析法（FSQCA）	曹萍等（2022）④
城市创新策源能力	城市创新策源能力评价	创新智力型投入 创新原创型产出	AHP 层次法 德尔菲法	姚占雷等（2021）⑤
		科学资源投入　科学发现产出 产业研发投入　创新产业比例 技术合同成交额	极值法 德尔菲法 熵值法	敦帅等（2021）⑥

---

① 参见宁连举、肖玉贤、刘经涛等《跨行政区域创新策源能力评价与实证——基于熵权法、TOPSIS 法、灰色关联分析》,《科技管理研究》2021 年第 41 卷第 20 期。

② 参见敦帅、陈强、丁玉《基于贝叶斯网络的创新策源能力影响机制研究》,《科学学研究》2021 年第 39 卷第 10 期。

③ 参见傅翠晓、全利平《基于文献编码的区域创新策源能力影响因素研究——一个理论框架》,《创新科技》2022 年第 22 卷第 8 期。

④ 参见曹萍、赵瑞雪、尤宇等《创新策源能力如何影响区域创新绩效？——基于 30 个省份的 QCA 分析》,《科技管理研究》2022 年第 42 卷第 13 期。

⑤ 参见姚占雷、李倩、许鑫《创新策源能力三力识别模型构建与应用研究》,《科技情报研究》2021 年第 3 卷第 3 期。

⑥ 参见敦帅、陈强、马永智《创新策源能力评价研究：指标构建、区域比较与提升举措》,《科学管理研究》2021 年第 39 卷第 1 期。

续表

研究视角	研究内容	相关指标	研究方法	学者
科技创新策源能力	科技创新策源地	原创知识生产　知识引领辐射　科技创新人才　科创板企业　科技创新中心　科学城	文献研究法	王少（2021）[1]
	技术创新策源效率评价	技术创新　资源配置　公共支出	网络分析法（ANP）	Gu 等（2018）[2]
高校科技创新能力	高校科技创新效率评价	科技人力　科研经费　授权专利	数据包络分析法（DEA）	余丹等（2021）[3]
		公共资金　学生员工比　纯技术效率　拥堵效率　规模效率		弗莱格等（2004）[4]
		学术专利　科研产出　R&D 投入　R&D 产出		查瓦斯等（2012）[5]
		智力资本		莱特纳等（2005）[6]
		国务院各部门专项费　专利授权量	随机前沿函数	李滋阳等（2020）[7]

---

[1] 参见王少《科技创新策源地：概念、内涵与建设路径》，《科学管理研究》2021 年第 39 卷第 2 期。

[2] Wei Gu, Thomas L. Saaty and Lirong Wei, "Evaluating and Optimizing Technological Innovation Efficiency of Industrial Enterprises Based on Both Data and Judgments", *International Journal of Information Technology & Decision Making*, Vol. 17, No. 01, January 2018, pp. 9–43.

[3] 参见余丹、张丽华《基于 DEA 方法的高校科研创新效率研究——以吉林大学为例》，《中国高校科技》2021 年第 S1 期。

[4] Anthony-Travers Flegg, David O. Allen, Kamal Field and T. W. Thurlow, "Measuring the Efficiency of British Universities: A Multi-period Data Envelopment Analysis", *Education Economics*, Vol. 12, No. 3, Dec. 2004, pp. 231–249.

[5] Jean-Paul Chavas, Bradford Barham, Jeremy Foltz and Kwansoo Kim, "Analysis and Decomposition of Scope Economies: R&D at US Research Universities", *Applied Economics*, Vol. 44, No. 11, April 2012, pp. 1387–1404.

[6] Karl-Heinz Leitner, Michaela Schaffhauser-Linzatti, Rainer Stowasser and Karin Wagner, "Data Envelopment Analysis as Method for Evaluating Intellectual Capital", *Journal of Intellectual Capital*, Vol. 6, No. 4, Dec. 2005, pp. 528–543.

[7] 参见李滋阳、李洪波、王海军等《高校科技创新效率及影响因素探讨——基于随机前沿函数的分析》，《中国高校科技》2020 年第 9 期。

续表

研究视角	研究内容	相关指标	研究方法	学者
产业创新策源能力	产业创新策源能力分析	研发投入 推广应用	对比分析法	傅翠晓等（2021）①
产业创新策源能力	产业创新策源能力评价	独角兽企业 数字经济劳动力 高技术产品出口比重 专家数量 投融资规模 投融资热度	AHP-熵权TOPSIS法	浦悦等（2021）②
企业创新策源能力	企业创新策源能力影响因素	研发资本投入 劳动力投入	随机前沿模型	胡斌等（2020）③
企业创新策源能力	企业创新绩效	用户创新源 新产品引进频率 创新绩效	多重中介模型	Yu等（2020）④

结合高校创新策源能力作用机理、效能维度的有效力作用机理、高校创新策源活动"投入—产出"评价体系的设计原则与指标遴选要求，最终确定了涵盖三级指标的评价体系，详见表4.6。其中，一级指标2个，二级指标6个，三级指标10个。评价高校创新策源效率涉及投入与产出两个维度，所以本书将一级维度设为投入维度与产出维度；二级指标分别是高校创新策源智慧投入、高校创新策源外部汲取、高校创新策源终端投入和高校创新策源智慧产出、高校创新策源外部获益、高校创新策源终端产出；选择专业集群沉淀、项目经费投入、发明专利申请、区域技术输入、区域投资加持以及急需人才涌现、发明专利授权、区域技术赋能、区域产业跃升、区域城市升级共10个指标作为三级评价指标。

---

① 参见傅翠晓、许海娟《区域新能源汽车产业创新策源能力分析——以上海为例》，《创新科技》2021年第21卷第10期。
② 参见浦悦、胡斌《基于AHP-熵权TOPSIS法的区域人工智能产业创新策源能力评价》，《生产力研究》2021年第1期。
③ 参见胡斌、吕建林、杨坤《人工智能企业创新策源能力影响因素分析》，《西安财经大学学报》2020年第33卷第5期。
④ Xin Yu, Florian Kohlbacher and Susumu Ogawa, "How a User Innovation Origin Affects Firms' Subsequent Innovation Performance: The Case of Japan's Fishing Tackle Industry", *Innovation*, Vol. 22, No. 2, February 2020, pp. 160-192.

表 4.6　　　　　　　　　　高校创新策源效率评价体系

一级指标	二级指标	三级指标	指标含义
投入维度	高校创新策源智慧投入	专业集群沉淀	省域属高校国家一流本科专业数量（单位：个）
		项目经费投入	省域属国家级项目经费总额（单位：万元）
		发明专利申请	省域属高校发明专利申请数量（单位：项）
	高校创新策源外部汲取	区域技术输入	省域属国外技术引进合同数量（单位：项）
	高校创新策源终端投入	区域投资加持	省域属社会融资规模增量（单位：亿元）
产出维度	高校创新策源智慧产出	急需人才涌现	省域属数字经济输出岗位占比（单位：%）
		发明专利授权	省域属当年数字经济相关发明专利授权数量（单位：项）
	高校创新策源外部获益	区域技术赋能	省域属高技术产业新产品开发项目数（单位：项）
	高校创新策源终端产出	区域产业跃升	省域属上市公司数量（单位：家）
		区域城市升级	省域属新型基础设施竞争力指数（单位：分）

（一）投入维度

本书将高校创新策源投入分为高校创新策源智慧投入、高校创新策源外部汲取和高校创新策源终端投入。高校创新策源智慧投入是指专业集群、项目经费与专利申请等方面的投入，具体表现为优势专业集群的发展水平、高级别科研项目经费的支持力度以及师生申请发明专利的实际热度。高校创新策源外部汲取是指引进国外先进技术的投入情况，具体表现为国外技术引进合同的签署体量。高校创新策源终端投入是指高校所在省份社会融资对产业发展的支持情况，具体表现为社会融资规模增量。

1. 专业集群沉淀

专业集群沉淀是指新工科、新农科、新医科、新商科、新文科专业中的国家一流本科专业群。这些专业集群是酝酿、生产新知识的关键孵化带，为培养高层次人才和特色急缺人才沉淀知识积累。学科专业环境的营造、学科专业发展战略的调整和学科专业治理策略的优化是当前高校极为重视的工作[①]。区域新型专业集群是推动当地政用产学研交融创新的有力依托，反映了该区域高等教育的基础实力和投入力度。教育部办公厅发布的《关于实施一流本科专业建设"双万计划"的通知》明确指出，到2021年，建成10000个左右国家级一流本科专业点[②]。因此，本书选取省域属高校国家一流本科专业数量（单位：个）作为专业集群沉淀的指标含义。

2. 项目经费投入

项目经费投入是指保证高校科技创新策源活动正常开展和相关研究团队常态化运作的经费支持，主要来源是上级拨入的国家级项目经费。考虑项目代表性和数据易得性，本书重点使用高校获批的国家自然科学基金和国家社会科学基金项目经费数据。从硬科学和软科学角度来看，国家自然科学基金持续聚焦自然科学领域，重点瞄准基础科学、技术科学、生命医学与交叉融合4个研究板块，为理工农医类研究人员提供了主流纵向项目经费来源。国家社会科学基金项目旨在推动中国特色哲学社会科学学科体系、学术体系和话语体系建设，是人文社科类科研人员的国家级纵向经费来源。因此，本书选取省域属国家级项目经费总额（单位：万元）作为项目经费投入的指标含义。

3. 发明专利申请

发明专利申请是指处于申请阶段，还未正式得到授权的专利。待转化专利体现了高校师生技术创新能力和专利申请能力的投入度，待转化专利为高质量专利授权厚植基础。因此，本书选取省域属高校发明专利

---

① 胡春蕾：《"双一流"建设背景下学科环境与发展战略研究》，《江苏高教》2020年第12期。
② 教育部办公厅：《教育部办公厅关于实施一流本科专业建设"双万计划"的通知》，2017年8月18日，http://www.moe.gov.cn/srcsite/A08/s7056/2019-04/t2019 0409_377216.html，2024年5月17日。

申请数量（单位：项）作为发明专利申请的指标含义。

4. 区域技术输入

区域技术输入是指高校所在省域利用技术、数据等交易服务平台，实现急需技术的引进整合与投入使用。在国家发展进程中，技术层面的创新往往依赖外部知识引入和内部知识搜集，这种创新活动对外部技术引进和内部知识存量存在显著依赖[1]。很多发达地区对国外先进技术的依赖程度不低于内部技术[2]。就当前的国际竞争而言，科技水平成为大国博弈的重要影响因素，外部高新技术的持续引进有助于提升区域高校创新策源水平，但受政策倾斜度及经济水平的影响，各地区引进外部技术的体量与作用成效存在差异。我国虽在航空领域、高铁技术、5G 技术、超级计算机技术、精锻机技术与激光晶体技术等赛道处于领先地位，但其他诸多技术依然落后于发达国家，所以要特别重视区域技术的合理输入。因此，本书选取省域属国外技术引进合同数量（单位：项）作为区域技术输入的指标含义。

5. 区域投资加持

区域投资加持是指各省份每年形成的社会融资规模。近年来，各地为降低企业融资门槛，缓解融资约束，相继出台专门性支持政策，设立专业化融资平台，加大相应领域财税支持，为化解初创企业、中小企业、民营企业融资难、招投难的现实困难提供了多方位助力。对于投入端而言，社会融资具有高效率、高灵活度等特征，能起到拓宽融资渠道、提振经济信心、促进产业发展的积极作用。把社会融资规模视作货币政策的中介目标，有助于提升金融对区域产业尤其是创新型产业的支持热度[3]。因此，本书选择省域属社会融资规模增量（单位：亿元）诠释区域投资加持的指标含义。

---

[1] Harald Bathelt, Anders Malmberg and Peter Maskell, "Clusters and Knowledge: Local Buzz, Global Pipelines and the Process of Knowledge Creation", *Progress in Human Geography*, Vol. 28, No. 1, February 2004, pp. 31–56.

[2] David Popp, "Induced Innovation and Energy Prices", Vol. 92, No. 1, May 2002, pp. 160–180.

[3] 参见程国平、刘丁平《社会融资规模作为货币政策中介目标的合理性》，《财经问题研究》2014 年第 9 期。

（二）产出维度

本书将高校创新策源智慧产出分为高校创新策源智慧产出、高校创新策源外部获益和高校创新策源终端产出。高校创新策源智慧产出主要指新型人才的培养成效与专利得到授权的情况，具体表现为各类数字人才的体量与发明专利的授权数量，选取的三级指标是急需人才涌现和发明专利授权。高校创新策源外部获益是指高校所在省份对引进技术的实际使用情况，表现为高新技术的赋能成效，选取的三级指标为区域技术赋能。高校创新策源终端产出则指高新企业产出与新型基础设施建设情况，具体表现为高校所在省份高新技术企业的产值与所在区域的新基建水平，选取的三级指标为区域产业跃升与区域城市升级。

1. 急需人才涌现

急需人才涌现是指各省高校培育输出的各类数字人才。数字人才由本地和其他各地输出后，各地区能否吸引人才前来观摩、实习、求职、留任成为重要前提，而后配套相应的引才计划及就创业补贴，拉动数字人才的流入和本地化就业。与此同时，伴随平台经济、共享经济的出现，非本地化就业形势也充实了各地区的用人需求，这部分求职人员以虚拟输出的方式融入用人单位。由此可见，数字人才输入既有本地化就业输出，也有非本地化就业输出，两者共同构成急需人才输出主渠道。因此，本书选取省域属数字经济输出岗位占比（单位：%）诠释急需人才涌现。

2. 发明专利授权

发明专利授权是指高校所在省域当年授权的数字经济相关发明专利。数字经济相关专利在新增授权专利中占比越来越大，2022年10月发布的《国务院关于数字经济发展情况的报告》显示，中国产业创新能力不断增强，数字经济核心产业发明专利授权量达27.6万件，占同期全社会发明专利授权量的39.6%[1]。可见，授权的数字经济专利成为现阶段各地区新兴且重要的成果产出，为辖区内高校群落实创新发展战略、助力数字经济夯实了根基。因此，本书选取省域属当年数字经济相关发明专利授权数量（单位：项）作为发明专利授权的指标含义。

---

[1] 《国务院关于数字经济发展情况的报告》，中华人民共和国中央人民政府，2022年10月28日，https://www.gov.cn/xinwen/2022-11/28/content_5729249.htm，2024年5月17日。

3. 区域技术赋能

区域技术赋能是指辖区内输入的技术集群推动企业新产品开发的实际成效。区域技术的引进方式主要分为购买国外技术与模仿国外技术，而企业在实际生成过程中表现出的技术吸收能力能够弱化购买技术与模仿技术的负向关系[1]。当新技术融入企业创新活动时，会引发一定程度的技术动荡，恰当的技术动荡能够激发组织或团队的创新灵感，这些新思路和新意识为产品创新提供了支持，并最终通过新产品占领新市场，获得新收益，巩固竞争优势[2]。伴随技术的进一步吸收与运用，企业开发出更多新产品、创造出更多新岗位，进一步拉动当地就业[3]，将技术赋能成效由市场端延申至就业端。因此，本书选用省域属高技术产业新产品开发项目数（单位：项）作为区域技术赋能的指标释义。

4. 区域产业跃升

区域产业跃升是指高校所在省域的企业发展水平及经营实力。就目前而言，企业是否上市或者区域内上市公司的数量能够客观反映产业链发展现状。上市公司作为地方企业群的领头羊，普遍重视技术创新、技术运用、技术赋能对自身竞争力的提升作用，借助研发攻关、要素拼凑、数字管理等手段，不断提高全要素生产率。值得注意的是，高等院校的空间集聚与企业生产率正相关[4]，企业规模、劳动者综合素质对创新效率存在正向影响[5]。可见，辖区内上市公司的数量是验证区域产业能级水平和终端产出的关键指标。因此，本书选取省域属上市公司数量（单位：

---

[1] Shuangshuang Li, Xin Miao, Enhui Feng, Yiqun Liu and Yanhong Tang, "Technology Import Modes, Environmental Regulation Types and Total Factor Energy Efficiency", *Energy Sources, Part B: Economics, Planning, and Policy*, Vol. 17, No. 1, Nov. 2022, p. 2141374.

[2] Wilert Puriwat and Danupol Hoonsopon, "Cultivating Product Innovation Performance Through Creativity: The Impact of Organizational Agility and Flexibility Under Technological Turbulence", *Journal of Manufacturing Technology Management*, Vol. 33, No. 4, March 2021, pp. 741 – 762.

[3] Chandan Sharma and Ritesh Kumar Mishra, "Imports, Technology, and Employment: Job Creation or Creative Destruction", *Managerial and Decision Economics*, Vol. 44, No. 1, June 2022, pp. 152 – 170.

[4] 参见陈建伟、孙志军《高等教育集群式发展对企业劳动成本与雇佣规模的影响研究》，《清华大学教育研究》2022年第43卷第6期。

[5] 参见曾卓骐、王跃《战略性新兴产业上市公司动态创新效率测度及其影响因素研究——基于两阶段DSBM模型与Tobit模型》，《科技进步与对策》2022年第39卷第21期。

家）作为区域产业跃升的指标含义。

5. 区域城市升级

区域城市升级是指伴随城市的不断发展，数字化、信息化功能逐渐显现并深度嵌入数字城市的基础建设，形成了以新基建为基石的新城市。在"十四五"规划等政策指导下，各地围绕全产业数字化转型、智能化升级、融合型创新等新发展目标，推动集信息类、融合型、创新性等特点一体的新型基础设施建设项目（简称"新基建"）落地见效。新基建得益于智能知识的普及和运用，是省域经济产业现代化、高端化、数字化的底层依托和重要抓手，主要涉及 5G 基站、特高压、城际高速铁路和城市轨道交通、新能源汽车充电桩、大数据中心、人工智能、工业互联网七大领域。新基建水平客观反映出区域智能技术的基础性落地成效，为催生智慧城市、超级智能城市开拓了新空间，为跨界融通和跨界管理提供了支持，为人才择业、就业、创业提供了一体化智能服务，为智能资源良性循环和人城互融创造了更多可能。因此，本书选取省域属新型基础设施竞争力指数（单位：分）作为区域城市升级的指标含义。

四 高校创新策源能力评价体系框架构成

据上述分析，并基于高校创新策源浓度评价体系（见表 4.2）、高校创新策源潜力评价体系（见表 4.4）和高校创新策源效率评价体系（见表 4.6）框架的设计，高校创新策源能力评价体系母版框架得以显现，如图 4.1 所示。

具体而言，按照存量维度、效能维度和增量维度对高校创新策源能力进行分解，分别针对存量维度的高校创新策源浓度、增量维度的高校创新策源潜力和效能维度的高校创新策源效率设计评价体系框架，通过 CE 指标（Evaluation index of college innovation strategy source concentration）对高校创新策源浓度进行测量和评价，通过 PE 指标（Evaluation index of college innovation strategy source potential）对高校创新策源潜力进行测量和评价，通过 EE 指标（Evaluation index of college innovation strategy source efficiency）对高校创新策源效率进行测量和评价，以此系统性测量和合理性评价高校创新策源能力，并对高校创新策源能力有一个"三维力"的认知和理解，便于对各维度分解力进行表达和分析。由此可见，高校创

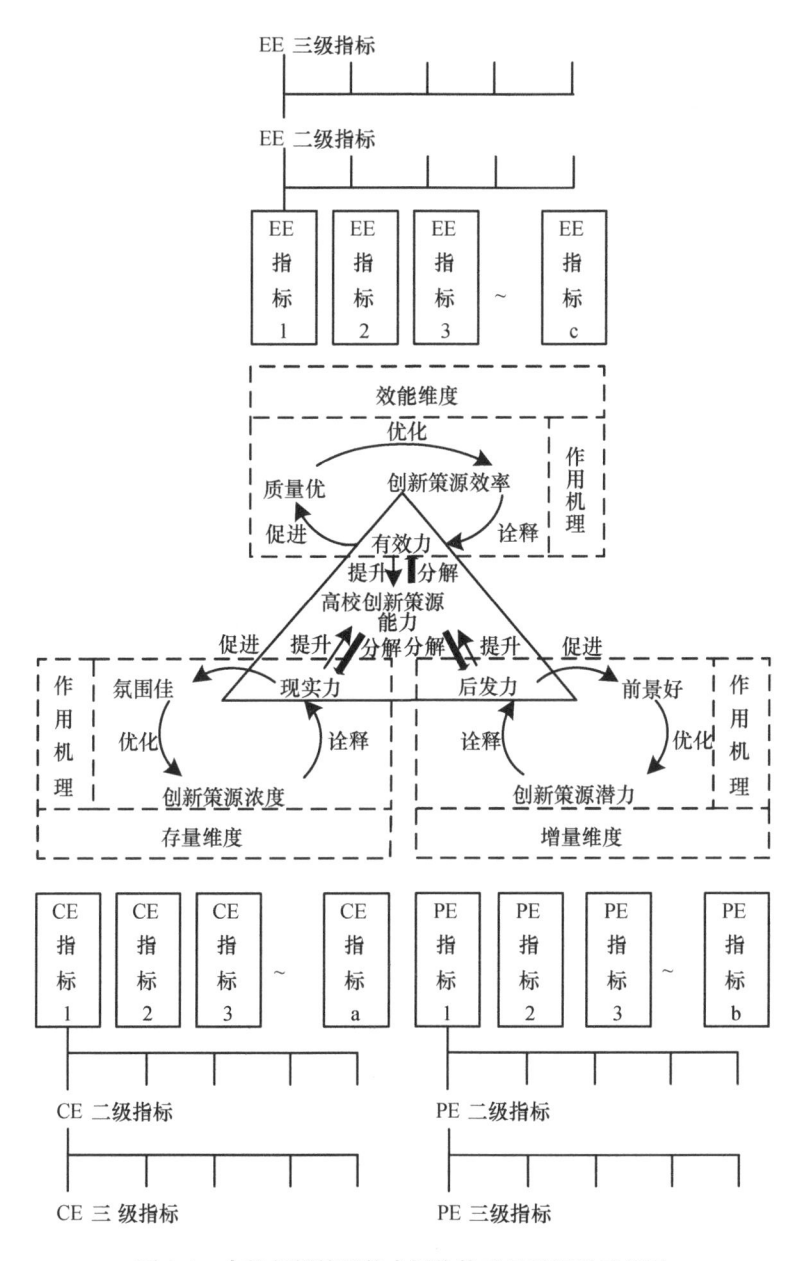

第四章 高校创新策源能力的评价体系母版设计及其与人工智能教育的关系　109

图4.1　高校创新策源能力评价体系母版框架示意图

新策源能力评价体系母版框架涵盖三个子系统，系统性衡量三个分解力，为进一步进行聚焦式评价研究界定了框架体系脉络，明确了要素遴选范畴，奠定了研究范式基础，是重要的理论铺垫与研究准备。

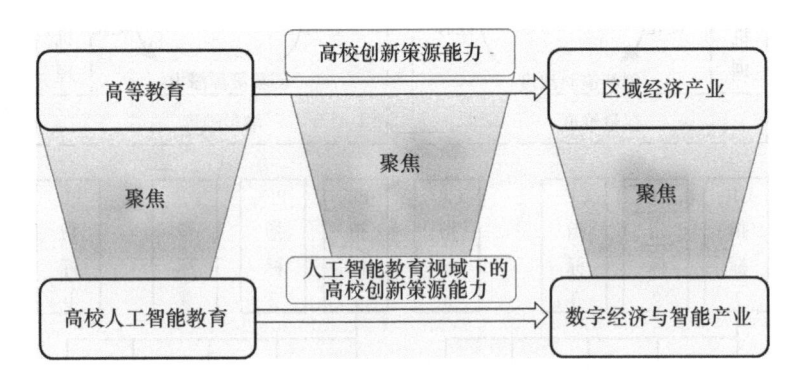

第五节 人工智能教育与高校创新策源能力的关系

高校创新策源能力是基于高等教育呈现出的推动产业升级和经济发展的策划和源头供给能力。本书从高等教育全阵地聚焦到高等教育新子集——人工智能教育，顺延了高等教育助力区域经济产业发展的内在逻辑，投射出高校人工智能教育赋能区域数字经济与智能产业健康发展的新展望，继而衍生出人工智能教育视域下的高校创新策源能力，详见图4.2。聚焦到高等教育的某一新兴领域，有助于实现研究视角的精细化和具象化。作为高等教育的风口领域，高校人工智能教育不仅没有脱离高等教育，而且日趋成为高等教育的重要板块和引领端侧。由此，高校创新策源能力的作用机理及评价体系母版框架为开展人工智能教育视域下的高校创新策源能力评价研究做足了理论铺垫和框架参照。

图4.2 人工智能教育与高校创新策源能力的关系投射

开展人工智能教育视域下中国省域高校创新策源能力评价研究能够免除大而广的通盘式评价，专注小而准的聚焦式评价，进而突出人工智能教育所依托的新平台、新学院、新学科、新专业、新课程、新师资、新著作、新成果等资源优势，清晰定位该能力服务的新职业、新企业、新产业、新经济类型，充分激发高校人工智能育人体系产出更多有益于产业智能化、经济数字化的新动能、新人才、新技术、新专利。

第六节　本章小结

本章基于上一章节对高校创新策源能力的维度解析和作用机理分析，系统设计了高校创新策源能力三维评价指标体系。首先，阐明了开展高校创新策源能力评价研究的四点意义。其次，明确了高校创新策源能力三维评价指标体系的设计原则，即科学性、系统性、可行性、独立性和可比性等原则。再次，从省域高校创新策源能力的存量维度、增量维度和效能维度三个维度分别遴选指标，设计出集高校创新策源浓度评价体系、高校创新策源潜力评价体系和高校创新策源效率评价体系于一体的三维评价空间。最后，架构出高校创新策源能力评价体系母版框架。最后，着重阐明了人工智能教育与高校创新策源能力的关系，为下一章的研究奠定了基础。

第 五 章

人工智能教育视域下高校创新策源能力评价体系构建

第一节 人工智能教育视域下高校创新策源能力评价的意义

高校创新策源能力评价指标体系的设计为开展不同研究视域下的子领域评价研究提供了母版参照，在此基础上开展人工智能教育视域下高校创新策源能力评价研究，既是对高校创新策源能力提出于新发展阶段的时代呼应，更是瞄准当前大力发展智能产业和数字经济的延伸细化，具体意义有三点。

1. 凸显高校创新策源能力评价研究的选题前沿性。人工智能教育视域是高校创新策源能力评价研究的新视域，也是高等教育领域中的新创领域，人工智能教育归根结底应时而生、因需而变，主要目标是为高端智能产业提供匹配度高的创新型人才及成果。因此，开展人工智能教育视域下的高校创新策源能力评价研究，不仅能在研究方向上锁定前沿性、亟须性的研究内容，也能合理测度全国各省高校人工智能教育的策源能力水平。

2. 提升高校创新策源能力评价研究的聚焦感。人工智能教育视域下的高校创新策源能力评价研究是在高校创新策源能力评价研究的框架下展开的，可将其看作是研究视角细化、聚焦后的研究内容。选择某视域开展评价研究，开启了高校创新策源能力评价研究的新思路，即伴随经济、产业、教育等发展阶段的转向，可选择对应的研究视域测度、评价高校创新策源能力。

3. 拓展高校创新策源能力评价研究外延。在开展人工智能教育视域下的高校创新策源能力评价研究时，不可避免地会增加、删减、替换或微调部分评价指标，来契合具体研究视域的内涵与特点。因此，人工智能教育视域下的高校创新策源能力评价研究不但拓展了母版评价体系的适用范围，也扩大了评价指标的范围。

第二节 综合评价指标体系的建立

由于人工智能教育视域下高校创新策源能力评价指标体系是高校创新策源能力评价体系的子版，并基于高校创新策源能力评价体系主体脉络衍生而来，故而构建原则保持一致，在此不再赘述。

人工智能教育视域下的高校创新策源能力三维评价体系是高校创新策源能力评价指标体系的衍生子系统。在第四章的基础上，着重凸显人工智能教育的评价背景和导向，分别在高校创新策源浓度、高校创新策源潜力和高校创新策源效率评价体系中突出人工智能教育的代表性指标，并在评价体系中呈现出人工智能与数字经济时代的进步性，顺延高校创新策源能力评价体系的主体脉络（见图5.1），同时邀请工业工程、人工智能、高等教育等领域专家多番论证，进而构建人工智能教育视域下的高校创新策源浓度评价体系、高校创新策源潜力评价体系和高校创新策源效率评价体系。

一 人工智能教育视域下高校创新策源浓度评价体系

本书在高校创新策源浓度评价体系的基础上，本着"全链关键要素量多质优、基底过硬"的理想预期，聚焦人工智能领域与方向，在评价母版一级维度、二级维度等主体框架不变的前提下，确定了三级指标含义，以便准确测度高校创新策源供给侧、高校创新策源贯通侧和高校创新策源需求侧的资源存量，摸清省域高校人工智能创新与育人要素的厚实度。人工智能教育视域下高校创新策源潜力评价体系的内在逻辑可解读为：在高校创新策源供给侧，重点测度平台、载体、学科、专业、课程、师资和基础资源的现实存量；在高校创新策源贯通侧，重点测度政

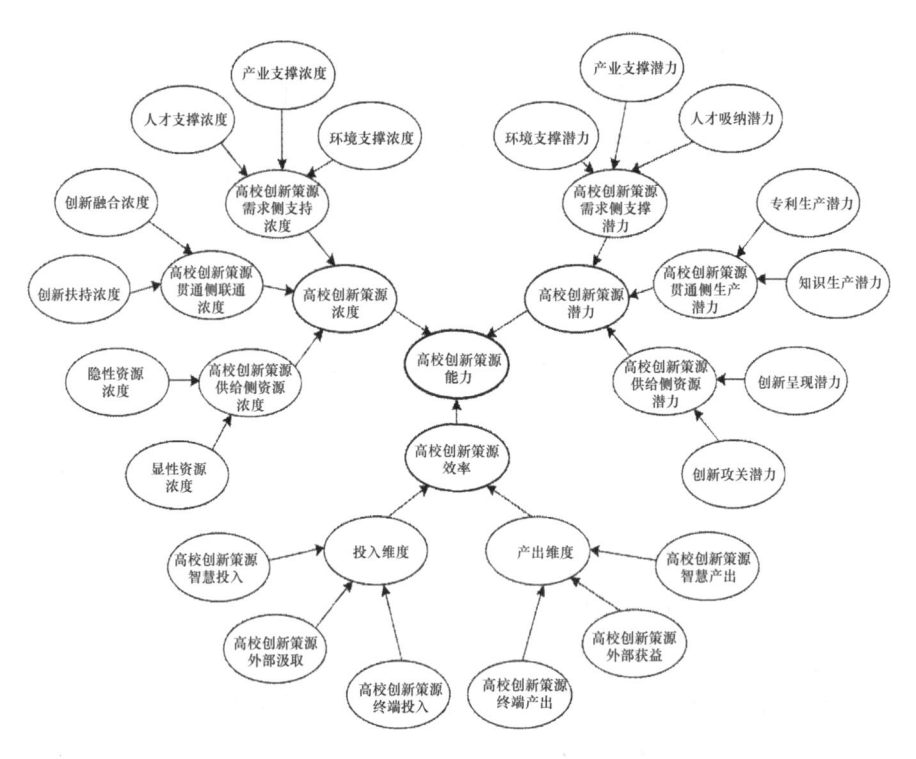

图5.1 高校创新策源能力评价体系主体脉络衍生拓扑图

策、项目、资金以及创新连接、创新探索、创新流动、创新孵化要素的现实存量;在高校创新策源需求侧,重点测度就业、企业、环境要素的现实存量,进而呈现出高校创新策源浓度的实际状态。由此,可得出人工智能教育视域下高校创新策源浓度评价体系逻辑框架脉络,如图5.2所示。

需要说明的是,考虑到高校人工智能教育的特殊性,本书在高校创新策源浓度评价体系的基础上,聚焦人工智能领域与方向,在一级指标、二级指标等主体框架不变的前提下,考虑人工智能全链条的特殊性,对三级指标进行了增减、调整和聚焦化处理,并确定了人工智能教育视域下的三级指标含义。

(一)新增的三级指标

人工智能教育视域下的高校创新策源浓度评价体系增加的三级指标包括:显性资源浓度中的育人载体要素、新设专业要素和隐性资源浓度

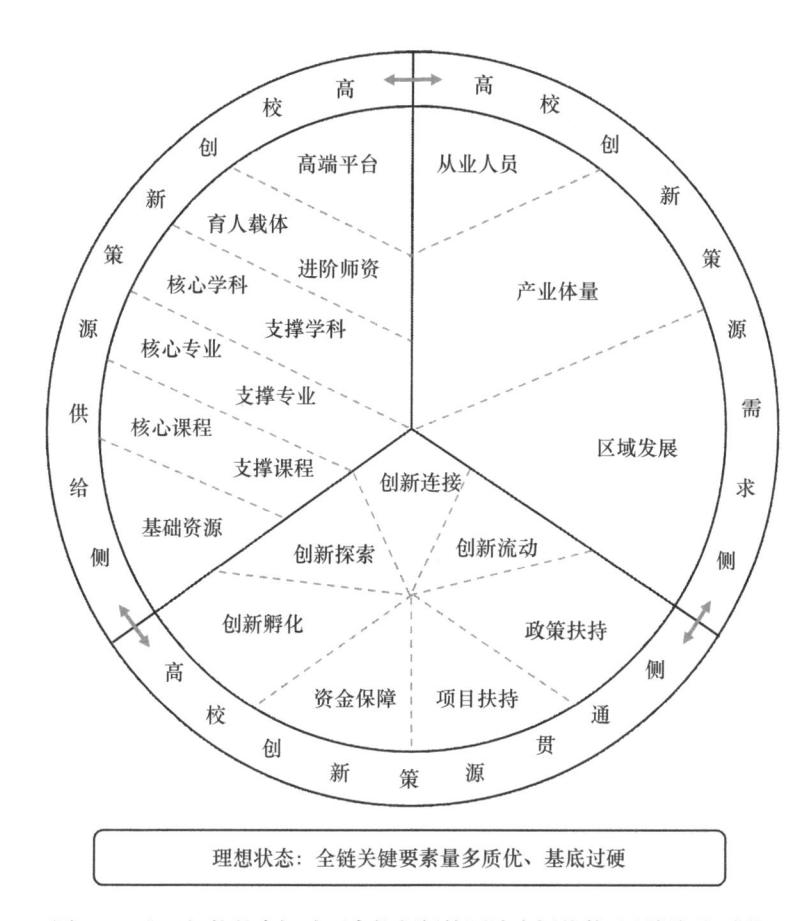

图 5.2　人工智能教育视域下高校创新策源浓度评价体系逻辑框架脉络

中的支撑学科要素、支撑专业要素、支撑课程要素和进阶师资要素。

1. 育人载体要素

育人载体要素是指高校专门设立的人工智能育人载体,具体形式为人工智能二级学院。人工智能学院,是指以人工智能为办学定位,以人工智能学科、人工智能专业为主,培养人工智能新工科人才的专业学院、产业学院[①]。数字经济业态下,人工智能是新的生产力,区块链是新的生

---

① 《教育部关于印发〈高等学校人工智能创新行动计划〉的通知》,教育部,2018 年 4 月 2 日,http://www.moe.gov.cn/srcsite/A16/s7062/201804/t2018 - 0410_3327 22. html,2024 年 5 月 17 日。

产关系，大数据是新的生产资料，高校推进人工智能学院建设一是顺应产业升级的技术需求，二是贴合学校自身的现实基础、学科优势与发展定位，故而不同类型的高校对人工智能学院的命名存在差异，比如人工智能学院、大数据与人工智能学院、信息工程与人工智能学院、人工智能与智能制造学院、人工智能与自动化学院，等等。因此检索时，将名称涵盖"人工智能+"的二级学院均视作人工智能学院的范畴。本书选取省域属高校人工智能学院数量（单位：个）作为育人载体要素的指标含义。数据来源：教育部官网——2021年全国普通高等学校名单，2756所高校（本科1270所、专科1486所）官网。

2. 支撑学科要素

支撑学科要素是指与人工智能交叉学科相关，具有一定相对独立性，但不足以自成一级学科的人工智能二级学科。人工智能二级学科是对人工智能交叉学科的有力补充和支撑，是基于高校自身学科优势和特殊人才需求自主设置的特色学科。人工智能二级学科既顺延了传统优势学科的知识体系，也凸显出学科发展迈向智能化、高端化的强劲趋势。如中国人民大学在计算机科学与技术一级学科下增设人工智能二级学科、南开大学在控制科学与工程一级学科下新设人工智能二级学科等。因此，本书选取省域属高校人工智能二级学科数量（单位：个）作为支撑学科要素的指标含义。数据来源：教育部官网——学位授予单位（不含军队单位）自主设置二级学科名单（截至2021年6月30日）。

3. 支撑专业要素

支撑专业要素是指与人工智能专业相关的新设专业集群，目前具有代表性的专业主要有高校开设的智能科学与技术、数据科学与大数据技术、机器人工程、大数据管理与应用、智能制造工程、智能医学工程专业和高职设置的人工智能技术应用（服务）、大数据技术（与应用）等8个专业，详见图5.3。因此，本书选取省域属高校人工智能方向8个新设专业数量（单位：个）作为支撑专业要素的指标含义。数据来源：教育部官网——普通高等学校本科专业备案和审批结果、高等职业教育专科专业设置备案结果（截至2021年度）；高校大数据与人工智能推进联盟——2021年人工智能方向新设专业统计数据。

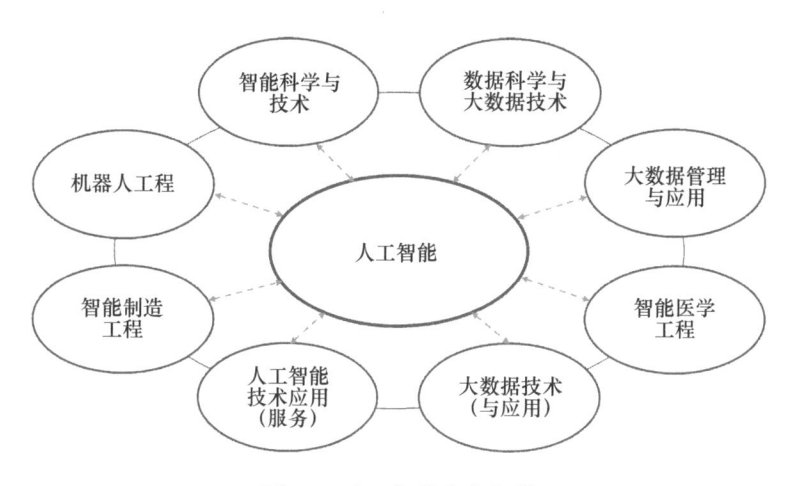

图 5.3　人工智能专业集群

4. 支撑课程要素

支撑课程要素主要是指人工智能方向新设专业所开设的课程。围绕人工智能专业新设的且具有代表性的本科专业是智能科学与技术、数据科学与大数据技术、机器人工程、大数据管理与应用、智能制造工程和智能医学工程等。本书重点参考 2021 软科中国大学专业排名榜及中国科学评价研究中心（RCCSE）、武汉大学中国教育质量评价中心联合中国科教评价网推出的《中国大学及学科专业评价报告》，获取以上 6 个本科专业的 TOP10 学校名单，并从"中国教育在线"或各学校官网中获悉相应专业的培养方案及开设课程，进而在国家级一流本科课程名单（截至 2021 年）中进行抓取，获得完整的一流支撑课程数据。如智能科学与技术的课程主要包括程序设计基础与 C 语言、面向对象程序设计基础与 JAVA 语言、计算机组成原理、单片机原理及应用、不确定性计算和数据仓库与数据挖掘等；数据科学与大数据技术的课程主要有 Python 语言程序设计、大数据算法、大数据平台核心技术等；机器人工程的主干课程包括自动控制原理、工业机器人控制系统、运动控制系统等；大数据管理与应用的课程主要是大数据治理、管理运筹学、高级统计学等；智能制造工程的课程体系涵盖智能制造信息系统、工业互联网等；智能医学工程的课程则包括智能药物研发、智能诊疗、智能影像识别等。因此，本研究选取省域属高校人工智能方向相关专业一流课程数量（单位：门）作为支撑课程要素的指标含义。数据来源：2021 软科中国大学专业排名榜；《中国大学及学科专业评价报告》；教育部官网——国家级一流本科课程名单（截至 2021 年）。

5. 进阶师资要素

进阶师资是指传统教师队伍在适应智能化、信息化等新技术的基础上，逐步成长为适应智能化教育环境，技术素养与应用能力过硬，精通大数据应用，更好服务高校教育教学改革与创新的新型教师队伍。截至 2021 年，教育部已开展两批人工智能助推教师队伍建设行动试点工作，入选高校在进阶师资培养中获得先机。因此，本书选取省域属高校人工智能助推教师队伍建设试点单位数量（单位：个）作为进阶师资要素的指标含义。数据来源：教育部官网——第一批、第二批人工智能助推教师队伍建设试点单位名单。

（二）保持不变的三级指标

1. 创新探索要素

创新探索要素在高校创新策源浓度评价体系中的指标含义为省域属高校未来技术学院数量（单位：个），未来技术学院属于新工科未来学院，成立原因主要有以下几点：总结多学科交叉融合规律，探索未来科技卓越人才培养新范式，打造配套师资团队，汇聚数字资源，构建科教平台等等。可见，未来技术学院始终围绕或重点利用人工智能技术，推动未来技术领域的原始创新。因此，在人工智能教育视域下的高校创新策源浓度评价体系中，创新探索要素的指标含义保持不变。数据来源：教育部官网——首批未来技术名单。

2. 资金保障要素

资金保障要素在高校创新策源浓度评价体系中的指标含义为省域属高校当年预算总额（单位：亿元），高校预算不仅明确了对传统优势学科的支持力度，同时保障了新兴学科，尤其是人工智能学科专业群的快速崛起。因此，在人工智能教育视域下的高校创新策源浓度评价体系中，资金保障要素的指标含义保持不变。"青塔：全景云数据管理平台"以 531 所高校为统计样本，得出 2021 年各省份高校校均预算情况，那么省域属高校当年预算总额估值 = 校均预算额 × 各省高校数量。数据来源：

青塔：全景云数据管理平台（青塔），教育部官网——2021年全国普通高等学校名单。

（三）删减的三级指标

人工智能教育视域下的高校创新策源浓度评价体系删减的三级指标包括：显性资源浓度中的创新劳动要素和隐性资源浓度中的研发保障要素和知识累积要素。据第四章可知，创新劳动要素主要是指高校科研人员，研发保障要素主要是指高校非科研人员，这两个指标不具备人工智能方向性，且与进阶师资要素存在矛盾，故而删去。而知识累积要素的指标释义为高校图书或电子档案存量，同样不具备人工智能方向性，亦删除。

（四）聚焦化的三级指标

人工智能教育视域下的高校创新策源浓度评价体系聚焦化的三级指标包括：显性资源浓度中的高端平台要素、核心学科要素、核心专业要素和核心课程要素；隐性资源浓度中的基础资源要素；创新扶持浓度中的政策扶持要素、资金扶持要素；创新融合浓度中的创新连接要素、创新流动要素和创新孵化要素，从业人员要素、产业体量要素和区域发展要素。这些指标是在高校创新策源浓度评价体系的基础上实现了人工智能方向的指标含义聚焦化，可以视作原三级指标的人工智能方向子集，指标含义聚焦化过程见表5.1。相关数据来源：对原三级指标含义做人工智能方向的聚焦化筛选和处理。

表5.1　　　　聚焦化的三级指标（创新策源浓度）

三级指标	原指标含义	聚焦化的指标含义
高端平台要素	省域属高校国家重点实验室数量（单位：个）	省域属高校人工智能领域国家重点实验室数量（单位：个）
核心学科要素	省域属第二轮"双一流"建设学科数量（单位：个）	省域属高校人工智能一级学科数量（单位：个）
核心专业要素	省域属高校一流专业数量（单位：个）	省域属高校人工智能专业新设数量（单位：个）

续表

三级指标	原指标含义	聚焦化的指标含义
核心课程要素	省域属高校一流课程数量（单位：门）	省域属高校人工智能专业一流课程数量（单位：门）
基础资源要素	省域属高校固定资产总值（单位：万元）	省域属 IPv4 比例（单位：%）
政策扶持要素	省域属"十四五"规划"创新"热词提及频次（次）	省域属"十四五"规划人工智能热词提及频次（单位：次）
经费扶持要素	省域属高校科技经费（单位：万元）	省域属高校人工智能方向国家自然科学基金项目经费总额（单位：万元）
创新连接要素	省域属高校现代产业学院数量（单位：个）	省域属高校人工智能方向的现代产业学院数量（单位：个）
创新流动要素	省域属高校当年科研学术交流会议或访谈次数（单位：次）	省域属高校人工智能方向学术交流会议数量（单位：次）
创新孵化要素	省域属国家级科技企业孵化器数量（单位：个）	省域属人工智能方向国家级科技企业孵化器数量（单位：个）
从业人员要素	省域属高新技术产业就业人员总数（单位：万人）	省域属 10 个新职业招聘数量（单位：人次）
产业体量要素	省域属高新技术产业主营业务收入（单位：亿元）	省域属人工智能企业数量（单位：家）
区域发展要素	省域属 GDP（单位：亿元）	省域属数字经济发展指数（单位：分）

1. 聚焦化的高端平台要素

聚焦化的高端平台要素是指依托单位为高校的，且与人工智能紧密相关的国家重点实验室。此类实验室的研究领域集中在智能技术、计算机技术、智能控制、自动化、集成电路、制造装备等方面。具体包括智能技术与系统国家重点实验室（清华大学）、机器人技术与系统国家重点实验室（哈尔滨工业大学）、认知神经科学与学习国家重点实验室（北京师范大学）、数字制造装备与技术国家重点实验室（华中科技大学）、计算机软件新技术国家重点实验室（南京大学）、软件开发环境国家重点实验室（北京航空航天大学）、虚拟现实技术与系统国家重点实验室（北京航空航天大学）和机械结构力学及控制国家重点实验室（南京航空航天大学）等32个国家重点实验室。因此，本书选择省域属高校人工智能领域国家重点实验室数量（单位：个）诠释聚焦化的高端平台要素。数据来源：国家重点实验室名单。

2. 聚焦化的核心学科要素

聚焦化的核心学科要素是指交叉学科门类下的人工智能一级学科。当前，国内人工智能一级学科的建设处于起步阶段，按照国务院学位委员会和教育部的要求，人工智能一级学科属于"交叉学科"门类，即2020年8月全国研究生教育会议决定新增的第14个学科门类。人工智能作为新兴的一级学科（交叉学科），是国内高校主动规划和推动人工智能学科建设的起点，旨在开展本学科及其与计算机科学与技术、软件工程、控制科学与工程、机械工程、交通运输工程、信息与通信工程、动力工程及工程热物理、电气工程、仪器科学与技术等一级学科交叉领域不同学历层次的人才培养与科研工作。因此，本书选取省域属高校人工智能一级学科数量（单位：个）诠释聚焦化的核心学科要素。数据来源：教育部官网——学位授予单位（不含军队单位）自主设置交叉学科名单（截至2021年6月30日）。

3. 聚焦化的核心专业要素

聚焦化的核心专业要素是指高校开设的人工智能专业，核心专业在学科专业布局中起到引领与探索作用，为后续新设专业的产生奠定教学、科研等育人实践基础。因此，本书选取省域属高校人工智能专业新设数量（单位：个）作为聚焦化的核心专业要素的指标含义。数据来源：教育部官网——普通高等学校本科专业备案和审批结果（截至2021年度）；高校大数据与人工智能推进联盟——2021年人工智能新设专业统计数据。

4. 聚焦化的核心课程要素

聚焦化的核心课程要素是指人工智能专业开设的且被遴选为国家级

一流本科课程的课程集群。据 2021 年软科学中国大学专业排名，人工智能专业 10 强高校分别是：南京大学、西安电子科技大学、上海交通大学、浙江大学、哈尔滨工业大学、北京航空航天大学、西安交通大学、电子科技大学、同济大学和东南大学。南京大学、西安电子科技大学等多所高校在"中国教育在线"公开了人工智能本科专业培养方案及相应课程。以人工智能专业 TOP10 高校的数学基础课程（数学分析、离散数学等）、学科基础课程（数据结构与算法分析、人工智能程序设计等）、专业方向课程（高级机器学习、机器人学导论等）、专业选修课程（组合数学、数据库概论等）和应用实践类课程（智能系统设计与应用、机器人系统开发等）名称为参照，从教育部公示的国家级一流本科课程名单（截至 2021 年）中遴选出各省份高校人工智能专业的一流课程数。因此，本书选取省域属高校人工智能专业一流课程数量（单位：门）作为核心课程要素的指标含义。数据来源：2021 年软科学中国大学专业排名，南京大学、西安电子科技大学等高校人工智能专业培养方案及课程，国家级一流本科课程名单（截至 2021 年）。

5. 聚焦化的基础资源要素

聚焦化的基础资源要素是指支撑人工智能"个性化需求——集成化产品——多元化技术——系统性知识——交叉性学科——场景化模式"全链条深度变革和健康发展的互联网基础建设。评判互联网建设情况的核心指标是 IPv4（网际协议版本 4），该版本是网际协议开发过程中出现的第 4 个修订版本，也是目前使用最广泛的网际协议版本。IPv4 使用 32 位地址，因此地址数量有限，仅有 4294967296 个。伴随地址向终端客户的不断分配，IPv4 地址的稀缺性和枯竭性逐步显现。因此，本书选取省域属 IPv4 比例（单位：%）作为聚焦化的基础资源要素的指标含义。数据来源：中国互联网络信息中心——第 49 次中国互联网络发展状况统计报告。

6. 聚焦化的政策扶持要素

聚焦化的政策扶持要素是指各地政府推动人工智能全方位发展的政策文件、行政指令和专门举措，其中最具有代表性、普遍性和应时性的政策扶持要素是各省份"十四五"规划。"十四五"规划是各省份推动本区域全产业发展、全要素贯通的统领性、指导性、标志性文件，参照学界部分研究成果使用官方文件词频评价政府支持力度的思路，对各省份"十四五"规划全文中的"人工智能"热词进行检索，根据词频衡量政策扶持人工智能全方位发展的力度。因此，本书选取省域属"十四五"规划人工智能热词提及频次（单位：次）诠释聚焦化的政策扶持要素。数据来源：31个省级行政区"十四五"规划。

7. 聚焦化的经费扶持要素

聚焦化的经费扶持要素是指高等学校科研经费中代表性较强的人工智能研究领域的纵向项目经费。人工智能与理工农医类学科互为促进，而理工科最具代表性的纵向课题即国家自然科学基金，因此选择省域属高校人工智能方向国家自然科学基金项目经费总额（单位：万元）诠释聚焦化的经费扶持要素。数据来源：LetPub最新科学基金结果查询系统，2021年国家自然科学基金信息。

8. 聚焦化的创新连接要素

聚焦化的创新连接要素是指贯通人工智能领域创新链、教育链、产业链的连接载体或链条节点嵌合平台。首批现代产业学院全国共50个，其中24个与人工智能、智能制造密切相关。在区域分布方面，19个产教融合型新工科学院分布在长江流域以南，分别是智能制造现代产业学院（合肥工业大学）、机器人现代产业学院（安徽工程大学）、智能制造产业学院（福建理工大学）、腾讯云人工智能学院（深圳大学）、智能软件学院（广州大学）、粤港机器人学院（东莞理工学院）、西门子智能制造学院（东莞理工学院）、智能车辆（制造）与新能源汽车产业学院（广西科技大学）、东风HUAT智能汽车产业学院（湖北汽车工业学院）、阿里云大数据学院（常州大学）、人工智能与智能制造学院（江苏大学）、人工智能产业学院（南京信息工程大学）、南瑞电气与自动化学院（南京师范大学）、智能制造产业学院（常州工学院）、智能制造装备产业学院（扬州大学）、人工智能产业学院（昆明理工大学）、数字化制造产业学院（浙江工业大学）、工业互联网学院（重庆邮电大学）和新能源汽车现代产业学院（重庆理工大学）；5个分布在北方省份，具体包括智能汽车产业学院（河北工业大学）、智能装备制造产业学院（河南科技大学）、亚泰数字建造产业学院（吉林建筑大学）、大数据产业学院（渤海大学）和智能制造现代产业学院（新疆大学）。因此，本书选取省域属高校人工智能方向的现代产业学院数量（单位：个）诠释聚集化的创新连接要素。数据来源：教育部官网——首批现代产业学院名单。

9. 聚焦化的创新流动要素

聚焦化的创新流动要素是指人工智能知识溢出与流动，此类流动以专题学术会议为载体，往往伴随相关科研人员、智能知识成果的交互而产生。在高层次学术交流和高级别学术会议中，与人工智能相关的会议主要集中在信息科学、工程与材料科学和管理科学等研究领域，其中信息科学领域的学术会议涵盖了大部分的"智能"元素。为凸显学术会议的高端化和代表性，重点参考由中国科协学会服务中心公布的《重要学术会议指南（2021）》，该指南收录了123家单位推荐的707个国内外重要学术会议。经检索分析，与人工智能相关且在国内举办的会议共118次，其中信息科学领域104次、工程与材料科学领域7次、管理科学领域3次、地球科学领域2次、生命科学领域1次、化学领域1次。主题如"CAAI国际人工智能会议""第八届中国人工智能大会""第三届国际汽车智能共享出行大会"等。因此，本书选取省域属高校人工智能方向学术交流会议数量（单位：次）诠释聚焦化的创新流动要素。数据来源：中国科协《重要学术会议指南（2021）》。

10. 聚焦化的创新孵化要素

聚焦化的创新孵化要素是指为开展人工智能领域的科研活动或创业项目，提供或配备的研发及商业化物理空间，该空间囊括软硬件设备、研发支持、管理咨询、融资推介、市场开拓等扶持内容。科技部火炬中心数据显示，截至2021年，全国共计1426个国家级科技企业孵化器。剔除"咖啡""果园""医疗""置业""生物医药""文化产业"等非相关专门化孵化器，并按照人工智能领域高频词检索，与"智能""机器人""云计算""云谷""慧谷""智慧""数字""先进制造技术""工业技术"等相关的孵化器共计377个。因此，本研究选取省域属人工智能方向国家级科技企业孵化器数量（单位：个）诠释聚焦化的创新孵化要素。数据来源：科技部火炬高技术产业开发中心官网——国家级科技企业孵化器名单。

11. 聚焦化的从业人员要素

聚焦化的从业人员要素是指符合数字经济业态发展并从事人工智能

领域工作的从业人员。截至 2021 年，人社部与工信部联合颁布了 10 个新职业的国家职业技术技能标准，具体为智能制造、大数据、区块链工程、集成电路、人工智能、物联网、云计算、工业互联网、虚拟现实工程技术人员和数字化管理师。因此，本书以省域属 10 个新职业招聘数量（单位：人次）作为聚焦化的从业人员要素的指标含义。由于该类数据较为前沿，且尚无明确的统计指标数据，故而利用 python 在智联招聘、BOSS 直聘、中华英才网和拉勾招聘等 4 个头部招聘网站抓取 2021 年相关招聘数据。数据来源：智联招聘、BOSS 直聘、中华英才和拉勾招聘官网。

12. 聚焦化的产业体量要素

营收总额及企业数量是产业体量的客观呈现，鉴于部分省份未公开 2021 年人工智能企业总营收额，故而用人工智能企业数量反映各省份人工智能产业的体量。因此，本书选取省域属人工智能企业数量（单位：家）作为产业体量要素的指标含义。本书重点参考《2022 年中国人工智能企业大数据全景图谱》的数据统计口径，按照以下五条原则检索数据：一是数据来源于中国企业数据库（企查猫）；二是搜索关键词为"人工智能"；三是企业筛选逻辑为：企业名称、产品服务中包含"人工智能"的企业，因经营范围过于宽泛，既涵盖产品服务，又不如产品服务的定位精准，故未将经营范围纳入筛选逻辑，这也是统计数量比《2022 年中国人工智能企业大数据全景图谱》略少的主要原因；四是统计时间截至 2021 年底；五是人工智能企业的经营状态包括存续、在业、注销、吊销、迁出和撤销等。经统计，截至 2021 年，31 省份人工智能企业共计 5052 家，其中注册资本在 500 万元以上的企业总计 1979 家，占比为 39.2%。在地理分布中，珠三角、长三角的人工智能企业分布密集，尤以广东为最。数据来源：中国企业数据库（企查猫）。

13. 聚焦化的区域发展要素

聚焦化的区域发展要素是指涵养人工智能全链条健康发展的创新生态环境与数字经济基础。当前，人工智能正全面融入区域经济发展，成为创新型省份和数字经济高质量发展的最新动力源，各省份数字经济的庞大体量反推人工智能健康发展。数字经济产业主要包括人工智能产业、大数据产业和互联网产业。国家工业信息安全发展研究中心研究发现，截至 2021 年 12 月，东部、中部、西部、东北地区数字经济发展指数分别为 167.8、115.3、102.5 和 103.0，数字经济发展指数高于全国平均水平的 12 个省份中，75% 位于东部地区，数字经济发展不平衡现象值得关注。因此，本书选取省域属数字经济发展指数（单位：分）诠释聚焦化的区域发展要素。数据来源：国家工业信息安全发展研究中心。

综上，人工智能教育视域下的高校创新策源浓度评价体系如表 5.2 所示。

表 5.2　人工智能教育视域下的高校创新策源浓度评价体系

一级指标	二级指标	三级指标	指标含义
高校创新策源供给侧资源浓度	显性资源浓度	高端平台要素	省域属高校人工智能领域国家重点实验室数量（单位：个）
		育人载体要素	省域属高校人工智能学院数量（单位：个）
		核心学科要素	省域属高校人工智能一级学科数量（单位：个）
		核心专业要素	省域属高校人工智能专业新设数量（单位：个）
		核心课程要素	省域属高校人工智能专业一流课程数量（单位：门）
	隐性资源浓度	支撑学科要素	省域属高校人工智能二级学科数量（单位：个）
		支撑专业要素	省域属高校人工智能方向 8 个新设专业数量（单位：个）
		支撑课程要素	省域属高校人工智能方向相关专业一流课程数量（单位：门）
		进阶师资要素	省域属高校人工智能助推教师队伍建设试点单位（单位：个）
		基础资源强度	省域属 IPv4 比例（单位：%）

续表

一级指标	二级指标	三级指标	指标含义
高校创新策源贯通侧联通浓度	创新扶持浓度	政策扶持要素	省域属"十四五"规划人工智能热词提及频次（单位：次）
		经费扶持要素	省域属高校人工智能方向国家自然科学基金项目经费总额（单位：万元）
		资金保障要素	省域属高校当年预算总额估值（单位：亿元）
	创新融合浓度	创新连接要素	省域属高校人工智能方向的现代产业学院数量（单位：个）
		创新探索要素	省域属高校未来技术学院数量（单位：个）
		创新流动要素	省域属高校人工智能方向学术交流会议数量（单位：次）
		创新孵化要素	省域属人工智能方向国家级科技企业孵化器数量（单位：个）
高校创新策源需求侧支持浓度	人才支撑浓度	从业人员要素	省域属10个新职业招聘数量（单位：人次）
	产业支撑浓度	产业体量要素	省域属人工智能企业数量（单位：家）
	环境支撑浓度	区域发展要素	省域属数字经济发展指数（单位：分）

二 人工智能教育视域下高校创新策源潜力评价体系

本书在高校创新策源潜力评价体系的基础上，本着"显势要素流同向增长、全链跃升"的理想预期，聚焦人工智能领域与方向，在评价母版一级维度、二级维度等主体框架不变的前提下，确定了三级指标含义，以便准确测度高校创新策源供给侧、高校创新策源贯通侧和高校创新策源需求侧显势要素流的实际变动趋势，深刻理解多维要素流共促高校创新策源潜力跃升的内在逻辑。人工智能教育视域下高校创新策源潜力评价体系的内在逻辑可解读为：在高校创新策源供给侧，重点测度项目、合作、奖项、竞赛等要素流的变动趋势；在高校创新策源贯通侧，重点测度著作、论文、专利等要素流的变动趋势；在高校创新策源需求侧，重点测度就业、企业、环境等要素流的变动趋势，进而呈现高校创新策源潜力整体态势。由此，可得出人工智能教育视域下高校创新策源潜力评价体系逻辑框架，如图5.4所示。需要说明的是，考虑到高校人工智能教育的特殊性，本书基于学界相关理论成果，对三级指标进行了增减、调整和聚焦化处理。

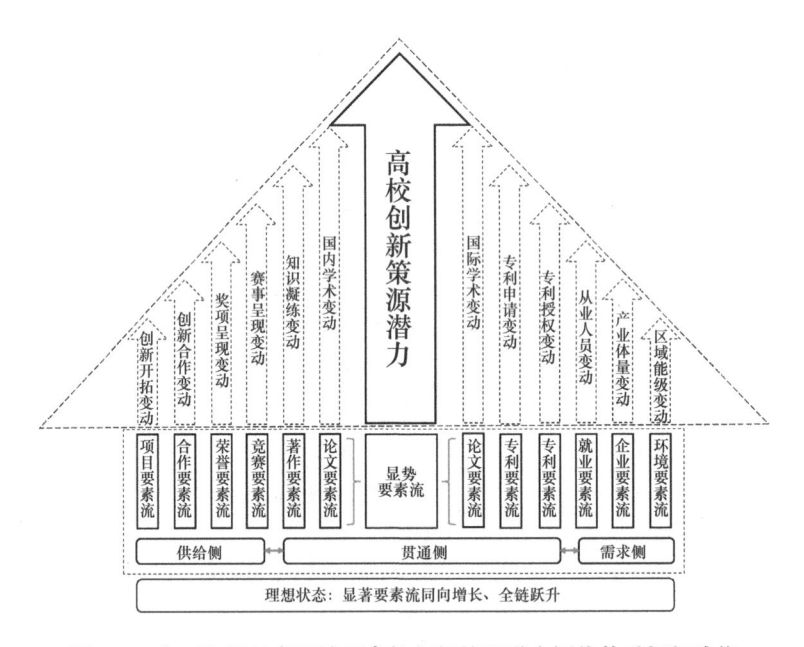

图5.4 人工智能教育视域下高校创新策源潜力评价体系框架脉络

（一）删减的三级指标

人工智能教育视域下的高校创新策源潜力评价体系删减的三级指标为：创新呈现潜力中的知识承载变动。知识承载变动原本指以学术期刊等成果集为主的静态形式变动，然而高校办刊非朝夕之功，且当前关于人工智能主题的期刊尚少，相关数据不具有普适性、代表性和说服力，故而删除该指标。

（二）聚焦化的三级指标

人工智能教育视域下的高校创新策源浓度评价体系聚焦化的三级指标包括：创新攻关潜力下的创新开拓变动和创新合作变动，创新呈现潜力下的奖项呈现变动和赛事呈现变动，知识生产潜力下的知识凝练变动、国内学术变动和国际学术变动，专利生产潜力下的专利申请变动和专利授权变动，人才吸纳潜力下的从业人员变动，产业支撑潜力下的产业体量变动和环境支撑潜力下的区域能级变动。这些指标是在高校创新策源潜力评价体系的基础上实现了人工智能方向的指标含义聚焦化，可以视作原三级指标的人工智能方向子集，指标含义聚焦化过程见表5.3。相关数据来源：对原三级指标含义做人工智能方向的聚焦化筛选和处理。

表 5.3　　　　　　聚焦化的三级指标（创新策源潜力）

三级指标	原指标含义	聚焦化的指标含义
创新开拓变动	省域属国家自然科学基金项目数量变动（单位：项）	省域属高校人工智能方向国家自然科学基金项目数量变动（单位：项）
创新合作变动	省域属教育部产学合作协同育人项目数量变动（单位：项）	省域属高校人工智能领域产学合作协同育人项目数量变动（单位：项）
奖项呈现变动	省域属高校"三大奖"数量变动（单位：项）	省域属高校吴文俊人工智能科学技术奖数量变动（单位：项）
赛事呈现变动	省域属高校国家级学科竞赛获奖数量变动（单位：项）	省域属高校人工智能方向国家级学科竞赛获奖数量变动（单位：项）
知识凝练变动	省域属高校出版科技著作数量变动（单位：部）	省域属高校出版人工智能方向著作数量变动（单位：部）
国内学术变动	省域属高校发表的国内论文数量变动（单位：篇）	省域属高校被知网收录的人工智能主题论文数量变动（单位：篇）
国际学术变动	省域属高校发表的国际论文数量变动（单位：篇）	省域属高校发表的人工智能国际论文数量变动（单位：篇）
专利申请变动	省域属高校发明专利申请数量变动（单位：项）	省域属高校申请的人工智能专利数量变动（单位：项）
专利授权变动	省域属高校发明专利授权数量变动（单位：项）	省域属高校授权的人工智能专利数量变动（单位：项）
从业人员变动	省域属高新技术产业就业人员数量变动（单位：人次）	省域属10个新职业招聘数量变动（单位：人次）
产业体量变动	省域属高新技术产业主营业务收入总额变动（单位：亿元）	省域属人工智能企业数量变动（单位：家）

续表

三级指标	原指标含义	聚焦化的指标含义
区域能级变动	省域属 GDP 变动（单位：亿元）	直辖市和省会城市数字经济指数变动（单位：分）

1. 聚焦化的创新开拓变动

聚焦化的创新开拓是指国家自然科学基金中课题关键词涵盖人工智能的项目。按类别来看，国家自然科学基金项目共 17 类，分别是面上项目、重点项目、重大项目、重大研究计划、国家杰出青年科学基金、创新研究群体科学基金、国际（地区）合作与交流项目、专项基金项目、联合基金项目、海外或港澳青年学者合作研究基金、青年科学基金项目、地区科学基金项目、海外及港澳学者合作研究基金、国家基础科学人才培养基金、国家重大科研仪器研制项目、应急管理项目、优秀青年基金项目、研究成果专著出版基金、重点实验室研究项目基金和数学天元基金。本书选取省域属高校人工智能方向国家自然科学基金项目数量变动（单位：项）作为聚焦化的创新开拓变动的指标含义。数据来源：LetPub 最新科学基金结果查询系统：2020 年、2021 年国家自然科学基金信息。

2. 聚焦化的创新合作变动

教育部产学合作协同育人项目类型包括实践条件和实践基地建设，关键领域卓越工程师联合培养基地项目，师资培训，创新创业联合基金，教学内容和课程体系改革，新工科、新医科、新农科、新文科建设以及创新创业教育改革等。聚焦化的创新合作变动是指人工智能领域的合作项目，鉴于此类项目的应用实践性较强，立项数量庞大，项目命题相比其他纵向课题更为直接、具体。因此，本书以省域属高校人工智能领域产学合作协同育人项目数量变动（单位：项）作为聚焦化的创新开拓变动的指标含义。数据来源：教育部官网——2020 年、2021 年产学合作协同育人项目立项名单。

3. 聚焦化的奖项呈现变动

聚焦化的奖项呈现是指被誉为"中国智能科学技术最高奖"的吴文俊人工智能科学技术奖，具体包括成就奖、创新奖和进步奖。该奖以中国智能科学研究的开拓者和领军人、首届国家最高科学技术奖获得者吴文俊命名，经科技部核准设立，由中国人工智能学会（国家级）发起主办，每年评选一次。因此，本书选取省域属高校吴文俊人工智能科学技术奖数量变动（单位：项）作为聚焦化的成果呈现变动的指标含义。数据来源：全景云数据管理平台（青塔）。

4. 聚焦化的赛事呈现变动

聚焦化的赛事呈现变动是指以人工智能、智能制造、大数据等为主题的大学生学科竞赛获奖数量变动情况。《中华人民共和国国民经济和社会发展第十四个五年规划和2035年远景目标纲要》明确提出，要深入实施智能制造和绿色制造工程，发展服务型制造新模式，推动制造业高端化、智能化、绿色化。习近平总书记强调，"要坚持数据开放、市场主导，以数据为纽带促进产学研深度融合，形成数据驱动型创新体系和发展模式，培育造就一批大数据领军企业，打造多层次、多类型的大数据人才队伍"[①]。在此背景下，如"西门子杯"中国智能制造挑战赛、中国机器人及人工智能大赛等智能类赛事"应需而生"、赛程"应时而变"，呈现出诸多优质项目和关键技术。

在教育部认可的"全国普通高校大学生竞赛榜单"中，2020年、2021年人工智能相关赛事共9个，分别是全国大学生智能汽车竞赛，全国大学生机器人大赛－RoboMaster、RoboCon、RoboTac，"西门子杯"中国智能制造挑战赛，中国高校计算机大赛——人工智能创意赛（2020年新纳入），中国机器人大赛暨 RoboCup 机器人世界杯中国赛，中国大学生机械工程创新创意大赛——智能制造大赛（2020年新纳入），中国机器人及人工智能大赛，RoboCom 机器人开发者大赛和中国高校智能机器人创意大赛。其中，除中国机器人大赛暨 RoboCup 机器人世界杯中国赛、中国机器人及人工智能大赛和 RoboCom 机器人开发者大赛之外，其他6项赛事均公开了获奖名单。值得注意的是，全国大学生智能汽车竞赛虽公布了获奖名单，但因奖项设置调整，2021年大幅压缩了奖项总数，故而该赛事奖项数据不具有可比性和参照性，可抓取的数据共涉及5项人工

[①] 中共中央党史和文献研究院编：《习近平关于网络强国论述摘编》，中央文献出版社2021年版，第133页。

智能类国家级赛事。因此，本书选取省域属高校人工智能方向国家级学科竞赛获奖数量变动（单位：项）作为赛事呈现变动的指标含义。数据来源：2020年、2021年全国普通高校大学生竞赛榜单，5项相关竞赛获奖名单。

5. 聚焦化的知识凝练变动

聚焦化的知识凝练是指人工智能领域极具示范性、推广度的高级别学术著作，其中最具代表性的要数国家级出版类项目。对于高校而言，可申请的国家级出版基金主要包括国家科学技术学术著作出版基金资助项目、国家社科基金后期资助暨优秀博士论文出版项目、国家古籍整理出版专项等。其中，涉及人工智能领域的属前两者。因此，本书选取省域属高校出版人工智能方向著作数量变动（单位：部）作为聚焦化的知识凝练变动的指标含义。数据来源：2020年和2021年国家科学技术学术著作出版基金资助项目、国家社科基金后期资助暨优秀博士论文出版项目立项名单及介绍。

6. 聚焦化的国内学术变动

聚焦化的国内学术是高校被知网收录的人工智能主题论文。发文学科领域集中分布于自动化技术、计算机软件及计算机应用、信息经济与邮政经济、教育理论与教育管理、新闻与传媒等。篇关摘相比其他检索条件更为全面和精准，因此以"人工智能"为篇关摘，在SCI来源期刊、EI来源期刊、北大核心、CSSCI和CSCD学术期刊中进行检索，得出2020年学术论文共计3904篇，2021年学术论文共计4252篇。国内学术期刊通常只认顺位排序第一的作者，即"第一作者"。鉴于此，剔除非31省份高校（如31省份非普通高校、港澳台及国外高校等）为第一单位的论文，最终得出符合条件的文章数量：2020年2804篇，2021年3057篇，增长量为253篇。因此，本书选取省域属高校被知网收录的人工智能主题论文数量变动（单位：篇）诠释聚焦化的国内学术变动。数据来源：中国知网。

7. 聚焦化的国际学术变动

聚焦化的国际学术主要是指发表在国际期刊上的人工智能主题论文。目前，Web of Science作为多学科、大中型核心期刊数据库，具有较强的权威性和认可度，同时被收录的学术论文通常较为强调合作作者的贡献度。

因此，本书选取省域属高校发表的人工智能国际论文数量变动（单位：篇）诠释聚焦化的国际学术变动。该指标数据将所有署名作者的所属机构统计在内。比如，2020 年 Web of Science 相关论文数据的精炼依据为"artificial intelligence" AND "出版年：2020" AND "数据库：Web of Science 核心合集" AND "文献类型：论文" AND "国家/地区：CHINA"，删除非高校数据得出各省高校的频次。数据来源：Web of Science 数据库。

8. 聚焦化的专利申请变动

聚焦化的专利申请是指第一申请人为高校且类型为发明申请的人工智能类专利。incoPat 全球专利数据库运用人工智能技术，创建了 DNA 图谱比对方法，获悉各类专利数据的精准度大幅提升。因此本书选取省域属高校申请的人工智能专利数量变动（单位：项）作为聚焦化的专利申请变动的指标含义。数据来源：incoPat 全球专利数据库。

9. 聚焦化的专利授权变动

聚焦化的专利授权是指第一申请人为高校且类型为发明授权的人工智能类专利。因此，本书选取省域属高校授权的人工智能专利数量变动（单位：项）作为聚焦化的专利授权变动的指标含义。数据来源：incoPat 全球专利数据库。

10. 聚焦化的从业人员变动

聚焦化的从业人员是指人工智能产业和数字经济业态急需的新职业人员。截至 2021 年，人社部与工信部联合颁布了 10 个新职业的国家职业技术技能标准，具体为智能制造、大数据、区块链工程、集成电路、人工智能、物联网、云计算、工业互联网、虚拟现实工程技术人员和数字化管理师。因此，本书以省域属 10 个新职业招聘数量变动（单位：人次）作为聚焦化的从业人员变动的指标含义。由于该类数据较为前沿，国家尚无明确的统计指标数据，故而利用 python 在智联招聘、BOSS 直聘、中华英才网和拉勾招聘等 4 个头部招聘网站抓取 2020 年和 2021 年相关招聘数据。数据来源：智联招聘、前程无忧等网站。

11. 聚焦化的产业体量变动

在指标"聚焦化的产业体量要素"阐释中可知，部分省份未公开 2021 年人工智能企业总营收额，故而用人工智能企业数量反映各省份人工智能产业的体量。聚焦化的产业体量变动指各省人工智能企业在 2020

年和2021年的数量变动。因此，本书选取省域属人工智能企业数量变动（单位：家）作为聚焦化的产业体量变动的指标含义。参考《2022年中国人工智能企业大数据全景图谱》的数据统计口径和聚焦化的产业体量要素的五条数据检索原则，得出两年截面数据。经统计，除了青海、西藏的人工智能企业数量保持不变，其余省份均实现增长，其中，增量排在前五名的省（市）分别是安徽、山东、广东、上海和江苏。数据来源：中国企业数据库（企查猫）。

12. 聚焦化的区域能级变动

聚焦化的区域能级具体指各省数字经济能级。中国信息通信研究院云计算与大数据研究所对全国各省城市数字经济能级变化进行了研究，从数据及信息化基础设施、城市服务、城市治理和产业融合四个维度测算出各市数字经济指数，并划分了城市数字经济能级（1—5线）和城市数字经济发展阶段。为保证数据的代表性和可比性，本书选用直辖市和省会城市数字经济指数变动（单位：分）诠释各省份数字经济能级变动。数据来源：《中国城市数字经济指数白皮书（2020年）》，《中国城市数字经济指数蓝皮书（2021）》。

基于以上分析，人工智能教育视域下的高校创新策源潜力评价体系如表5.4所示。

表5.4　　人工智能教育视域下的高校创新策源潜力评价体系

一级指标	二级指标	三级指标	指标含义
高校创新策源供给侧资源潜力	创新攻关潜力	创新开拓变动	省域属高校人工智能方向国家自然科学基金项目数量变动（单位：项）
		创新合作变动	省域属高校人工智能领域产学合作协同育人项目数量变动（单位：项）
	创新呈现潜力	奖项呈现变动	省域属高校吴文俊人工智能科学技术奖数量变动（单位：项）
		赛事呈现变动	省域属高校人工智能方向国家级学科竞赛获奖数量变动（单位：项）

续表

一级指标	二级指标	三级指标	指标含义
高校创新策源贯通侧生产潜力	知识生产潜力	知识凝练变动	省域属高校出版人工智能方向著作数量变动（单位：部）
		国内学术变动	省域属高校被知网收录的人工智能主题论文数量变动（单位：篇）
		国际学术变动	省域属高校发表的人工智能国际论文数量变动（单位：篇）
	专利生产潜力	专利申请变动	省域属高校申请的人工智能专利数量变动（单位：项）
		专利授权变动	省域属高校授权的人工智能专利数量变动（单位：项）
高校创新策源需求侧支撑潜力	人才吸纳潜力	从业人员变动	省域属10个新职业招聘数量变动（单位：人次）
	产业支撑潜力	产业体量变动	省域属人工智能企业数量变动（单位：家）
	环境支撑潜力	区域能级变动	直辖市和省会城市数字经济指数变动（单位：分）

三　人工智能教育视域下高校创新策源效率评价体系

本书在高校创新策源效率评价体系的基础上，本着"核心要素流充分涌动、全链互通；'智''产'新成果竞相迸发、全链共荣"的理想预期，聚焦人工智能领域与方向，在评价母版一级指标、二级指标等主体框架不变的前提下，确定了三级指标含义，以便准确测度"全链投入—全链产出"效率，深刻把握"多元投入—多方产出"内在逻辑。人工智能教育视域下的高校创新策源效率评价体系的内在逻辑具体指：在投入维度，重点测度专业集群、科研项目、专利申请的前端投入，智能技术的中端输入，以及企业融资的终端保障投入。投入端的5类要素分别对应知识流、项目流、专利流、技术流和资金流。在产出维度，主要测度人才培育、专利授权的成效，智能技术的高位辐射成效，以及人工智能产业的终端输出成效和城市建设水平的跃升成效。产出端的5类要素则分别对应新人才、新专利、新技术、新产业和新城市。由此，可得出人工智能教育视域下高校创新策源效率评价体系逻辑框架，如图 5.5 所示。

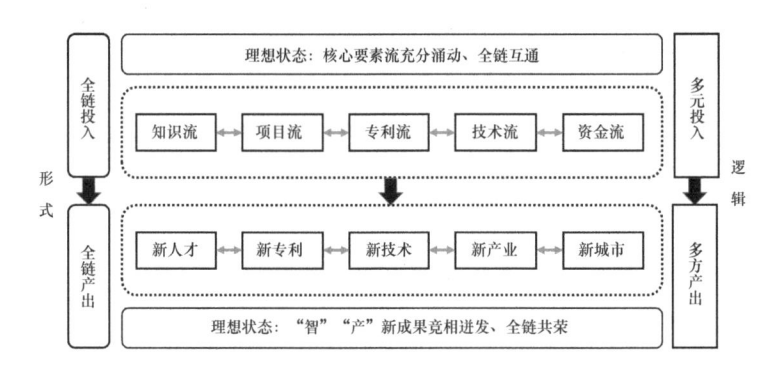

图 5.5　人工智能教育视域下高校创新策源效率评价体系框架脉络

聚焦化的三级指标包括：投入维度中，高校创新策源智慧投入下的专业集群沉淀、项目经费投入和发明专利申请；高校创新策源外部汲取下的区域技术输入；高校创新策源终端投入下的区域投资加持。产出维度中，高校创新策源智慧产出下的急需人才涌现和发明专利授权；高校创新策源外部汲取下的区域技术赋能；高校创新策源终端产出下的区域产业跃升和区域城市升级。指标体系见表 5.5。

表 5.5　　　　　　　聚焦化的三级指标（创新策源效率）

三级指标	指标含义	聚焦化的指标含义
专业集群沉淀	省域属高校国家一流本科专业数量（单位：个）	省域属高校人工智能专业集群专业数量（单位：个）
项目经费投入	省域属国家级项目经费总额（单位：万元）	省域属高校人工智能方向国家级项目经费总额（单位：万元）
发明专利申请	省域属高校发明专利申请数量（单位：项）	省域属高校人工智能专利申请数量（单位：项）
区域技术输入	省域属国外技术引进合同数量（单位：项）	省域属人工智能技术输入关系数量（单位：条）

续表

三级指标	指标含义	聚焦化的指标含义
区域投资加持	省域属社会融资规模增量（单位：亿元）	省域属人工智能企业融资额（单位：亿元）
急需人才涌现	省域属数字经济输出岗位占比（单位：%）	人工智能企业核心人力资本来源的省域分布（单位：人）
发明专利授权	省域属当年数字经济相关发明专利授权数量（单位：项）	省域属高校人工智能专利授权数量（单位：项）
区域技术赋能	省域属高技术产业新产品开发项目数（单位：项）	省域属人工智能技术赋能关系数量（单位：条）
区域产业跃升	省域属上市公司数量（单位：家）	省域属人工智能上市企业数量（单位：家）
区域城市升级	省域属新型基础设施竞争力指数（单位：分）	省域属智慧城市试点地区数量（单位：个）

1. 聚焦化的专业集群沉淀

聚焦化的专业集群沉淀是指以人工智能专业为内核，以本科院校开设的智能科学与技术、数据科学与大数据技术、机器人工程、大数据管理与应用、智能制造工程、智能医学工程专业和高职设置的人工智能技术应用（服务）、大数据技术（与应用）8 个专业为支撑的人工智能专业集群。该专业集群与人工智能一级学科紧密联系，为人工智能一级学科高质量发展提供强大的底层支持。按照国务院学位委员会和教育部的建设要求，省域内人工智能专业集群数量越多、基数越大，对人工智能一级学科建设的支撑力度与助推成效越明显。这些"智能+"专业植根并新生于高校的传统优势学科，是推动人工智能交叉融合发展的最大沉淀、最强助力和最硬基底，也是目前极具代表性、权威性的人工智能教育投入强度象征。因此，本书选取省域属高校人工智能专业集群专业数量（单位：个）诠释聚焦化的专业集群沉淀。数据来源：教育部官网——普通高等学校本科专业备案和审批结果（截至 2021 年度），高校大数据与人工智能推进联盟——2021 年人工智能新设专业统计数据。

2. 聚焦化的项目经费投入

聚焦化的项目经费投入主要是指人工智能方向国家级基金项目经费

投入。考虑项目代表性和数据易得性，本书选取省域属高校获批的人工智能领域国家自然科学基金和国家社会科学基金项目经费总额诠释聚焦化的项目经费投入。从硬科学和软科学角度来看，国家自然科学基金主要在人工智能技术层面展开研究，主攻领域涵盖人工智能基础层、技术层和应用层。伴随人工智能技术的广泛应用，势必引出关系国家经济、战略拟定及社会伦理等新问题，国家社会科学基金可提供相应决策支持。按类别来看，国家自然科学项目共17类，在此不再赘述。国家社会科学基金项目具体包括国家社科基金重大项目、重点项目、一般项目、青年项目、西部项目、后期资助项目和优秀博士论文出版项目等。数据来源：LetPub最新科学基金结果查询系统；2021年国家自然科学基金信息，2021年度国家社会科学基金立项名单。

3. 聚焦化的发明专利申请

聚焦化的发明专利申请主要是指第一申请人为高校且类型为发明申请的人工智能类专利。incoPat全球专利数据库运用人工智能技术，创建了DNA图谱比对方法，获悉各类专利数据的精准度大幅提升。因此，本书选取省域属高校人工智能专利申请数（单位：项）作为聚焦化的发明专利申请的指标含义。数据来源：incoPat全球专利数据库。

4. 聚焦化的区域技术输入

聚焦化的区域技术输入是指高校所在省域当年购入、引进、传入、自生的人工智能技术合集。有研究显示，从人工智能技术输入关系数来看，排在前五位的省（市）是北京、广东、上海、浙江和江苏，这说明技术输入密集的区域集中在东部沿海省份，这些区域既是人工智能技术输入的接受带，也是人工智能技术向内陆省份泄能扩散的中转站。因此，本书选取省域属人工智能技术输入关系数量（单位：条）诠释聚焦化的区域技术输入。数据来源：中国新一代人工智能科技产业发展报告·2021（中国新一代人工智能发展战略研究院）。

5. 聚集化的区域投资加持

聚焦化的区域投资加持是指高校所在省域的人工智能企业群获得的融资支持。融资主要涉及智慧商业和零售、智慧交通、新媒体与数字内容、智能硬件、智能网联汽车、智能制造、智慧教育、智慧医疗、智慧物流、智慧城市、智能机器人、智能家居、智能安防、智慧政务、智慧农业和智慧能源等领域。从地区融资额度来看，北京、上海、浙江、广东、江苏分列前五位，5省（市）融资额合计占比超过31省份的90%，占据人工智能企业融资渠道的绝对优势地位，呈现出融资事件的极化叠加与资金流向的极化聚集现象。本书选取2021年省域属人工智能企业融资额（单位：亿元）诠释聚焦化的区域投资加持。数据来源：中国新一代人工智能科技产业发展报告·2021（中国新一代人工智能发展战略研究院）。

6. 聚集化的急需人才涌现

聚集化的急需人才涌现是指推动人工智能全链条蓬勃发展的核心人力资本，这些人员来自高校、企业及科研机构，为建设中国智能学科、智能产业和智能经济提供了智力支持。急需人才的培养高校主要是清华大学、北京大学、上海交通大学、浙江大学、复旦大学、哈尔滨工业大学、中国人民大学、华中科技大学、武汉大学、北京航空航天大学、中国科学技术大学、中山大学、厦门大学和华南理工大学，经验获取单位主要是百度、腾讯、中国科学院、华为、阿里巴巴、中兴通讯、联想、微软亚研院和神州数码等。在省域来源方面，来自北京、广东、上海、江苏、浙江的急需人才数量最多[1]。我国正深入打造人工智能产业"一盘棋"，各地高校与企业群大力培养智能领域人才，为激活省域智能经济活力输送了一大批新职业人员，同时促成急需人才在省份之间的频繁流动。因此，本书选取人工智能企业核心人力资本来源的省域分布（单位：人）诠释聚焦化的急需人才涌现。数据来源：中国新一代人工智能科技产业发展报告·2021（中国新一代人工智能发展战略研究院）。

7. 聚焦化的发明专利授权

聚焦化的发明专利授权是指第一申请人为高校且类型为发明授权的人工智能类专利。2022年10月发布的《国务院关于数字经济发展情况的报告》显示，数字经济核心产业发明专利授权量突破新高，关键数字技术中人工智能、物联网、量子信息领域的发明专利授权量居世界首位[2]。

---

[1] 紫藤：《中国新一代人工智能科技产业发展报告2021》，《金融时报》2021年10月25日第11版。

[2] 《国务院关于数字经济发展情况的报告》，中华人民共和国中央人民政府，2022年10月28日，https://www.gov.cn/xinwen/2022-11/28/content_5729249.htm，2024年5月17日。

得到授权的人工智能专利作为新兴成果产出，为辖区内高校群加强学科交叉、助力数字经济、赋能智能产业夯实了根基。因此，本书选取省域属高校人工智能专利授权数（单位：项）诠释聚焦化的发明专利授权。数据来源：incoPat全球专利数据库。

8. 聚焦化的区域技术赋能

聚焦化的区域技术赋能是指高校所在省份利用人工智能技术对产业进行赋能并推动产业实现智能化升级，该概念与区域技术输入相对应。数据显示，技术赋能关系数量占比排名前五的省（市）是北京、广东、上海、浙江和江苏。与"聚焦化的区域技术输入"相比，北京、广东、上海和浙江的技术赋能关系数量及占比较少，原因有三：一是沿海省域具有区位优势，是智能技术流的首轮接收地。二是这些区域的智能类产业发展迅速，高等院校和科研院所数量较多，能够高位吸引并有效承接相关技术，成为智能技术带的首发站。三是以上省份肩负着向内陆省份传输技术、外溢产业的使命，大批先进智能技术会集中于此，但又不会完全用于赋能当地产业，部分技术会涌向内陆。因此，本书选取省域属人工智能技术赋能关系数量（单位：条）诠释聚焦化的区域技术赋能。数据来源：《中国新一代人工智能科技产业发展报告·2021》（中国新一代人工智能发展战略研究院）。

9. 聚焦化的区域产业跃升

聚焦化的区域产业跃升是指部分优秀企业基于所在区域人工智能产业链或人工智能企业群，积攒了良好的发展势头和经济体量，能够代表区域智能产业航向并实现了上市目标。近年来，人工智能企业群的出现，为优质企业上市奠定了重要基础，切实推动了人工智能产业链高端化、体量化。处于行业龙头的人工智能上市公司不仅为区域发展注入了新活力、吸引了新资本，也为经济产业变革带来了新动能、扩大了新空间。人工智能上市企业集中于智能制造业、软件和信息技术服务业，信息传输业、科学研究和技术服务业等。人工智能上市企业的数量是衡量区域智能产业发展成效和智能经济强度的重要指标，也是考量高校人工智能教育创新策源在产业终端的重要表现。因此，本书选取省域属人工智能上市企业数量（家）诠释聚焦化的区域产业跃升。数据来源：《人工智能行业发展研究报告（2010—2021）》（合合信息旗下启信灯塔数据研究中心、和诚咨询研究所)。

10. 聚焦化的区域城市升级

聚焦化的区域城市升级是指数字城市依托云计算、物联网、地理空间基础设施等新技术、新手段,广泛运用 Fab Lab、Living Lab、社交网络、维基、综合集成法、网动全媒体融合通信终端等新工具、新方法,向全透感知、万物互联、智能融合等新发展目标迈进,最终实现"居民—社区—企业—高校—政府"全周期互动、协同性互补、持续性创新和高阶化民主,形成更高级别的城市形态——智慧城市。智慧城市坚持为民导向,突出文化特色,融合各方资源,运用跨界管理模式,为人才择业、就业、创业提供了一体化智能服务,不断吸引人才流入。智慧城市旨在架构人城双向促进机制和智能资源良性循环机制,呈现出创新型人才与智能城市"人城互融"的演进趋势,为自身向超级智能城市发展奠定了基础。因此,本书选择省域属智慧城市试点地区数量(个)诠释聚焦化的区域城市升级。数据来源:超级智能城市2.0:人工智能引领新风向(德勤)。

综上,人工智能教育视域下的高校创新策源效率评价体系如表5.6所示。

表5.6　　人工智能教育视域下的高校创新策源效率评价体系

一级指标	二级指标	三级指标	指标含义
投入维度	高校创新策源智慧投入	专业集群沉淀	省域属高校人工智能专业集群专业数量(单位:个)
		项目经费投入	省域属高校人工智能方向国家级项目经费总额(单位:万元)
		发明专利申请	省域属高校人工智能专利申请数量(单位:项)
	高校创新策源外部汲取	区域技术输入	省域属人工智能技术输入关系数量(单位:条)
	高校创新策源终端投入	区域投资加持	省域属人工智能企业融资额(单位:亿元)

续表

一级指标	二级指标	三级指标	指标含义
产出维度	高校创新策源智慧产出	急需人才涌现	人工智能企业核心人力资本来源的省域分布（单位：人）
		发明专利授权	省域属高校人工智能专利授权数量（单位：项）
	高校创新策源外部获益	区域技术赋能	省域属人工智能技术赋能关系数量（单位：条）
	高校创新策源终端产出	区域产业跃升	省域属人工智能上市企业数量（单位：家）
		区域城市升级	省域属智慧城市试点地区数量（单位：个）

第三节　本章小结

本章构建了人工智能教育视域下的高校创新策源能力评价体系。首先，明确了开展人工智能教育视域下高校创新策源能力评价研究的三点意义。其次，阐明了评价体系的构建原则与评价指标的筛选思路。最后，在高校创新策源能力评价体系主体脉络上，增减、调整了部分不合适的指标，聚焦化了大部分可续用的指标，并建立了人工智能教育视域下高校创新策源能力评价体系，该体系包括人工智能教育视域下的高校创新策源浓度评价体系、高校创新策源潜力评价体系和高校创新策源效率评价体系。

第 六 章

人工智能教育视域下高校创新策源能力梯队分布及高校创新策源使命定位

——基于 31 行政区域截面数据的实证分析

第一节 高校创新策源能力评价方法

一 熵权 - TOPSIS 法

TOPSIS（Technique for Order Preference by Similarity to an Ideal Solution）方法是根据评价对象与最优解和最劣解的接近程度进行排序的方法，能够有效利用原始数据信息，对各评价对象进行多目标综合评价，通过余弦法求得各评价对象的正理想解与负理想解，并根据与正理想解之间的贴近程度准确反映各对象之间的相对差距。基本思路是在原始数据矩阵找出最优解和最劣解，根据评价对象与最优解和最劣解的接近程度进行排序。基本原理是若评价对象最靠近最优解同时又最远离最劣解则为最好，否则不为最优。其中最优解的各指标值都达到各评价指标的最优值，最劣解的各指标值都达到各评价指标的最差值。

1981 年，C. L. 黄和 K. 尹首次提出 TOPSIS 法后，其已经广泛应用在诸如医疗绩效、城市设施、环境质量等各个领域。但随着 TOPSIS 法的不断成熟发展，其弊端也日益显露。尤其是在运用 TOPSIS 法进行多目标评价时，确定评价指标的权重对于最终的评价结果影响较大。因此，为了降低确权过程中的主观性干扰，本书采用熵权 - TOPSIS 法测算各省份高校创新策源浓度与高校创新策源潜力。

1. 通过熵权法确定各评价指标权重

在确立了指标体系的基础上，本研究通过熵权法赋予各指标相对应的权重。熵权法属于客观赋权法，借助信息熵求得指标权重，若指标具有较小的变异程度，则信息熵较大，相应地将在评价过程中产生较小的影响，权重因此较小。反之，权重则将较大。熵权法的步骤是：

设 $U = \{u_1, u_2, \cdots, u_m\}$ 为评价对象集合，$V = \{v_1, v_2, \cdots, v_n\}$ 为评价指标集合，x_{ij} 表示第 i 个评价对象 u_i 中第 j 个评价指标 v_j 的原始数据。

①对数据进行标准化。一般而言，如果数据全部都大于 0，使用"均值化"处理；如果数据中有负数或者 0，建议做"区间化"处理，让数据限定在一个区间（SPSSAU 默认 1~2 之间）；当然也可以考虑"归一化"处理，让数据全部介于 0~1 之间。具体标准化的处理方式有很多种，具体结合文献和自身数据选择使用即可。不同的处理方式虽带来不同的结果，但结论一般偏倚很小。

$$m_{ij} = \frac{x_{ij} - \min(x_{ij})}{\max(x_{ij}) - \min(x_{ij})} (1 \leq i \leq m, 1 \leq j \leq n) \text{（正向指标）} \tag{6-1}$$

$$m_{ij} = \frac{\max(x_{ij}) - x_{ij}}{\max(x_{ij}) - \min(x_{ij})} (1 \leq i \leq m, 1 \leq j \leq n) \text{（负向指标）} \tag{6-2}$$

②计算第 j 项指标下第 i 个省份的特征占比 p_{ij}：

$$p_{ij} = m_{ij} / \sum_{i=1}^{m} m_{ij} \tag{6-3}$$

③计算信息熵 e_j：

$$e_j = -\frac{1}{\ln m} \sum_{i=1}^{m} (r_{ij} \times \ln r_{ij}) \tag{6-4}$$

④计算评价指标权重 w_j：

$$w_j = (1 - e_j) / \sum_{j=1}^{n} (1 - e_j) \tag{6-5}$$

2. 运用 TOPSIS 法进行多目标评价

TOPSIS 法在测算各评价指标正理想解和负理想解的基础上，计算各评价对象和两个解的欧氏距离，算得其与正理想解的贴近度，并将此作为评判依据。

TOPSIS 法的步骤是：

设 $U = \{u_1, u_2, \cdots, u_m\}$ 为评价对象集合，$V = \{v_1, v_2, \cdots, v_n\}$ 为评价指标集合，x_{ij} 表示第 i 个评价对象 u_i 中第 j 个评价指标 v_j 的原始数据。

①逆向指标正向化处理，为便于描述，下文仍用 x_{ij} 代替描述 x_{ij}^*。

$$x_{ij}^* = \max(x_{ij}) - x_{ij} (1 \leq i \leq m, 1 \leq j \leq n) \quad (6-6)$$

②构造向量规范化矩阵 Z，每列元素与对应列范数相除。

$$z_{ij} = \frac{x_{ij}}{\sqrt{\sum_{i=1}^{n} x_{ij}^2}} (1 \leq i \leq m, 1 \leq j \leq n) \quad (6-7)$$

由此得到的规范化矩阵 Z 为：

$$Z = \begin{bmatrix} z_{11} & z_{12} & \cdots & z_{1n} \\ z_{21} & z_{22} & \cdots & z_{2n} \\ \vdots & \vdots & \ddots & \vdots \\ z_{m1} & z_{m2} & \cdots & z_{mn} \end{bmatrix} \quad (6-8)$$

③确定各评价指标对应的正负理想解。

z_j^+ 和 z_j^- 分别代表规范化矩阵 Z 中第 j 列的最大值和最小值，则：

正理想解为：

$$Z^+ = (\max\{z_{11}, z_{21}, \cdots, z_{m1}\}, \max\{z_{12}, z_{22}, \cdots, z_{m2}\}, \cdots, \max\{z_{1n}, z_{2n}, \cdots, z_{mn}\})$$

$$= (z_1^+, z_2^+, \cdots, z_n^+)(1 \leq i \leq m, 1 \leq j \leq n) \quad (6-9)$$

负理想解为：

$$Z^- = (\min\{z_{11}, z_{21}, \cdots, z_{m1}\}, \min\{z_{12}, z_{22}, \cdots, z_{m2}\}, \cdots, \min\{z_{1n}, z_{2n}, \cdots, z_{mn}\})$$

$$= (z_1^+, z_2^+, \cdots, z_n^+)(1 \leq i \leq m, 1 \leq j \leq n) \quad (6-10)$$

④计算各省份到正理想解和负理想解的欧氏距离。

$$d_i^+ = \sqrt{\sum_{j=1}^{n} w_j (z_{ij} - z_j^+)^2} (1 \leq i \leq m, 1 \leq j \leq n) \quad (6-11)$$

$$d_i^- = \sqrt{\sum_{j=1}^{n} w_j (z_{ij} - z_j^-)^2} (1 \leq i \leq m, 1 \leq j \leq n) \quad (6-12)$$

其中 w_j 为第 j 个评价指标的权重，各指标权重根据熵权法进行确权。

⑤计算各省份综合结果到正理想解的贴近度：

$$S_i = \frac{d_i^-}{d_i^+ + d_i^-} (i = 1,2,\cdots,m) \tag{6-13}$$

$0 \leqslant S_i \leqslant 1$，$S_i$ 越接近 1 表明评价对象的表现越好。

通过 TOPSIS 法测算得出正理想解、负理想解、贴近度及对应排序。

二 数据包络分析法

数据包络分析（Date Envelopment Analysis，简称 DEA），最早由查恩斯等提出，是一种经典的用以研究多投入、多产出决策单元（Decision-Making Units，DMU）有效性的效率评价工具。查恩斯等基于"边界"的概念，提出了 CCR 数据包络分析模型。班克等人进一步完善了规模收益假设，从而提出了 BCC 模型。除 CCR 模型和 BCC 模型之外，其他学者还相继发展了很多种类的数据包络分析。经典的 DEA 模型可以通过投入产出对两个变量之间的效率进行转换，而这个转换的过程则常常不为人知，容易对结果产生未知的误差，因此这一转换过程常被认为是一个"黑箱"。DEA 方法相对其他非参数方法而言更为严谨，例如完全有效率的 DMU 会减少，同时效率得分也会随之减低。使用 DEA 方法研究创新策源效率，可以不含有具体的生产函数，就进行多投入—多产出规模效率估计，还可以进行规模无效单位改进方向和程度的分析研究。

高校创新策源存在一定的可控性，且大部分 DMU 难以处于最优的生产规模状态，故本书选用投入导向的规模收益可变模型，即 DEA-BCC 模型。其模型规划式如下：

$$\begin{aligned} & \min \theta \\ s.t. \quad & \sum_{j=1}^{n} \lambda_j x_{ij} \leqslant \theta x_{ik} \\ & \sum_{j=1}^{n} \lambda_j x_{rj} \leqslant y_{rk} \\ & \sum_{j=1}^{n} \lambda_j = \theta x_{ik} \\ & \lambda \geqslant 0 \\ & i = 1,2,\cdots,m; r = 1,2,\cdots,q; j = 1,2,\cdots,n \end{aligned} \tag{6-14}$$

其中，i 表示 DMU 单元的序数，x_{ij} 表示第 i 个决策单元使用了 j 种投入要素，获得了 y_{rj} 产出要素。若 $\theta = 1$，则表明各决策单元处于效率前沿面；若 $\theta<1$，则处于无效状态。

第二节 人工智能教育视域下的高校创新策源能力评价分析

人工智能教育视域下高校创新策源能力评价指标体系是高校创新策源能力评价体系的子版，并基于高校创新策源能力评价体系主体脉络衍生而来，本书选择熵权－TOPSIS 法评价人工智能教育视域下的高校创新策源浓度和高校创新策源潜力，选择 DEA-BCC 模型评价人工智能教育视域下的高校创新策源效率。

一 人工智能教育视域下高校创新策源浓度评价分析

熵权－TOPSIS 法是熵权法与 TOPSIS 法的结合运用，SPSSAU 运算过程分为三步：一是考虑到指标数据中有 0 值，先对截面数据进行区间化处理；二是使用熵权法计算权重值，并将数据进行加权得到新数据；三是运用对新数据 TOPSIS 法完成分析。相关评价指标信息熵与权重详见表 6.1，评价计算结果详见表 6.2。

表 6.1　　人工智能教育视域下高校创新策源浓度相关评价指标信息熵与权重

三级指标（含义）	信息熵值 e	信息效用值 d	权重系数 w
Interval_1.0_2.0_省域属高校人工智能领域国家重点实验室数量（个）	0.9959	0.0041	4.27%
Interval_1.0_2.0_省域属高校人工智能学院数量（个）	0.9936	0.0064	6.66%
Interval_1.0_2.0_省域属高校人工智能交叉学科数量（个）	0.9942	0.0058	6.06%
Interval_1.0_2.0_省域属高校人工智能专业新设数量（个）	0.9950	0.0050	5.14%
Interval_1.0_2.0_省域属高校人工智能专业一流课程数量（门）	0.9964	0.0036	3.72%

续表

三级指标（含义）	信息熵值 e	信息效用值 d	权重系数 w
Interval_1.0_2.0_省域属高校人工智能二级学科数量（个）	0.9929	0.0071	7.36%
Interval_1.0_2.0_省域属高校人工智能方向 8 个新设专业数量（个）	0.9948	0.0052	5.41%
Interval_1.0_2.0_省域属高校人工智能方向相关专业一流课程数量（门）	0.9961	0.0039	4.00%
Interval_1.0_2.0_省域属高校人工智能助推教师队伍建设试点单位（个）	0.9964	0.0036	3.78%
Interval_1.0_2.0_省域属 IPv4 比例（%）	0.9967	0.0033	3.39%
Interval_1.0_2.0_省域属"十四五"规划人工智能热词提及频次（次）	0.9957	0.0043	4.51%
Interval_1.0_2.0_省域属高校人工智能方向国家自然科学基金项目经费总额（万元）	0.9950	0.0050	5.16%
Interval_1.0_2.0_省域属高校当年预算总额估值（亿元）	0.9959	0.0041	4.27%
Interval_1.0_2.0_省域属高校人工智能方向的现代产业学院数量（个）	0.9954	0.0046	4.80%
Interval_1.0_2.0_省域属高校未来技术学院数量（个）	0.9951	0.0049	5.10%
Interval_1.0_2.0_省域属高校人工智能方向学术交流会议数量（次）	0.9951	0.0049	5.09%
Interval_1.0_2.0_省域属人工智能方向国家级科技企业孵化器数量（个）	0.9954	0.0046	4.80%
Interval_1.0_2.0_省域属 10 个新职业招聘数量（人次）	0.9948	0.0052	5.37%
Interval_1.0_2.0_省域属人工智能企业数量（家）	0.9953	0.0047	4.87%
Interval_1.0_2.0_省域属数字经济发展指数（分）	0.9940	0.0060	6.23%

表 6.2　人工智能教育视域下高校创新策源浓度评价计算结果

省份	正理想解距离 D+	负理想解距离 D−	相对接近度 C	排序结果
北京	0.084	0.186	0.69	1
江苏	0.098	0.162	0.625	2

续表

省份	正理想解距离 D+	负理想解距离 D-	相对接近度 C	排序结果
广东	0.124	0.15	0.549	3
上海	0.147	0.12	0.45	4
山东	0.155	0.116	0.428	5
辽宁	0.157	0.094	0.375	6
四川	0.16	0.09	0.361	7
安徽	0.164	0.091	0.358	8
浙江	0.168	0.09	0.348	9
重庆	0.176	0.094	0.347	10
陕西	0.161	0.082	0.338	11
河南	0.183	0.086	0.319	12
湖北	0.174	0.08	0.315	13
吉林	0.189	0.065	0.256	14
天津	0.187	0.063	0.251	15
河北	0.193	0.062	0.243	16
广西	0.189	0.06	0.24	17
湖南	0.186	0.058	0.238	18
福建	0.191	0.057	0.23	19
黑龙江	0.189	0.056	0.228	20
云南	0.197	0.056	0.221	21
江西	0.199	0.047	0.19	22
山西	0.206	0.042	0.17	23
贵州	0.206	0.041	0.166	24
甘肃	0.21	0.04	0.158	25
海南	0.214	0.031	0.127	26
内蒙古	0.214	0.027	0.113	27
新疆	0.218	0.016	0.069	28
青海	0.222	0.014	0.059	29
宁夏	0.224	0.01	0.043	30
西藏	0.226	0.006	0.027	31

需明确三点：一是人工智能教育视域下高校创新策源浓度评价体系中的指标皆为正向趋势，即值越大越好；二是表 6.2 中 D+ 和 D− 分别表示评价对象与正负理想解的距离，正理想解距离 D+ 越小，省域高校创新策源浓度越高，最终的排序也越高；三是 C 表示评价对象与最优方案的接近程度，该值越大越接近最优状态。

从上表可知，利用熵权法后加权生成数据，针对 Interval_1.0_2.0_省域属高校人工智能领域国家重点实验室数量（个）、Interval_1.0_2.0_省域属高校人工智能学院数量（个）等 20 个指标进行 TOPSIS 评价，同时评价对象为 31 个省份；TOPSIS 法首先找出评价指标的正负理想解值（A+ 和 A−），见表 6.3，进而计算出各评价对象分别与正负理想解的距离值 D+ 和 D−。根据 D+ 和 D− 值，最终计算出各评价对象与最优方案的接近程度（C 值），并根据 C 值排序。

表 6.3　　　　　　　　　　正负理想解

三级指标（含义）	正理想解 A+	负理想解 A−
Interval_1.0_2.0_省域属高校人工智能领域国家重点实验室数量（个）	0.085	0.043
Interval_1.0_2.0_省域属高校人工智能学院数量（个）	0.133	0.067
Interval_1.0_2.0_省域属高校人工智能交叉学科数量（个）	0.121	0.061
Interval_1.0_2.0_省域属高校人工智能专业新设数量（个）	0.103	0.051
Interval_1.0_2.0_省域属高校人工智能专业一流课程数量（门）	0.074	0.037
Interval_1.0_2.0_省域属高校人工智能二级学科数量（个）	0.147	0.074
Interval_1.0_2.0_省域属高校人工智能方向 8 个新设专业数量（个）	0.108	0.054
Interval_1.0_2.0_省域属高校人工智能方向相关专业一流课程数量（门）	0.080	0.040
Interval_1.0_2.0_省域属高校人工智能助推教师队伍建设试点单位（个）	0.076	0.038
Interval_1.0_2.0_省域属 IPv4 比例（%）	0.068	0.034
Interval_1.0_2.0_省域属"十四五"规划人工智能热词提及频次（次）	0.090	0.045

续表

三级指标（含义）	正理想解 A +	负理想解 A -
Interval_1.0_2.0_省域属高校人工智能方向国家自然科学基金项目经费总额（万元）	0.103	0.052
Interval_1.0_2.0_省域属高校当年预算总额估值（亿元）	0.085	0.043
Interval_1.0_2.0_省域属高校人工智能方向的现代产业学院数量（个）	0.096	0.048
Interval_1.0_2.0_省域属高校未来技术学院数量（个）	0.102	0.051
Interval_1.0_2.0_省域属高校人工智能方向学术交流会议数量（次）	0.102	0.051
Interval_1.0_2.0_省域属人工智能方向国家级科技企业孵化器数量（个）	0.096	0.048
Interval_1.0_2.0_省域属10个新职业招聘数量（人次）	0.107	0.054
Interval_1.0_2.0_省域属人工智能企业数量（家）	0.097	0.049
Interval_1.0_2.0_省域属数字经济发展指数（分）	0.125	0.062

正负理想解是计算正负理想解距离（D + 和 D - ）时的中间过程值，其意义相对较小。其中，正理想解 A + 表示评价指标的最大值。负理想解 A - 表示评价指标的最小值。描述统计展示真实进入算法模型时各分析项的样本量、平均值和标准差详见表6.4。

表6.4　　　　　描述统计（创新策源浓度）

三级指标（含义）	样本量	平均值	标准差
Interval_1.0_2.0_省域属高校人工智能领域国家重点实验室数量（个）	31	1.103	0.202
Interval_1.0_2.0_省域属高校人工智能学院数量（个）	31	1.350	0.292
Interval_1.0_2.0_省域属高校人工智能交叉学科数量（个）	31	1.135	0.244
Interval_1.0_2.0_省域属高校人工智能专业新设数量（个）	31	1.359	0.257
Interval_1.0_2.0_省域属高校人工智能专业一流课程数量（门）	31	1.154	0.196
Interval_1.0_2.0_省域属高校人工智能二级学科数量（个）	31	1.210	0.282
Interval_1.0_2.0_省域属高校人工智能方向8个新设专业数量（个）	31	1.440	0.278

续表

三级指标（含义）	样本量	平均值	标准差
Interval_1.0_2.0_省域属高校人工智能方向相关专业一流课程数量（门）	31	1.167	0.204
Interval_1.0_2.0_省域属高校人工智能助推教师队伍建设试点单位（个）	31	1.174	0.198
Interval_1.0_2.0_省域属IPv4比例（%）	31	1.111	0.184
Interval_1.0_2.0_省域"十四五"规划人工智能热词提及频次（次）	31	1.540	0.268
Interval_1.0_2.0_省域属高校人工智能方向国家自然科学基金项目经费总额（万元）	31	1.170	0.232
Interval_1.0_2.0_省域属高校当年预算总额估值（亿元）	31	1.285	0.226
Interval_1.0_2.0_省域属高校人工智能方向的现代产业学院数量（个）	31	1.129	0.218
Interval_1.0_2.0_省域属高校未来技术学院数量（个）	31	1.129	0.222
Interval_1.0_2.0_省域属高校人工智能方向学术交流会议数量（次）	31	1.181	0.231
Interval_1.0_2.0_省域属人工智能方向国家级科技企业孵化器数量（个）	31	1.206	0.229
Interval_1.0_2.0_省域属10个新职业招聘数量（人次）	31	1.125	0.232
Interval_1.0_2.0_省域属人工智能企业数量（家）	31	1.171	0.226
Interval_1.0_2.0_省域属数字经济发展指数（分）	31	1.401	0.296

二　人工智能教育视域下高校创新策源潜力评价分析

人工智能教育视域下高校创新策源潜力评价分析方法同样为熵权－TOPSIS 法，通过 SPSSAU 运算，相关评价指标信息熵与权重详见表 6.5。

表 6.5　　人工智能教育视域下高校创新策源潜力相关评价指标信息熵与权重

三级指标（含义）	信息熵值 e	信息效用值 d	权重系数 w
Interval_1.0_2.0_省域属高校人工智能方向国家自然科学基金项目数量变动（项）	0.9972	0.0028	6.03%
Interval_1.0_2.0_省域属高校人工智能领域产学合作协同育人项目数量变动（项）	0.9954	0.0046	10.00%

续表

三级指标（含义）	信息熵值 e	信息效用值 d	权重系数 w
Interval_1.0_2.0_省域属高校吴文俊人工智能科学技术奖数量变动（项）	0.9983	0.0017	3.72%
Interval_1.0_2.0_省域属高校人工智能方向国家级学科竞赛获奖数量变动（项）	0.9941	0.0059	12.86%
Interval_1.0_2.0_省域属高校出版人工智能方向著作数量变动（部）	0.9982	0.0018	3.91%
Interval_1.0_2.0_省域属高校被知网收录的人工智能主题论文数量变动（篇）	0.9973	0.0027	5.80%
Interval_1.0_2.0_省域属高校发表的人工智能国际论文数量变动（篇）	0.9972	0.0028	6.14%
Interval_1.0_2.0_省域属高校申请的人工智能专利数量变动（项）	0.9943	0.0057	12.34%
Interval_1.0_2.0_省域属高校授权的人工智能专利数量变动（项）	0.9972	0.0028	6.11%
Interval_1.0_2.0_省域属10个新职业招聘数量变动（人次）	0.9946	0.0054	11.72%
Interval_1.0_2.0_省域属人工智能企业数量变动（家）	0.9934	0.0066	14.40%
Interval_1.0_2.0_直辖市和省会城市数字经济指数变动（分）	0.9968	0.0032	6.97%

进而以权重值对数据进行加权，用于第2步的TOPSIS法进行分析，评价计算结果详见表6.6。

表6.6　人工智能教育视域下31省份高校创新策源潜力评价计算结果

省份	正理想解距离 D+	负理想解距离 D−	相对接近度 C	排序结果
江苏	0.14	0.221	0.611	1
山东	0.144	0.224	0.609	2
广东	0.142	0.21	0.597	3
北京	0.16	0.196	0.551	4
上海	0.168	0.183	0.521	5

续表

省份	正理想解距离 D+	负理想解距离 D−	相对接近度 C	排序结果
安徽	0.197	0.188	0.488	6
河南	0.19	0.174	0.479	7
浙江	0.19	0.154	0.448	8
湖南	0.203	0.162	0.444	9
重庆	0.239	0.133	0.358	10
陕西	0.235	0.114	0.326	11
吉林	0.236	0.11	0.319	12
四川	0.227	0.102	0.311	13
湖北	0.237	0.104	0.306	14
江西	0.247	0.107	0.302	15
天津	0.25	0.096	0.278	16
福建	0.244	0.093	0.276	17
内蒙古	0.272	0.095	0.259	18
山西	0.258	0.089	0.255	19
广西	0.271	0.092	0.253	20
青海	0.267	0.088	0.248	21
河北	0.258	0.084	0.246	22
黑龙江	0.259	0.085	0.246	23
新疆	0.261	0.084	0.243	24
云南	0.261	0.083	0.242	25
甘肃	0.265	0.083	0.24	26
宁夏	0.269	0.083	0.237	27
西藏	0.272	0.084	0.237	28
海南	0.268	0.082	0.233	29
辽宁	0.265	0.075	0.221	30
贵州	0.277	0.075	0.213	31

需要明确的是，该评价体系中的指标同为正向趋势且值越大越好，评价对象与正负理想解的距离分别用 D+ 和 D− 表示；相对接近度 C 表示评价对象与最优状态的接近程度，该值越大说明越接近最优状态。

由表 6.6 可知，利用熵权法后加权生成新数据，并对 Interval_1.0_

2.0_省域属高校人工智能方向国家自然科学基金项目数量变动（项），Interval_1.0_2.0_省域属高校人工智能领域产学合作协同育人项目数量变动（项）等 12 个指标进行 TOPSIS 评价，评价对象为 31 个省份；TOPSIS 法首先找出评价指标的正负理想解值（A+和A-），接着计算出各评价对象分别与正负理想解的距离值 D+和 D-，根据 D+和 D-值，最终计算得出各评价对象与最优方案的接近程度（C 值），并可针对 C 值进行排序。

表 6.7　　人工智能教育视域下高校创新策源潜力评价计算结果

三级指标（含义）	正理想解 A+	负理想解 A-
Interval_1.0_2.0_省域属高校人工智能方向国家自然科学基金项目数量变动（项）	0.121	0.060
Interval_1.0_2.0_省域属高校人工智能领域产学合作协同育人项目数量变动（项）	0.200	0.100
Interval_1.0_2.0_省域属高校吴文俊人工智能科学技术奖数量变动（项）	0.074	0.037
Interval_1.0_2.0_省域属高校人工智能方向国家级学科竞赛获奖数量变动（项）	0.257	0.129
Interval_1.0_2.0_省域属高校出版人工智能方向著作数量变动（部）	0.078	0.039
Interval_1.0_2.0_省域属高校被知网收录的人工智能主题论文数量变动（篇）	0.116	0.058
Interval_1.0_2.0_省域属高校发表的人工智能国际论文数量变动（篇）	0.123	0.061
Interval_1.0_2.0_省域属高校申请的人工智能专利数量变动（项）	0.247	0.123
Interval_1.0_2.0_省域属高校授权的人工智能专利数量变动（项）	0.122	0.061
Interval_1.0_2.0_省域属 10 个新职业招聘数量变动（人次）	0.234	0.117
Interval_1.0_2.0_省域属人工智能企业数量变动（家）	0.288	0.144
Interval_1.0_2.0_直辖市和省会城市数字经济指数变动（分）	0.139	0.070

正负理想解是计算正负理想解距离（D＋和D－）时的中间过程值，意义较小。其中，正理想解A＋表示评价指标的最大值，负理想解A－表示评价指标的最小值。描述统计展示真实进入算法模型时，各分析项的样本量平均值和标准差等详见表6.8。

表6.8　　　　　　　　描述统计（创新策源潜力）

三级指标（含义）	样本量	平均值	标准差
Interval_1.0_2.0_省域属高校人工智能方向国家自然科学基金项目数量变动（项）	31	1.390	0.196
Interval_1.0_2.0_省域属高校人工智能领域产学合作协同育人项目数量变动（项）	31	1.279	0.239
Interval_1.0_2.0_省域属高校吴文俊人工智能科学技术奖数量变动（项）	31	1.769	0.184
Interval_1.0_2.0_省域属高校人工智能方向国家级学科竞赛获奖数量变动（项）	31	1.328	0.279
Interval_1.0_2.0_省域属高校出版人工智能方向著作数量变动（部）	31	1.590	0.176
Interval_1.0_2.0_省域属高校被知网收录的人工智能主题论文数量变动（篇）	31	1.275	0.183
Interval_1.0_2.0_省域属高校发表的人工智能国际论文数量变动（篇）	31	1.514	0.210
Interval_1.0_2.0_省域属高校申请的人工智能专利数量变动（项）	31	1.312	0.270
Interval_1.0_2.0_省域属高校授权的人工智能专利数量变动（项）	31	1.518	0.212
Interval_1.0_2.0_省域属10个新职业招聘数量变动（人次）	31	1.129	0.237
Interval_1.0_2.0_省域属人工智能企业数量变动（家）	31	1.215	0.277
Interval_1.0_2.0_直辖市和省会城市数字经济指数变动（分）	31	1.552	0.229

三　人工智能教育视域下高校创新策源效率评价分析

选择DEA-BCC模型评价人工智能教育视域下的高校创新策源效率。BCC模型（VRS）研究规模报酬可变情况时的投入产出效率情况，综合效益反映决策单元DMU要素的效率情况，该值＝技术效益×规模效益，且小于等于1。此外，松弛变量S－意义为减少多少投入时达目标效率，松弛变量 S+意义为增加多少产出时达目标效率。结合综合效益指标、松弛变量 S- 和松弛变量 S+ 这3个指标,可判断 DEA 有效性,如果综合效益=1且 S- 与 S+ 均为0,则 DEA 强有效;如果综合效益为1但 S- 或 S+ 大于0,则 DEA 弱有效;如果综合效益小于1,则为非 DEA 有效。

表6.9　　　　　　　　有效性分析及排序

省份	综合效益 OE (θ)	松弛变量 S-	松弛变量 S+	有效性	排序结果
内蒙古	1	0	0	DEA 强有效	1
吉林	1	0	0	DEA 强有效	1
黑龙江	1	0	0	DEA 强有效	1
江西	1	0	0	DEA 强有效	1
海南	1	0	0	DEA 强有效	1
重庆	1	0	0	DEA 强有效	1
云南	1	0	0	DEA 强有效	1
西藏	1	0	0	DEA 强有效	1
甘肃	1	0	0	DEA 强有效	1
青海	1	0	0	DEA 强有效	1
宁夏	1	0	0	DEA 强有效	1
新疆	1	0	0	DEA 强有效	1
河南	0.909	111.359	93.472	非 DEA 有效	13
河北	0.906	14.663	38.434	非 DEA 有效	14
山西	0.858	274.914	18.866	非 DEA 有效	15
贵州	0.835	34.133	446.067	非 DEA 有效	16
四川	0.732	5.338	58.211	非 DEA 有效	17
福建	0.685	272.953	179.537	非 DEA 有效	18
辽宁	0.683	188.396	420.65	非 DEA 有效	19
安徽	0.627	125.891	501.275	非 DEA 有效	20
山东	0.599	30.347	316.864	非 DEA 有效	21
湖北	0.574	1791.024	47.56	非 DEA 有效	22
湖南	0.55	452.128	1.768	非 DEA 有效	23
广西	0.527	4.313	42.283	非 DEA 有效	24
江苏	0.436	1813.804	18.846	非 DEA 有效	25
广东	0.424	687.203	853.267	非 DEA 有效	26

续表

省份	综合效益 OE（θ）	松弛变量 S −	松弛变量 S +	有效性	排序结果
北京	0.388	5763.929	971.923	非 DEA 有效	27
浙江	0.384	926.761	718.849	非 DEA 有效	28
上海	0.374	2651.872	110.828	非 DEA 有效	29
陕西	0.372	1098.035	32.068	非 DEA 有效	30
天津	0.346	408.029	49.936	非 DEA 有效	31

不同 DMU 决策单元的综合效益值详见图 6.1。其中，内蒙古、吉林、黑龙江、江西、海南、重庆、云南、西藏、甘肃、青海、宁夏、新疆 12 个省份的综合效益值等于 1，意味着 DEA 有效；北京、天津、河北、山西、辽宁、上海、江苏、浙江、安徽、福建、山东、河南、湖北、湖南、广东、广西、重庆、四川、贵州、陕西 20 个省份综合效益值小于 1，意味着 DEA 无效。

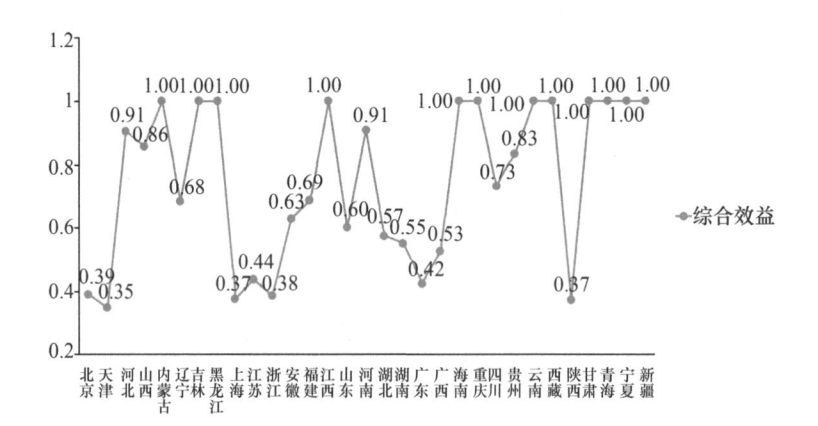

图 6.1 有效性分析

由有效性分析不难看出，内陆省（区、市）尤其是西北、西南、东北内陆省份的综合效益值普遍高于东南部沿海省（市）。通过分析"投入－产出"两端指标数据可知，诸如北京、上海、浙江、广东等教育、经济强省（市），在投入端的"省域属人工智能专业集群数量、省域属高校人工智能方向国家级项目经费总额、省域属高校人工智能专利申请数、省域属人工智能技术输入关系数及人工智能企业所在省（区、市）融资额"普遍是内陆省（区、市）的几十甚至百倍以上，而产出端的"人工智能企业核心人力资本来源的省域分布、省域属高校人工智能专利授权数、省域属人工智能技术赋能关系数、省域属人工智能上市企业数量及省域属智慧城市试点地区数量"与内陆省（区、市）的区别度没有投入端明显。因此，综合效益计算结果与东部教育、经济强省份的投入端要素资源冗余，与产出端跟进不足密切相关，具体表现为"短期极化投入"与"产出相对乏力"两现象暂时并存。反观，内陆省（区、市）投入端强度不足，但产出端与东部省份极化差距尚未形成，致使综合效应一时高于东部省份。以上可视作人工智能全链条萌芽期的特殊表现。

表 6.10　　　　　　　　　　投入冗余分析

省份	松弛变量 S-分析						投入冗余率				
	省域属人工智能专业集群数量（单位：个）	省域属高校人工智能方向国家级项目经费总额（单位：万元）	省域属高校人工智能专利申请数量（单位：项）	省域属人工智能技术输入关系数量（单位：条）	省域属人工智能企业融资额（单位：亿元）	汇总	省域属人工智能专业集群数量（单位：个）	省域属高校人工智能方向国家级项目经费总额（单位：万元）	省域属高校人工智能专利申请数量（单位：项）	省域属人工智能技术输入关系数量（单位：条）	省域属人工智能企业融资额（单位：亿元）
北京	0.000	849.358	20.446	0.000	4894.125	5763.929	0.000	0.072	0.138	0.000	0.388
天津	0.000	376.796	0.593	0.000	30.641	408.029	0.000	0.184	0.031	0.000	0.328
河北	7.213	0.000	7.450	0.000	0.000	14.663	0.313	0.000	0.372	0.000	0.000
山西	0.953	270.518	1.228	0.000	2.215	274.914	0.095	0.386	0.153	0.000	0.686
内蒙古	0.000	0.000	0.000	0.000	0.000	0.000					
辽宁	0.000	178.907	1.309	0.000	8.180	188.396	0.000	0.112	0.047	0.000	0.297
吉林	0.000	0.000	0.000	0.000	0.000	0.000					
黑龙江	0.000	0.000	0.000	0.000	0.000	0.000					
上海	0.000	1300.330	4.985	0.000	1346.557	2651.872	0.000	0.168	0.071	0.000	0.373
江苏	0.000	1317.535	9.265	0.000	487.004	1813.804	0.000	0.176	0.090	0.000	0.431

续表

省份	松弛变量S-分析						投入冗余率				
	省域属人工智能专业集群数量(单位:个)	省域属高校人工智能方向国家级项目经费总额(单位:万元)	省域属高校人工智能专利申请数量(单位:项)	省域属人工智能技术输入关系数量(单位:条)	省域属人工智能企业融资额(单位:亿元)	汇总	省域属人工智能专业集群数量(单位:个)	省域属高校人工智能方向国家级项目经费总额(单位:万元)	省域属高校人工智能专利申请数量(单位:项)	省域属人工智能技术输入关系数量(单位:条)	省域属人工智能企业融资额(单位:亿元)
浙江	0.000	0.000	7.451	0.000	919.310	926.761	0.000	0.000	0.102	0.000	0.381
安徽	0.000	77.270	0.243	0.000	48.378	125.891	0.000	0.061	0.012	0.000	0.566
福建	5.326	0.000	6.757	0.000	260.870	272.953	0.166	0.000	0.250	0.000	0.672
江西	0.000	0.000	0.000	0.000	0.000	0.000	0.000	0.000	0.000	0.000	0.000
山东	0.000	0.000	5.775	0.000	24.571	30.347	0.000	0.000	0.093	0.000	0.375
河南	55.394	0.000	55.965	0.000	0.000	111.359	0.589	0.000	0.643	0.000	0.000
湖北	0.000	1706.073	4.165	0.000	80.785	1791.024	0.000	0.394	0.079	0.000	0.498
湖南	0.000	376.988	2.629	0.000	72.512	452.128	0.000	0.174	0.071	0.000	0.529
广东	0.000	0.000	10.012	0.000	677.191	687.203	0.000	0.000	0.079	0.000	0.412
广西	1.305	0.000	3.008	0.000	0.000	4.313	0.100	0.000	0.231	0.000	0.000
海南	0.000	0.000	0.000	0.000	0.000	0.000	0.000	0.000	0.000	0.000	0.000
重庆	0.000	0.000	0.000	0.000	0.000	0.000	0.000	0.000	0.000	0.000	0.000
四川	0.000	0.000	4.960	0.000	0.378	5.338	0.000	0.000	0.076	0.000	0.008
贵州	0.000	0.000	0.074	0.000	34.059	34.133	0.000	0.000	0.012	0.000	0.470
云南	0.000	0.000	0.000	0.000	0.000	0.000	0.000	0.000	0.000	0.000	0.000
西藏	0.000	0.000	0.000	0.000	0.000	0.000	0.000	0.000	0.000	0.000	0.000
陕西	1.469	1091.502	5.064	0.000	0.000	1098.035	0.022	0.208	0.079	0.000	0.000
甘肃	0.000	0.000	0.000	0.000	0.000	0.000	0.000	0.000	0.000	0.000	0.000
青海	0.000	0.000	0.000	0.000	0.000	0.000	0.000	0.000	0.000	0.000	0.000
宁夏	0.000	0.000	0.000	0.000	0.000	0.000	0.000	0.000	0.000	0.000	0.000
新疆	0.000	0.000	0.000	0.000	0.000	0.000	0.000	0.000	0.000	0.000	0.000

投入冗余分析具体指各投入要素松弛变量 S- 的情况。具体来讲，松弛变量 S- 的意义为减少多少投入时达目标效率；投入冗余率指过多投入与已投入的比值，该值越大意味着过多投入越多；汇总项为要素的汇总值。比如，北京的省域属高校人工智能方向国家级项目经费总额、高校人工智能专利申请数量及人工智能企业融资额等投入要素松弛变量 S- 分别为 849.358、20.446 及 4894.125，汇总项为 5763.929，三者的投入冗余率分别是 0.072、0.138 和 0.388。显然，北京市在国家级项目经费、人工智能专利申请和人工智能企业融资投入较高，已超过目标效率状态下的实际需求。因此，可削减这三方面资源投入，避免投入端资源浪费或优势资源的极化重叠。其他各省份的数据表现分析以此类推。

表 6.11 产出不足分析

省份	人工智能企业核心人力资本来源的省域分布（单位：人）	省域属高校人工智能专利授权数量（单位：项）	省域属人工智能技术赋能关系数量（单位：条）	省域属人工智能上市企业数量（单位：家）	省域属智慧城市试点地区数量（单位：个）	汇总	人工智能企业核心人力资本来源的省域分布（单位：人）	省域属高校人工智能专利授权数量（单位：项）	省域属人工智能技术赋能关系数量（单位：条）	省域属人工智能上市企业数量（单位：家）	省域属智慧城市试点地区数量（单位：个）
北京	351.525	0.000	353.661	140.311	126.426	971.923	0.064	0.000	0.043	1.711	8.423
天津	0.000	0.000	34.764	1.542	13.630	49.936	0.000	0.000	0.070	0.384	1.702
河北	38.434	0.000	0.000	0.000	0.000	38.434	0.217	0.000	0.000	0.000	0.000
山西	0.000	0.000	18.484	0.382	0.000	18.866	0.000	0.000	0.113	0.378	0.000
内蒙古	0.000	0.000	0.000	0.000	0.000	0.000	0.000	0.000	0.000	0.000	0.000
辽宁	0.000	1.349	378.415	0.000	40.885	420.650	0.000	134.938	0.960	0.000	2.270
吉林	0.000	0.000	0.000	0.000	0.000	0.000	0.000	0.000	0.000	0.000	0.000
黑龙江	0.000	0.000	0.000	0.000	0.000	0.000	0.000	0.000	0.000	0.000	0.000
上海	0.000	0.000	0.000	28.801	82.027	110.828	0.000	0.000	0.000	0.872	20.456
江苏	0.000	0.000	0.000	0.000	18.846	18.846	0.000	0.000	0.000	0.000	0.428

续表

省份	松弛变量S+分析						产出不足率				
	人工智能企业核心人力资本来源的省域分布（单位：人）	省域属高校人工智能专利授权数量（单位：项）	省域属人工智能技术赋能关系数量（单位：条）	省域属人工智能上市企业数量（单位：家）	省域属智慧城市试点地区数量（单位：个）	汇总	人工智能企业核心人力资本来源的省域分布（单位：人）	省域属高校人工智能专利授权数量（单位：项）	省域属人工智能技术赋能关系数量（单位：条）	省域属人工智能上市企业数量（单位：家）	省域属智慧城市试点地区数量（单位：个）
浙江	689.948	0.000	0.000	11.704	17.197	718.849	0.705	0.000	0.000	0.254	0.661
安徽	0.000	0.000	476.462	0.000	24.813	501.275	0.000	0.000	0.863	0.000	1.127
福建	178.267	0.000	0.000	0.000	1.270	179.537	0.490	0.000	0.000	0.000	0.085
江西	0.000	0.000	0.000	0.000	0.000	0.000	0.000	0.000	0.000	0.000	0.000
山东	294.683	0.000	0.000	19.230	2.951	316.864	0.467	0.000	0.000	3.200	0.076
河南	91.102	0.000	0.000	2.370	0.000	93.472	0.407	0.000	0.000	0.591	0.000
湖北	0.000	0.000	41.075	0.000	6.485	47.560	0.000	0.000	0.059	0.000	0.405
湖南	0.000	0.000	0.000	0.000	1.768	1.768	0.000	0.000	0.000	0.000	0.068
广东	772.551	0.000	40.624	40.092	0.000	853.267	0.194	0.000	0.000	0.363	2.109
广西	36.645	1.722	0.000	0.000	3.915	42.283	0.733	172.217	0.000	0.000	0.261
海南	0.000	0.000	0.000	0.000	0.000	0.000	0.000	0.000	0.000	0.000	0.000
重庆	0.000	0.000	0.000	0.000	0.000	0.000	0.000	0.000	0.000	0.000	0.000
四川	0.000	0.000	45.177	4.913	8.121	58.211	0.000	0.000	0.049	0.491	0.301
贵州	263.676	0.000	176.367	6.024	0.000	446.067	5.274	0.000	0.501	2.997	0.000
云南	0.000	0.000	0.000	0.000	0.000	0.000	0.000	0.000	0.000	0.000	0.000
西藏	0.000	0.000	0.000	0.000	0.000	0.000	0.000	0.000	0.000	0.000	0.000
陕西	0.000	2.363	0.000	0.000	29.705	32.068	0.000	1.176	0.000	0.000	4.943
甘肃	0.000	0.000	0.000	0.000	0.000	0.000	0.000	0.000	0.000	0.000	0.000
青海	0.000	0.000	0.000	0.000	0.000	0.000	0.000	0.000	0.000	0.000	0.000
宁夏	0.000	0.000	0.000	0.000	0.000	0.000	0.000	0.000	0.000	0.000	0.000
新疆	0.000	0.000	0.000	0.000	0.000	0.000	0.000	0.000	0.000	0.000	0.000

在产出不足分析中,S+表示产出不足,即当前投入情况下可以提高产出量。具体来讲,松弛变量S+意义为增加多少产出时达目标效率;产品不足率指产出不足与已产出的比值,该值越大意味着产出不足越多;汇总项为要素的汇总值。同以北京为例,人工智能企业核心人力资本来源的省域分布、人工智能技术赋能关系数量、人工智能上市企业数量及智慧城市试点地区数量松弛变量S+分别为140.311、351.525、353.661及126.426,汇总项为971.923,三者的投入冗余率分别是0.064、0.043、1.711、8.423。因此,要采取相应举措,加大该区域高校对人工智能企业核心人力资源的培养力度,提高人工智能技术赋能体量,与创新链、产业链协同催生更多人工智能上市公司与龙头企业,助力当地政府继续申报、建设新一批的智慧城市试点项目。从数据来看,对后两者的产出扩大需求高于前两者。其他省份数据解读同理。

表6.12　　　　　　　　描述统计(创新策源效率)

评价指标	样本量	平均值	标准差
省域属人工智能专业集群数量(单位:个)	31	45.816	46.968
省域属高校人工智能方向国家级项目经费总额(单位:万元)	31	2030.913	2752.608
省域属高校人工智能专利申请数量(单位:项)	31	38.784	39.101
省域属人工智能技术输入关系数量(单位:条)	31	439.581	948.152
省域属人工智能企业融资额(单位:亿元)	31	731.143	2349.340
人工智能企业核心人力资本来源的省域分布(单位:人)	31	617.226	1185.856
省域属高校人工智能专利授权数量(单位:项)	31	7.042	8.796
省域属人工智能技术赋能关系数量(单位:条)	31	1049.194	1839.001
省域属人工智能上市企业数量(单位:家)	31	13.333	25.210
省域属智慧城市试点地区数量(单位:个)	31	15.913	9.662

描述统计显示,本研究使用的数据十分完整,可通过表6.12查看各评价指标的样本量、平均值及标准差。

第三节 人工智能教育视域下高校创新策源能力梯队分布情况

一 人工智能教育视域下高校创新策源能力梯队象限类型

本书结合熵权-TOPSIS法计算结果和DEA-BCC模型评价结果，将各省（区、市）高校创新策源浓度、高校创新策源浓度潜力和高校创新策源效率作为坐标轴，根据相对接近度和综合效益值的分布情况，用各省份在三个维度中的均值将分布空间划分为8个象限，详见图6.2。

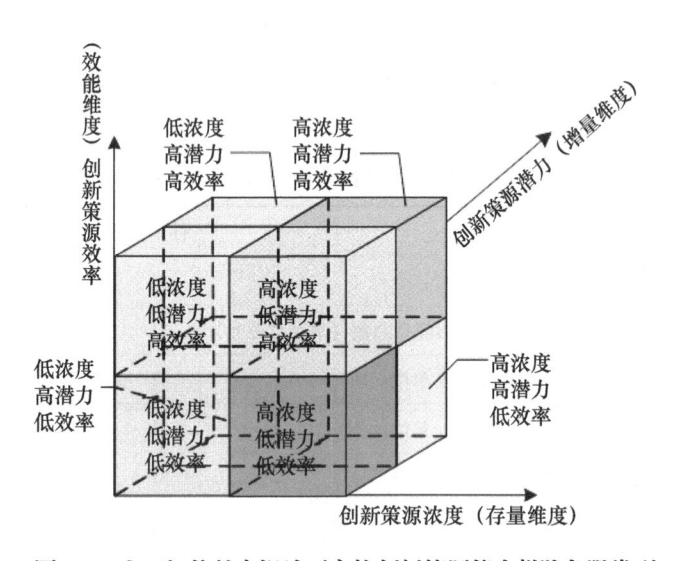

图6.2 人工智能教育视域下高校创新策源能力梯队象限类型

二 人工智能教育视域下高校创新策源能力梯队划分

最终运算结果集中分布在5个象限，即31省（区、市）分为5个梯队，分别是"高浓度—高潜力—低效率"梯队，"低浓度—高潜力—高效率"梯队，"低浓度—高潜力—低效率"梯队，"低浓度—低潜力—高效率"梯队和"低浓度—低潜力—低效率"梯队，如表6.13所示。分析结果显示，目前尚不存在"高浓度—高潜力—高效率""高浓度—低潜力—高效率"和"高浓度—低潜力—低效率"梯队。

表6.13　　　　人工智能教育视域下高校创新策源能力梯队分布

梯队	省份
高浓度—高潜力—低效率	北京、江苏、广东、上海、山东
低浓度—高潜力—高效率	河南
低浓度—高潜力—低效率	安徽、浙江、湖南
低浓度—低潜力—高效率	内蒙古、吉林、黑龙江、江西、海南、重庆、云南、西藏、甘肃、青海、宁夏、新疆、河北、山西、贵州
低浓度—低潜力—低效率	四川、福建、辽宁、湖北、广西、陕西、天津

三　人工智能教育视域下高校创新策源能力梯队地理空间分布特征

为便于分析，分别描绘出人工智能教育视域下高校创新策源浓度梯队地理空间分布图、高校创新策源潜力梯队地理空间分布图和高校创新策源效率梯队地理空间分布图，并基于最终结果统筹描绘出人工智能教育视域下高校创新策源能力梯队地理空间分布图。

在高校创新策源浓度方面，高浓度省份呈现出"三核驱动、局部聚集"的分布特征，东、南、北各有一片相对集中的高浓度区域。其中，东部沿海包括上海、江苏、山东3个省（市），南部沿海仅有广东1个省，北方区域为北京。从全局来看，高浓度省（市）的高等教育、数字经济和智能产业发展水平较高，地理区位与长三角、珠三角、京津冀核心区域相合，同时联通华北区域。"三核驱动"的高校创新策源格局有助于多点分配人工智能育人及创新资源，有利于规避"单核驱动"造成的"一家独热"风险，为高校创新策源活动的多点开花提供了广阔地理空间。从局部来看，高浓度省（市）便于汇集人才、技术、资金等创新要素，放大创新集约效应，催生智能成果，实施聚集式创新发展模式。同时，沿海高浓度省（市）向内陆外溢创新资源、辐射创新成果，促使人工智能创新要素涌向高校创新策源"资源低洼区"，推动高浓度省（市）资源聚集的"极化效应"逐步转变为要素传递的"溢出效应"，进而加速国内智能经济大循环。

在高校创新策源潜力方面，31省（区、市）在地理分布上呈现出"东强西弱、南北均衡、三核蔓延"的现实特征，高潜力省（市）集中分布在东、南、北、中等区域，分别是江苏、山东、广东、北京、上海、安徽、河南、浙江和湖南，其分布特征与省域经济产业发展水平基本保持一致。值得注意的是，高潜力省（市）完全覆盖高浓度省（市），且比高浓度省（市）范围更广，延伸区域均与高浓度省（市）毗邻。由于人工智能创新资源在沿海省域的快速累积和缓慢释放，中东部省（市）的人工智能全链条发展势头十分强劲，中西部广阔区域则未激发出明显的高校创新策源潜力。目前，教育链、创新链与产业链共生共荣的发展格局虽日益清晰，但中西部区域缺乏智能科技创新急需的高端产业和优势资源，中东部的新发展动能与中西部的低创新潜力之间缺乏有效的联通拉升机制。因此，仅依靠市场的自我调节难以脱离"马太效应"等负面影响，国内智能经济大循环和智能学科强发展需要"有为政府""有效市场""有益文化"协同发力，推动新学科、新知识、新人才、新技术、新岗位、新业态、新市场持续涌现，推动低潜力省份的结构性调整和高质量发展。

在高校创新策源效率方面，31省（市）在地理分布上呈现出"东南低、西北高"的现实特征，低效率省（市）集中分布在沿海和华中地区，高效率省（市）主要分布在东北、华北、西北、西南等区域。其中，低效率省（市）共15个，包括北京、江苏、广东、上海、山东、安徽、浙江、湖南、四川、福建、辽宁、湖北、广西、陕西和天津，沿海省（市）数量最多，共9个；高效率省（市）共16个，分别是河南、内蒙古、吉林、黑龙江、江西、海南、重庆、云南、西藏、甘肃、青海、宁夏、新疆、河北、山西和贵州，除了海南、河北两省，均不沿海。可见，经济强省的人工智能教育视域下高校创新策源效率普遍较低，经济弱省的高校创新策源效率则普遍较高。这是因为当前处于人工智能全链条初始发展阶段，东部经济、教育强省的人工智能资源要素投入量与引进量激增，无法快速产出高质量、大载量的新成果、新产品、新人才、新产业，从而造成"多投少产"的发展现状。而西部偏远省份的人工智能资源要素匮乏，本着节约型发展模式，产出零星成果，反而在短期内呈现出"少投精出"的发展现状，致使高校创新策源效率高于东部省（市）。随着人工智能全链条的常态化发展，东南部省（市）向西北地区辐射、扩散人工智能教育及创新资源，这种窘态将会改变。

基于高校创新策源浓度、高校创新策源潜力与高校创新策源效率三个维度，31省份高校创新策源能力水平划分至5个梯队，分别是"高浓度—高潜力—低效率"梯队、"低浓度—高潜力—高效率"梯队、"低浓度—低潜力—高效率"梯队、"低浓度—高潜力—低效率"梯队与"低浓度—低潜力—低效率"梯队。其中，"高浓度—高潜力—低效率"梯队省（市）地理空间分布特征与高浓度省（市）的分布特征保持一致，即"三核驱动、局部聚集"，具体包括北京、江苏、广东、上海与山东5个省（市）。"低浓度—高潜力—高效率"梯队仅有河南1个省份，分布特征为"衔接东西、贯通南北"。"低浓度—高潜力—低效率"梯队省份为3个，分别是安徽、浙江和湖南，地理空间分布特征为"各居长江南部、长江下游"。"低浓度—低潜力—高效率"梯队省份较多，共计15个，地理空间分布特征为"东北华北相连、西北西南相望"。"低浓度—低潜力—低效率"梯队省份则有7个省份，分别是四川、福建、辽宁、湖北、广西、陕西与天津，地理空间分布特征为"南北均衡、分散相间"。

第四节　人工智能教育视域下高校创新策源使命及实现路径

"低浓度—高潜力—高效率"和"高浓度—高潜力—低效率"梯队分别在存量层面和效能层面存在短板，"低浓度—低潜力—低效率"和"低浓度—低潜力—高效率"分别在增量层面和效能层面存在优势，"低浓度—低潜力—低效率"梯队则在三个维度中均处于劣态。可见，5梯队省域高校分划至三大类别，且相应省域高校的优势依次降低，各维度劣势逐步显现。同时，优质的人工智能教育资源在本省的持续积累会造成教育资本回报率走低，促使优质资本向资本匮乏的省份溢出，可再度提升回报率。因此，明确各省域高校所属梯队及各梯队的创新策源使命，高效融通各梯队教育链、创新链和产业链，推进创新要素和人工智能育人资源从"两高一低"梯队向低层级梯队充分涌动，有助于化解我国数字经济、智能产业发展不平衡、不充分和教育资源分布不平衡、不充分等现实问题。

一　"高浓度—高潜力—低效率"梯队高校创新策源使命及实现路径

根据评价结果可知，北京、江苏、广东、上海、山东5个省（市）

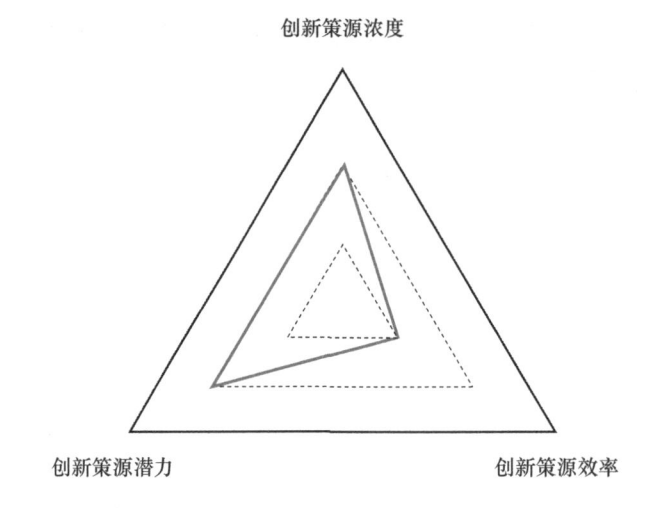

图 6.3　"高浓度—高潜力—低效率"梯队高校创新策源能力模型

属于"高浓度—高潜力—低效率"梯队。在浓度表现方面，北京、江苏作为教育大省（市），高等教育资源极为丰富，分别拥有互联网产业和先进制造业先天优势，能够在人工智能教育链和产业链双侧提供创新与教育资源。广东受益于大湾区建设和珠三角经济带双重加持，但被省内三四线城市稀释后，高校创新策源浓度略低于北京、江苏。同样作为直辖市，上海在人工智能领域的教育资源浓度相比北京较低，与广东较为接近。山东整体表现尚好，稍逊于以上4个省份。在潜力表现方面，江苏、山东、广东、北京、上海由高到低排布，形成了各具特色的产学研合作机制，能够为高校创新策源活动持续赋能，确保创新策源潜力处于较高水平。在效率表现方面，东部沿海省份为赢得发展先机，借助自身创新资源广度、高校教育资源厚度、地方财政支持力度，在短期内聚集起大量的人工智能内生资源，从美国、德国、日本等智能制造业发达国家引入了充足的外生资源，两方面资源的快速堆砌迅速拉高了本区域的资源浓度，并呈现出资源极化聚集效应，激发了高校创新策源活动服务人工智能全链条不断发展的强劲动能。然而，正是由于两方面资源的极化聚集，高校无法立刻将过量的资源势能有效转化为人工智能需求侧的终端输出，很难在短时间内产出大量高质量技术成果，培育出符合智能产业发展需求的交叉学科创新人才，进而造成高校创新策源效率的低下。

因此,"高浓度—高潜力—低效率"梯队的高校创新策源使命主要包括三点:一是向其他省份辐射泄能,改变目前资源极化聚集的现状,传导破解欠发达地区人工智能创新资源稀缺的困局。二是不断提升高校创新策源效率,避免因人工智能创新资源的大量囤积而导致的浪费。依据发展目标预判内生资源和外生资源的体量与比例,瞄准投入端实际需求,确定各阶段智能学科群建设、专利转移转化、专项投融资、对口技术攻关与引进等工作重点,主动用"挖深井"替换"摊大饼",避免盲目扩张、过度投入、过量引进。三是强化基础创新能力、极限突破能力、业态衍生能力等创新能力,进一步提升引领作用,主动向"高浓度—高潜力—高效率"梯队转型,成为中国人工智能全链条发展的创新引擎。

该梯队高校创新策源使命的实现路径有三条:一是强化基础研究能力,成为人工智能原始创新策源地。原始创新是驱动者梯队保持创新活力的必要条件,目前该梯队的智能类科技创新主体以企业为主,主攻基础研究的高校相对薄弱,因此需要加快推进高水平研究型大学建设,多路径发展新兴学科、交叉学科,努力实现与科技企业的深度合作,促使创新思想通过完备的创新链条快速落地。二是紧紧围绕国家创新瓶颈攻关核心智能技术,拓展更多创新空间。高校应扭转传统的知识生产理念,推动交叉融合学科背景下的知识生产方式变革,探索新技术、新手段,解决新难题,促进新发展,努力在"创造经典"和"突破极限"等方面有建树、有突破,避免传统优势学科的单向发展,促进既有学科专业的智能化升级,分阶段、规划性地推动本梯队省份知识外溢、技术输出、产业转移、人才反哺,将数字赋能、智能产业发展的部分任务转移给低层级梯队省份。三是积极构建创新产业生态,打造多主体联动创新业态。该梯队省份应注重政策引导、创新氛围营造、从业者素养提升、创新资源持续加持,促进教育链、创新链、产业链中各类创新要素高效流通、深度融合,推动"创意"升级为"创造",不断提升本省人工智能产业竞争力、辐射带动力和业态衍生力,始终保持高校创新策源供给侧、贯通侧和需求侧良性共振。

二 "低浓度—高潜力—高效率"梯队高校创新策源使命及实现路径

创新策源浓度

创新策源潜力　　　　　　　　创新策源效率

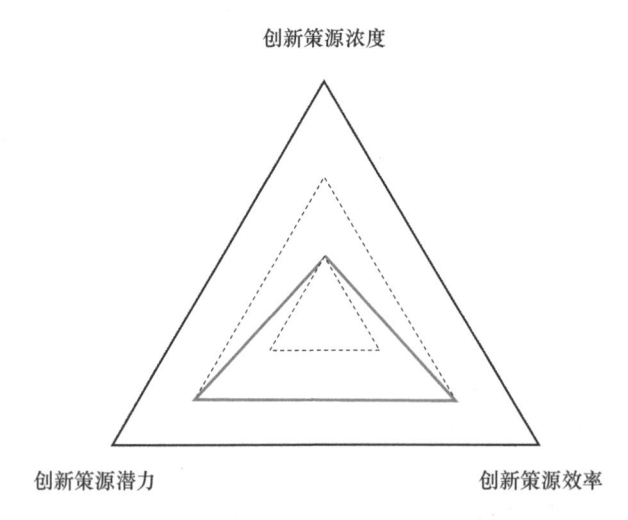

图 6.4 "低浓度—高潜力—高效率"梯队高校创新策源能力模型

根据分析结果可知,河南是唯一 1 个 "低浓度—高潜力—高效率" 省份。在高校创新策源浓度方面,河南人工智能教育资源与创新要素浓度表现一般,位于 31 个省份的第 11,不具有明显的资源聚集优势。但在高校创新策源潜力方面仅次于安徽,位于第 7,表现出了较为强劲的发展态势,这说明在资源未充分聚集的前提下,河南挖掘出较强的高校创新策源潜力。值得注意的是,河南的高校创新策源效率较高,有效利用现有资源开展高校创新策源活动,既有主动识变、主动求变、主动发展的战略举措,也有力推动了人工智能全链条朝着预期目标齐头迈进,形成了 "潜能型 + 效能型" 范式雏形。出现这种发展态势的原因是:一方面,由于河南的区位优势不足,技术输入方式以东部省份向中部省份传导为主,同时自身对人工智能强势教育与创新资源的积累不够,相应基础学科发展水平滞后,造成高校创新策源浓度较低。另一方面,河南近年来紧盯人工智能领域的科技创新和产业发展,尤为重视数字产业的预期价值和智能技术对全产业的赋能作用。比如支持高校建设 "智能 +" 学科专业群,主持、参与人工智能领域国家重大攻关项目;引入研发机构、龙头企业和羚羊企业,大力推动产学研深度合作;涵养小微企业的发展潜势,释放企业梯队集群效应,为本土学生留豫返豫奠定产业基础,等等。

因此,"低浓度—高潜力—高效率"梯队的高校创新策源使命主要是:基于当前的战略规划与发展范式,加大技术输入力度和资源要素引进幅度,建设好新一代人工智能创新发展试验区,助力"平台—学科—项目—人才—技术"等育人资源全提升,"新型就业—智能产业—数字城市"等氛围营造共加强,催生一大批量子信息、智慧交通、智能制造、机器学习等前沿领域研发成果,促进人工智能科技人才队伍和企业群的发展壮大,推动智慧城市与数字乡村协调发展,力求通过人工智能先进技术的快速落地实现省域发展的弯道超车。

鉴于该梯队省份创新基础相对薄弱,而创新增长速率和效率较为突出,建议高校创新策源使命的实现路径如下:一是基于省份自身的比较优势与先天禀赋,探索差异化创新发展路径。借助国家重大科研项目实施,带动区域科技创新链构建,例如以部分军民融合产业为撬点,引进兴建高新技术企业与科研机构,结合自身优势发展人工智能、大数据产业等。在此基础上,依托政策通道搭建完善的配套设施,促使创新增长动力赋能地方产业经济,利用社会多元合力将高校创新策源潜力和效率沉淀为创新实力。二是贯通创新成长路径,构建智能化、综合化创新示范产业园。在发展本土科技企业的同时,积极引资引智,构建多领域大融合强贯通创新生态环境,加快高校智能类交叉学科、孵化器、加速器等学科平台建设,进一步完善科技、金融、咨询等配套服务,为人工智能企业提供体系化、个性化支持方案。三是坚持生态创新理念,推动产业链数字化升级和智能化改造。着力推动制造业数字化转型和生产性服务业升级,实现资源密集型企业向技术密集型企业转变,推动轻重工业向"一带一路"共建国家输出产能,为智能科技产业创新升级提供更大发展空间。

三 "低浓度—高潜力—低效率"梯队高校创新策源使命及实现路径

根据分析结果可知,"低浓度—高潜力—低效率"梯队的省份共3个,分别是安徽、浙江和湖南。该梯队省份的高校创新策源浓度和效率普遍

创新策源浓度

创新策源潜力　　　　　　　　创新策源效率

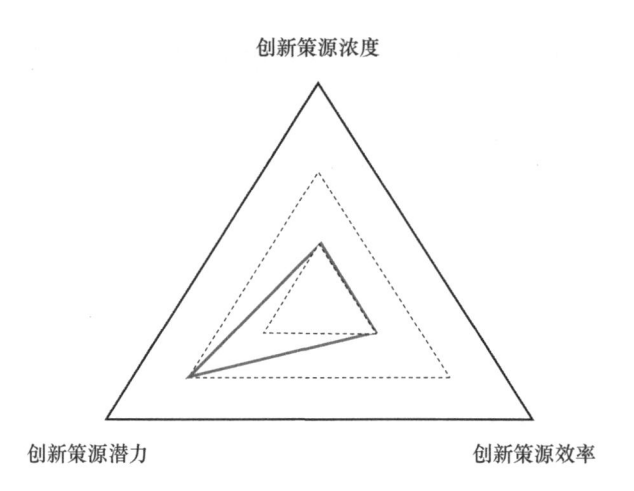

图 6.5　"低浓度—高潜力—低效率"梯队高校创新策源能力模型

较低，但高校创新策源潜力较高。造成这种现状的原因主要有三点：一是在高校创新策源浓度方面，该梯队省份呈现出省会城市与副省会城市资源富足、省内其他城市资源较为匮乏的发展现状，但省内大多数地级市人工智能教育与创新资源水平较低，拉低了省域资源浓度均值。二是在高校创新策源潜力方面，安徽、浙江、湖南陆续发布一系列数字经济和智能产业推进政策，招商引资开放度和数字经济扎实度不断提升，形成了省会带动、城市群跟进的发展潜势。其中，安徽初步形成以合肥、芜湖、马鞍山为城市代表的人工智能产业集群，搭建了合肥综合性国家科学中心人工智能研究院、"中国声谷"和中国科大类脑智能技术及应用国家工程实验室等多个国家级研发平台，激发出科大讯飞、京东方、蔚来等头部企业强劲的发展势头，为高校人工智能成果落地、人才落户带来新契机；浙江以浙江大学、阿里巴巴、之江实验室领衔的智能创新链逐步加深，杭州未来科技城为人工智能科技创新夯实基础，互联网产业的庞大底蕴为人工智能产学研深度合作带来新风向；湖南持续建设算力基础设施，高标准运行湘江实验室和湖南韶峰应用数学研究院，倾力打造世界计算·长沙智谷项目，吸引人工智能企业落户省级产业园，进一步与高校"智能+"学科专业群高频互动，协同发展。三是在高校创新策源效率方面，高校人工智能教育的发展、智能产业园区的广泛落地以及传统产业的智能化转型虽压实了智能领域的创新基础，但资源的快速聚集无法在短期内催化出大批高质量智能类知识产出、技术产出和产品产出，造成高校创新策源效率较低。

因此，"低浓度—高潜力—低效率"梯队的高校创新策源使命主要有两点：一是形成以省会与重点城市为第一能级、其他地级市紧跟智能产业发展大势的崭新格局，主动从省会和重点城市引入吻合自身产业类型和转型需求的人工智能学科团队、创新资源和方案模式，承接好省会和重点城市下移的资源项目，协同提升省域高校创新策源浓度。二是向沿海发达省份交流借鉴"效能型"发展模式，拉升高校创新策源活动的投入产出效率，推动教育链、创新链、产业链共振同频、协同转化、高效用能。

该梯队高校创新策源使命的践行路径有三条：一是提高创新辐射能力，成为创新增长极。推动成熟产业向省内普通城市或周边省份扩散，进一步优化自身产业结构，凸显人工智能创新发力点。既要关注省内产业结构分工，也要注重所在片区产业体系协同，力争在创新要素聚合过程中由被动吸引转向主动引导，打通省内省际育人、创新共享渠道，将单核驱动的省内极化资源流通转变为双赢共进的双向互通，实现更大范围、更多链条的创新要素循环。二是推动科研成果转移转化，构建产学研政用协同创新生态。完善知识产权保护制度、科研激励机制和技术交易市场规则，打通人才、信息、技术、资金等创新要素流通堵点，加大各类创新主体的科技成果交流频率，持续优化创新资源配置，避免创新资源的囤积与浪费，尽快探索出人工智能全链条多投入、高产出运行模式，构建知识流、资金流、人才流、专利流和技术流良性循环格局。三是提高城市开放质量，充分融入"双循环"，注重外国直接投资与进出口贸易带来的技术溢出效应与学习效应。"双循环"新发展格局需要高水平对外开放，在吸引外资、引进先进技术设备的进程中提高自主创新能力，将外贸带来的经济红利转化为技术红利，最终转化为创新红利，实现人工智能核心科技竞争力和自主创新能力双提升。

四 "低浓度—低潜力—高效率"梯队高校创新策源使命及实现路径

根据分析结果可知，"低浓度—低潜力—高效率"梯队的省（区、市）共15个，分别是内蒙古、吉林、黑龙江、江西、海南、重庆、云

创新策源浓度

创新策源潜力　　　　　　　　创新策源效率

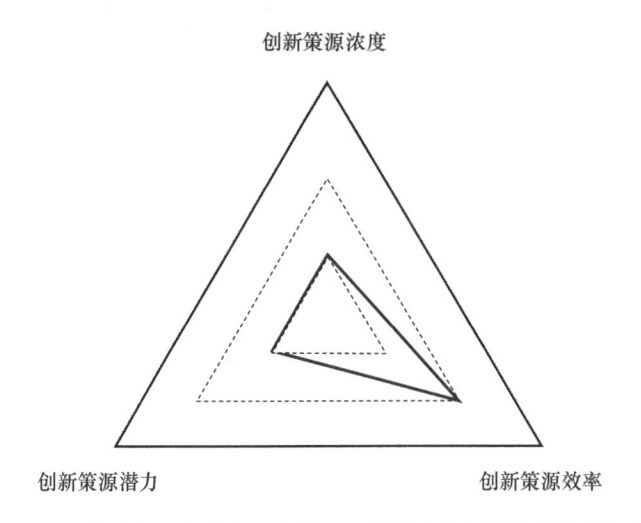

图 6.6 "低浓度—低潜力—高效率"梯队高校创新策源能力模型

南、西藏、甘肃、青海、宁夏、新疆、河北、山西和贵州。该梯队省份的高校创新策源浓度普遍较低，高校创新策源潜力难以为继，但高校创新策源效率却普遍较高，究其原因：一是从地域分布来看，该梯队省份大多数位于东北、西北、西南等内陆或偏远地区，省域经济产业水平普遍落后，内生资源储备薄弱，外生资源引入乏力，缺乏创新要素的聚集效应，人工智能教育与创新资源在这些省份呈现出极高的稀缺性。二是该梯队省份创新体系布局分散，区域协同和一体化水平欠佳，缺乏深层次融合和核心支撑项目，难以分阶段涌现突破性创新极，致使财政实力薄弱，高等教育发展滞后，高端人才队伍匮乏，人工智能创新要素难以支撑创新主体持久推动高校创新策源活动。三是该梯队省份"穷则思变"，积极践行"实用主义"，基于为数不多的现存资源，取得了相应不错的创新策源成效，最终塑成了"双低——高"的发展态势。

对于"低浓度—低潜力—高效率"梯队而言，应践行"引能造能、节能储能、高效用能"的高校创新策源使命，在保持高效率生产模式的同时，努力在拉升高校创新策源浓度和潜力上下功夫。一是引能造能。与东部人工智能资源密集的省份建立结对联动机制，承接发达区域积蓄的过量新资源、新要素，增强本省份人工智能领域的科研创新与产业助推能力，使外省输入与本省积淀的资源交叉叠加，提升区域内人才、技术、专利、资金等要素的沉积浓度。二是节能储能。因该梯队省份位于中西部地区，即便在后期发展中会积累不少人工智能资源，但受限于区位劣势，很难出现创新资源野蛮生长的势头，所以要继续做实用派和务实者，节约用能，储备新能。三是高效用能。全力实施"复制成长战略"，引进东部沿海省份的高校人工智能教育模式、人工智能产业发展模式和数字经济发展模式，保证智能学科专业群和智能产业先发展起来，再寻求"国字头"突破和关键技术攻关，维持并稳步提升当前的投入产出效率。

该梯队高校创新策源使命的践行路径有三条：一是培育多元创新主体，形成智能升级崭新局面。由政府规划发展战略，核心智能企业释放创新动能，市场和社会构建支撑环境，全面激活各类创新主体的发展潜能，分步骤推动高等教育、传统产业智能化升级。力争由产业协同带动创新协同，吸纳外省人工智能企业释放的技术势能，推动省际创新要素良性互动，带动本省中小企业数字化转型，不断增强人工智能产业链强度，形成产业协同竞争力，为校企合作奠定扎实基础。二是推动项目制创新模式，倾斜性攻关智能技术。该梯队省份的教育体系以传统学科专业为主，产业构成以传统产业为主，在新一轮创新竞争中缺乏前端性项目、人才、技术驱动。为提升整体创新水平，节约利用有限资源，应借助倾斜政策和专项资金开展有组织的科研攻关，有效激发创新主体的内生动力。三是打造创新都市圈，推动核心城市向省内其他地区泄能赋能。引导省会城市深耕优势领域，主动释放省会及核心城市的智能科技创新势能，向周边地区输出技术与产能，促使创新成果显化为经济效益，提高全省智能创新经济含量，逐步形成多座新兴创新城市，推动省域都市圈跨越式发展。

五 "低浓度—低潜力—低效率"梯队高校创新策源使命及实现路径

根据分析结果可知，"低浓度—低潜力—低效率"梯队的省（区、市）份共7个，分别是四川、福建、辽宁、湖北、广西、陕西和天津。该梯队省份的高校创新策源浓度、潜力和效率普遍较低。造成这种现状的原因主要是：该梯队省份普遍表现出"居弱而不思进"的窘态，既没有沿海省（市）的先天区位优势，也缺乏偏远省份践行的"实用主义"，导致高校创新策源低浓度、低潜力、低效率三态并存。

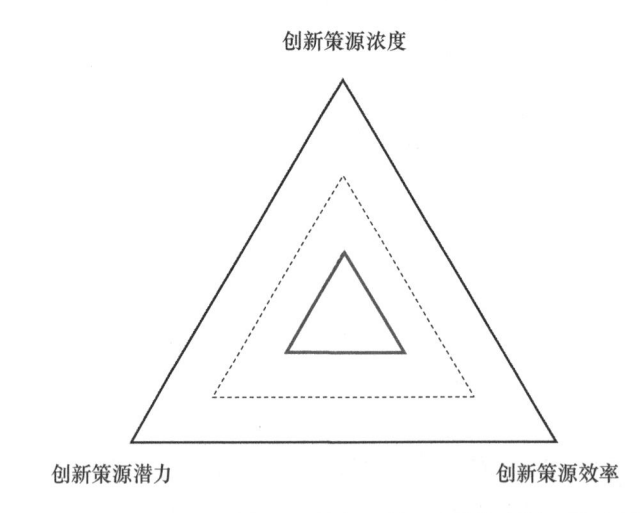

图 6.7 "低浓度—低潜力—低效率"梯队高校创新策源能力模型

因此,"低浓度—低潜力—低效率"梯队的高校创新策源使命主要有三点:一是提升高校创新策源浓度。在高校创新策源浓度方面,该梯队7个省份的相对接近度虽都位于均值以下,但在总体排名中,辽宁第6、四川第7,处于低浓度梯队的前两位,陕西第11、湖北第13、天津第15、广西第17、福建第19,位次均强于西北、西南省份,应在此基础上,进一步聚集各类创新要素,提升资源禀赋。二是提高高校创新策源潜力。在总体排名中,陕西第11、四川第13、湖北第14、天津第16、福建第17、广西第20、辽宁第30,除了辽宁,其他省份的排位居中。该梯队省份应争先进位,明确长期发展战略,巩固常态化发展机制,持续产出智能技术成果,培育数字化人才,推动人工智能产业健康发展。三是提高高校创新策源效率。在综合效益排序方面,四川第17、福建第18、辽宁第19、湖北第22、广西第24、陕西第30、天津第31。该梯队需进一步提升智能领域人才、成果、技术等产出效率,采用绿色、低碳、智能模式开展高校创新策源活动,推动投入端要素向产出端成果高效转化。

该梯队高校创新策源使命的践行路径有三条:一是扭转理念,快速跟进。该梯队省份的人工智能教育与创新资源基础尚可,需尽快强化人工智能领域优先发展理念，放大当前资源的聚集效应，叠加内生资源与外生资源，累积创新资源势能。二是复制模式，抢抓机遇。该梯队省份可与江苏、广东、北京、上海等高校创新策源潜力较大的省（市）建立联系与帮扶机制，复制、引进常态化发展模式，打造一批贯通感强、融合度高的人工智能产学研合作平台，推动人工智能领域不断涌现新成果、新人才、新技术、新产品。三是发挥优势，特色发展。该梯队在当前发展阶段需要面对的一个重要问题就是智能领域育人体系、产业结构缺乏特色，因此需要结合省域高等教育水平、资源类别与产业基础，构建特色发展模式，锁定擅长领域方向，形成各具特色的发展模式。

六　理想目标："高浓度—高潜力—高效率"梯队

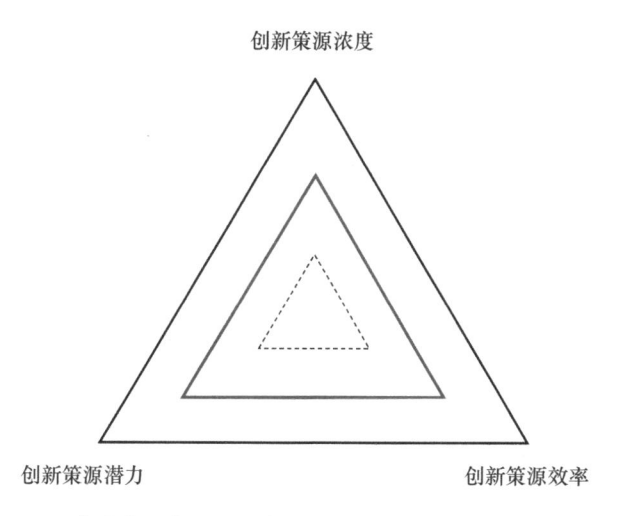

图6.8　"高浓度—高潜力—高效率"梯队高校创新策源能力模型

根据评价结果可知，当前不存在"高浓度—高潜力—高效率"梯队。在下一发展阶段，伴随资源投入的理性回归和效能跃升的目标推进，或将出现一批"高浓度—高潜力—高效率"梯队省份。该梯队省份在人工智能全链条发展进程中扮演着"驱动器"和"能量源"的重要角色，并起到三点重要作用：一是为其他梯队省份辐射、传递、释放优质资源，二是为其他省份高校常态化、持久性开展人工智能领域的创新策源活动提供可示范、可推广的运行机制，三是遵循绿色低碳、高效低耗的原则开展高校创新策源活动。总之，该梯队省份除了向其他省份蔓延、散溢要素资源，提供、推广发展机制，更应下好先手棋，探索出"聚能型＋潜能型＋效能型"最佳发展范式，为其他省份高校培养人工智能人才、产出前沿智能成果、推动智能产业升级、融入智慧城市发展提供经验和启示。

第五节 本章小结

本章主要进行了高校创新策源能力评价实证研究。首先，详细介绍了高校创新策源能力的评价方法、特征及步骤，本研究选择熵权－TOPSIS 法评价高校创新策源浓度和高校创新策源潜力，运用投入导向的规模收益可变模型，即 DEA-BCC 模型评价高校创新策源效率。其次，结合上一章节选取的截面数据，对人工智能教育视域下的高校创新策源能力进行实证研究。然后，结合评价结果，分析了人工智能教育视域下高校创新策源能力梯队划分情况及地理空间分布特征，分别刻画出人工智能教育视域下高校创新策源浓度、高校创新策源潜力、高校创新策源效率及高校创新策源能力梯队地理空间分布图。最后，针对各梯队特点，明确了人工智能教育视域下高校创新策源使命及实现路径。

第七章

人工智能教育视域下高校创新策源能力的提升策略

当前,产业高端化、智能化、数字化需求强烈,高等教育助力经济产业发展的使命凸显,科技成果赋能经济社会高质量发展的能级跃升。面对全球科技革命新的机遇期,应明确人工智能教育视域下高校创新策源能力的提升策略与路径,放大高等院校新兴学科集群的创新策源效应,为区域、行业发展提供智力支持。本书将从高校创新策源能力的三个维度靶向拟定提升策略,即人工智能教育视域下高校创新策源浓度提升策略、人工智能教育视域下高校创新策源潜力提升策略和人工智能教育视域下高校创新策源效率提升策略。

第一节 人工智能教育视域下高校创新策源浓度提升策略

核心学科、核心专业、核心课程是人工智能教育视域下高校创新策源浓度跃升的先手棋,各类高端平台、育人载体的打造以及支撑学科、支撑专业、支撑课程等要素的产生,紧紧依托学科、专业、课程基石,并传导带动扶持浓度、人才浓度、产业浓度、环境浓度的提升。因此,本着溯源培基的思路,本书提出以下具体举措。

一 强基蓄势,加快人工智能一级学科建设

人工智能技术已成为计算机研究中的前沿热点领域,对人们的工作

生活方式和思维模式产生了巨大的冲击，并促进了以物互联信息、虚拟现实、大数据分析技术等为代表的新智能技术的发展。未来科技将会对经济社会发展产生重要影响，诸多发达国家将人工智能技术部署为增强国家实力、保障国家安全的战略性科技。在科技驱动社会发展的大背景下，以智能学科培育的研究型和技术型人才将覆盖多个关键领域，为经济产业发展培养出新的增长点，也为中国传统产业转型升级带来智能活力，故而人工智能学科建设具有普遍性需求。与此同时，人工智能技术将对相关传统学科建设与发展产生催化作用。在早期发展阶段，学界一般都把人工智能归为计算机技术的一个重要学术分支，但现代人工智能范畴已超出狭义的计算机技术范畴，且与大数据分析、心理学、脑科学、语言学等领域存在紧密关联。当前的人工智能学科研究范围涵盖认识表示、自动判断和检索方式、机器学习和感知信息提取、人类自然语言信息处理、计算机视觉、智能机器人、自主程序设计等方面。因此，有必要将人工智能作为独立的一级学科进行建设，既能够符合当前人工智能技术的时代发展需要，也能及时吸收计算机科学、数据分析科技与大数据分析、软件工程、大脑感知科学技术、语言学、仿生学等领域的交叉性知识，助力协同研究。

自国务院办公厅印发《新一代人工智能发展规划的通知》以来，人工智能科技前沿领域的理论研究成果逐步受到高等教育界广泛关注。国家社会科学基金委专门且开创性地增加了人工智能学科代码，设置了人工智能与高性能计算机、自动化和控制科学等若干应用学科领域的交叉项目，加速推进我国人工智能学科研究方向的课题申报与后续研究，为相关高端科研人才梯队建设夯实体制机制基础。高校作为科研创新的重要策源地，应以《关于"双一流"建设高校促进学科融合加快人工智能领域研究生培养的若干意见》为规划遵循，把牢校企协同建设人工智能示范性人才培养学院工程和产业应用技术场景平台的机遇，在引领国家前沿学科建设、平台机制建设优化和创新场景培养育人等方面作出应有的贡献。"四步走"建议如下。

一是明确作用、认清价值。从探索智能化教育学习新场域的概念出发，深度分析人工智能对智能学习场域模式变革起到的推进作用，阐明其在智能化教育建设中的效用，明确人工智能一级学科的基本样态与本质特征，定义人工智能一级学科的核心内涵与价值外延。

二是把握规律、酝酿体系。统筹考量不同学习阶段、不同专业类别学生群体接受人工智能教育的表现、成长目的及规律，探索受教群体与人工智能教育资源创新融合的路径机制与方法，并尝试从高等教育系统角度出发，推动工科院校或以工科见长的高校分阶段分梯队逐步搭建起具有中国创新特色及优势的人工智能一级学科教育体系。

三是锚定目标、着力育人。人工智能一级学科的育人目标是培养系统掌握人工智能科学技术理论与技术、具有高度现代创造意识与创新素质的复合型高端人才，此类人才同时具备优秀的思维道德修养、探索创造精神、奉献精神，以及良好的自主学习能力、思辨能力和沟通学习能力等素质。

四是拓展外延、强化研究。人工智能一级学科不再像传统学科一样局限于本学科，它对各一级学科之间的界限感更为模糊，培养的学生应同时具备计算机技术、数理统计、大数据科学、智能硬件设计等基本知识和专业技能，也要善用传感网、物联网、机器学习、深度学习等新知识技术，并在高新技术产业应用中广泛开展前沿智能技术理论研究、智能工具与软硬件应用系统开发、现代智能技术管理研究和创新教学指导等工作。

二 多点拱卫，构建以人工智能专业为牵引的"智能+"专业集群

伴随人工智能技术在高等教育领域的进一步延伸，高等教育生态面临重构，催生师生新思维、新思想的变革性育人路径愈发多元，科学研究模式也将拥有更多变革机遇。以人工智能、大数据等专业为牵引的构建"智能+"专业集群，要突破传统的灌输式教学方法，注重提升师生的智慧素养、创新意识和创造能力，同步一级学科发展，发挥自身育人功能，具体包括"关键六招"。

一是基于技术基础推动"智能+"专业集群建设。"智能+"专业集群应遵循人工智能一级学科发展脉络，充分挖掘人工智能技术在经济产业发展中的应用价值。具体来讲，学校应以现代人工智能技术为硬核基础，重点参照本校或兄弟院校"新工科"优势、特色专业建构经验，推动人工智能类专业单点开花，不再以"绿叶"专业的形式存在，同时深

化人工智能类专业与传统专业的嵌入式结合，催化人才培养的创新性、实践性和系统性变革，跃升学生应对系统复杂工程问题的研究与实践能力，吻合数字产业、智能技术发展需求。

二是基于思维扭转推动"智能+"专业集群建设。"智能+"专业集群是"智能+"思维时代环境下，将人工智能技术、"互联网+"思维等要素统筹融入高等教育序列的时代产物。具体来讲，建立"智能+"专业集群应汇聚多学科思想内涵，主动探索创新性培养范式，及时调整、优化现行教学管理模式，注重培育学生的基础学科学习能力与综合素养，利用创新性实验能力训练充分释放学生的创新潜质。

三是基于学科特点推动"智能+"专业集群建设。"智能+"专业集群是以智能科学与技术、大数据、数据科学与大数据技术、机器人工程、人工智能、大数据管理与应用、智能制造工程、智能医学工程等专业为内核，相关"智能+"专业为外延而组成的有机体系，所以"智能+"专业并非仅在原有专业基础上机械式加入一些高新技术成分便转化成为"智能+"专业，而是需要深刻分析自身专业学科特点，准确把握专业建设方向，一体推进教学实验系统、师资队伍等软硬件建设。同时，要充分彰显学校优势学科特点，有选择地推动传统优势专业与人工智能技术相融合，有计划地挖掘相关专业的人工智能研究方向，有规律地新建自身学科实力能够支撑的内核专业，进而构建集优势专业与新建专业于一体的"智能+"专业集群。

四是基于学生特征推动"智能+"专业集群建设。"智能+"专业集群建设要吻合学生的认知水平和能力层级，用个性化、差异化的培养方案代替一刀切的培养计划，并在教学过程中依据学生反馈及时调整育人策略，引导学生深刻领会"智能+"专业的思想要义、知识要点和技术要领，充分掌握所学专业的社会应用需求，主动强化智能化、数字化、网络化思维，不断激发学习实践和研究探索的主动性。

五是基于产教融合推动"智能+"专业集群建设。高校与企业在人才培养结构上具有互补空间，通过产教融合，可有效达成互惠共赢的人才培育成效。具体来讲，加强"智能+"专业集群建设，既要注重专业内涵建设、课程体系构建，也要紧贴产教融合资源。企业接近市场端，能有效预期和准确把握市场演化趋势和客户群智能化需求，同时企业在竞争发展中积累了大量"智能+"创新案例、技术、专利、数据和经验等研究资料。由此，产教融合能催化科研与实践深度融合，为人工智能产业注入活力，为"智能+"专业集群建设增添动力。

六是基于多元评价推动"智能+"专业集群建设。单纯沿用基于知识点测试的评价考核模式不适用于"智能+"专业集群课程评价，建议将评价内容分为"智能+"专业学习积累、资源输入、研究进度与实践成果等多个部分，相应的教学评价工作不局限于是否完成预先设定的教学绩效评价目标，而是进行多元化发展的效果评价，为育人体系决策优化提供各类信息支撑。

三　优化支撑，完善人工智能课程体系

人工智能产业正处于快速发展阶段，与之对应的人工智能教育则存在一定程度的错位与脱节，尤其在课程体系建设方面存在明显短板。课程体系是知识体系的承载，部分院校虽将大数据分析、云计算等相关课程列入人工智能领域选修课程列表，但在人工智能专业的内核知识体系中还未及时加入卷积神经网络、循环神经网络、深度学习等技术知识，或只在选修课教材中略有体现，杂而不精的选修课程体系易使人工智能知识学习流于形式、浮于表面。高校应顺应专业发展规律，及时调整课程设置，满足社会对"智能+"人才的迫切需求。具体来讲，高校应统筹考量自身的学科建设水平、人才培养战略和师资培训成效等因素，基于教育模式完善、教学方法创新和管理体系优化，在实践探索中逐步完善课程体系，课程建设路径可概括为"三级跳"。

一是开设工业认知课程。工业认知课程是适用于学生了解人工智能行业先进应用技术的通识教育课程。人工智能专业作为一种复合型专业，相应的课程体系要注重学科完整性与层次性，不仅要帮助学习者夯实数理基础，还要呈现一定的计算机软硬件技能与基础知识。具体来讲，在基础课中重点突出数学类课程，涵盖数学分析、凸优化等知识点，为人工智能类专业教学提供前期知识储备。在课程设置方面，除了纳入计算机专业的主要基础课程，还应涵盖人工智能导论、机器学习、模型辨识、自然语言信息处理等专业课，以及计算机硬件试验系统、互联网与云计算平台、机器学习和深度学习系统等通识课程。

二是开设模拟演练课程。按照专业培养目标和课程教学的相关要求设计实践课程，课程内容可涵盖算法设计、机器学习、深度学习、智能应用研究等多元模块；案例设计可包括监督学习算法、非监督学习算法、Tensorflow 基础应用、BP 神经网络、AutoEncoder 自动编码器、目标检测等内容。此外，推动人工智能知识体系嵌入其他必修或选修模拟演练课程，针对学科特色设计差异化的培养模式，鼓励学生自主养成并灵活运用自身的基础思维，形成良好的技能素养，避免对具体知识点的过度依赖。

三是开设实战训练课程。实战训练课程的设置与理论知识教学相配套，其分值与理论知识教学相对应，旨在提升学生的问题分析能力、痛点解决能力与实际操作能力等实践能力。该类课程有利于学生在实训过程中体会人工智能技术的现实意义和应用价值，深化对通识理论的学习效果。学校可利用现代智能信息技术进行线上教学，通过整合学习通、MOOC 等智能化教学平台，对学生的实训状况进行动态采集、分析与画像，进而实现教学活动的良性交互和持续优化，也可以根据热门应用的实际需求组织实训活动，如开展智能化机器人、智能金融服务、智能化医院、无人控制、智能化搜索、智能教育和智慧旅游等专项实训课程。

第二节 人工智能教育视域下高校创新策源潜力提升策略

居于探索前沿的高层次师资队伍、质优量多的创新型人才是确保人工智能领域横纵向项目、奖项、著作、学术论文、专利以及新职业、新业态、新经济增势的关键。因此，本着"谁来引领、谁去跟进、如何变革"的逻辑，提出以下具体举措。

一 强化引领，培育与引进人工智能教育师资队伍

教师队伍是推动人工智能教育的基础保障，完备的人工智能教育师资队伍为学生成长成才提供全维度、多口径的智力支撑。因此，高校可从四方面下功夫。

一是重专业交叉，塑对口师资。人工智能教育需要汇聚更多人工智

能相关研究方向的优秀专家导师，并结合研究方向给予专项经费支持，逐步搭建起研究与教学并行的人工智能育人体系。具体来讲，人工智能教育师资队伍培养和引进，要注重优化教师的专业背景结构，在引育两端注重提升教师的基础理论功底、专业融合能力、科研实验能力和团队合作能力，组建一批素质硬、创新力强、适合人工智能教育发展势头的优秀师资队伍，着重培养学生的交叉创新能力和智能化、数字化素质。

二是重双师能力，育全能师资。当前，高校教师队伍中的双师型教师缺口依然很大，具体体现在教师的基础理论水平稳固、教学实力逐渐提高，但对接企业、设计实训内容等能力稍欠。双师型教师一般具有较强的教学与实操能力，且与企业在实践育人方面联系紧密，善于将企业中的实际工作经验与调研成果转化为教学内容。高校应着力提升双师型教师比例，促进双师型教师准确把握企业的用人需求和科技创新需求。遴选人工智能方向的优秀骨干教师，纳入人工智能实践教学能力提升计划。强化与政府、企业、科研机构、兄弟高校相关学科人员的经常性联系，形成以人工智能方向龙头企业、重点企业为主要平台的学习调研、协同育人、合作研发机制，帮助教师补齐实践短板，拉长理论长板。

三是重培训学习，培前沿师资。高校教师培训工作是保障教职员工及时获取前沿学术资源和行业信息的有力抓手。高校应注重加强教师的专业知识培养，利用专业师资培养框架提升教师整体工作水平，尤其提升教师的创新意识、前沿知识和技能。具体来讲，广泛开展常态化、系统性的科技实践项目训练，加强与企业的智能项目合作，引导教师熟练掌握基础智能技术，全面了解前沿动态。邀请知名智能工程技术专家来校开展培训讲座，促成高校与企业的交流协作机制，共建教师智能技术培训体系。鼓励教师申报、参与教改项目，将自身研究领域与未来行业走向相结合，促进知识资源的研究设计、迭代创新与整合转化。接触更多国际前沿人工智能领域研究成果，并吸收到人工智能学科的教学实践活动中。在职称评定方面，将教师参与智能类科研活动或取得的相关成果纳入职称晋升体系。

四是重外援助力，引专家师资。高校在人工智能师资队伍建设方面应坚持引育并举。具体来讲，在注重提升本校教师综合素养的基础上，还要积极引进校外力量，尤其是在企业历练多年、具有大量技术专利和管理经验的人员,或是在一线岗位作出过突出科研贡献的人员。通过针对性吸收校外导师,可以丰富现有团队的实战经验,为学生开展科研生产活动提供支撑。同时,要加强高端人才的引育工作,尤其围绕人工智能方面的顶尖科技人才与国际领军专家搭建团队、提供平台。加大人才引进政策保障力度,合理制定科研团队薪酬待遇、住房福利等方案,为优秀人才全身心参与、开展科研活动解除后顾之忧。积极引进国内外头部企业高端智能技术人才,并纳入教学团队,在现有师资力量中形成鲶鱼效应。

二 强化跟进,特色化培养人工智能领域创新型人才

人工智能将为我国制造业带来巨大的变革与颠覆机遇,推动智能制造和数字经济高质量发展,离不开创新型人才的培育,尤其是智能制造、大数据、区块链工程、集成电路、人工智能、物联网、云计算、工业互联网、虚拟现实工程技术人员和数字化管理师等专门型人才、复合型人才和高级技术型人才。弥补此类人才缺口,有助于提高制造业产品设计生产能力,拓展智能技术、产品的成长空间。同时,在传统工业向智慧生产、数字经营等方向转变的过程中,对创新型人才的职业能力、应用型工程技术人才的综合素质提出了更高要求。所以,面向人工智能领域的创新型人才培养模式必须兼顾培育知识、能力、创新、创造等多元素质,协力提升专业技术综合运用能力、改造设计与创新思维能力、数字化工程应用管理能力,充分涵养更为开阔的国际视野、精益求精的工匠精神等,催生一批满足人工智能全链条发展的高层次人才梯队,具体有三个"切入点"。

一是以人工智能方向特色专业为依托,培养创新能力。鉴于各高校,尤其是工科院校特色优势专业的差异性,各高校应在专业深化方面求异不求同,求专不求全。高校应在吸收现有特色专业重要资源的基础上,打造"智能+"方向的新增专业。专业学习应侧重训练学生的跨学科综合认知能力、研发运用能力和交叉学科背景下的深度探索能力。此外,要立于近年来日益成熟的"新工科""新农科"体系基石,挖掘出集专门性、针对性、深入性于一体的"智能制造+数字经济"方向特色专业优势,切实让"智能+"专业集群中特色专业扎根结果,夺目生辉。

二是以人工智能方向特色课程为依托，涵养创新知识。首先，以理论课程夯基固本。开设智能制造技术及相关课程，推动相应课程体系的内涵建设与数字化提升，系统化引入人工智能产业或人工智能技术赋能各行业的典型案例，使其适用于创新型智能科技人才的培养，并为学生应对复杂系统工程问题夯实基础。其次，以实践课程提质增效。实践类课程侧重实验设计，按照专业实验、专业设计等相关要求推动完成实验环节的内容设计与项目设计、毕业综合实践设计等学习环节，高校可以借助人工智能实训项目强化实践应用训练，不断提升学生的理论转化能力。最后，以实训课程积厚成器。实训课程以课外实验基地训练为主，主要由课外训练、企业实习、竞赛活动、自主创新创业等形式构成。该类课程重点培养学生"实践—实战"进阶能力，并最大限度释放人工智能知识技术的应用价值。

三是以人工智能方向特色平台为依托，提升综合素质。一方面，加强高校实验室等平台建设。重点为前沿智能数字化科技研究及转化应用提供基础与资源保障，打造新一代人工智能基础科研网络和创新研究平台体系，尽快填补研究型、应用型数字智能人才缺口。比如，根据不同的研究方向建立跨学科协同创新平台，分设聚焦不同行业前沿应用方向的研究组，确保相关学术资源、数据库平台、实验环境设备先进、完备，兼顾相关智能学科的学术先进性与完整性。另一方面，搭建符合现代化工业应用场景的实训平台。针对企业智能化工程实际和智能制造技术复合型人才培养目标，鼓励校企共建集高应用集成度、高技术开放性、高模块化特征于一体的综合型专业教学与创新基地，融通人工智能与信息工程、自动化控制等核心技术。建设集人工智能和生产管理能力于一体的实训模拟平台，开发虚拟工厂仿真实验教学系统，组织开展物联网与 RFID 技术、智能管理系统有机结合等试验，着力培养学生的大数据整合、统筹分析等综合能力。

三 强化变革，探索基于场景驱动的教学与科研育人举措

传统的教学科研框架侧重于理论知识学习，理论知识体系主要基于既有经验的归纳总结与凝练升华而来，而基于场景驱动的育人模式则是吸收既有经验、着眼有益实践、对接未来需求而开发出的体验式教学科

研范式。目前国内已衍生出大量新兴制造技术的多样化应用情景,与此同时制造、研发、管理等工作方式也在快速变革,通过基于场景驱动的教学与科研模式能够有效保障育人体系内涵紧跟时代发展,具体可发挥"四力"作用。

一是发挥场景育人环境的渗透力。引导师生深入人工智能头部企业及新创企业,融入日常生产管理环节,借助各种现实情景追踪考察产业智能化、数字化现状,及时总结归纳各种情景中的智能化生产方式、信息系统集成与共享机制、工作运营与管理框架、员工合作模式、团队管理体系、任务推进与效率优化等核心问题。要努力冲破传统研究范式禁锢,建立一系列针对共生性组织与数字化应用场景的现实问题解构思路与创新方法论,激活研究团队的创造潜力,为人工智能行业发展创新知、解难题、育人才、供成果。同时也要注意,由于多种应用情景模式的底层理论逻辑具有共性,因此可围绕多元情景的应用目标推动多学科交叉研究,防止形成单情景模型下的研究惯性。

二是发挥场景教研基地的支撑力。基于场景驱动的教学与科研育人模式依赖于教研基地的实体运行。场景教研基地推动教学走出教材,引导学生广泛接触场景案例,通过实验巩固理论知识,依托实践激活创意灵感,并为研究团队创造科研实践条件,有效促进创新型人才的培养。具体策略可从协调校内外两方面资源着手,一方面是推动校内场景教研基地与理论教学相融合,将教材中较为晦涩枯燥的内容通过操作场景演示出来,帮助学生更好地理解消化理论知识;另一方面,场景教研基地以校企共建为主,如此能构建出专业化的工作场景,便于学生认识到智能类、机械类知识与技术的应用价值,精准把握行业技术发展动态与需求,进一步提升科研活动的精准度,达成产教融合育人一致的目标,使培养的人才将来能与实际工作场景顺畅衔接。

三是发挥场景课程体系的涵养力。高校应积极运用智能化手段,依托虚拟实训场景和虚实结合的场景打造课程体系,实现从认知情景环境到教学场景的落地。具体来讲,认知情景环境是教学活动的前端基础,场景课程体系在此基础上,成为联通"认知"转化为"知识"的渠道,推动通识教育或者情景感受给学生带来的启发转化为掌握和应用虚拟现实科技、计算机仿真科技、物联网技术、移动网络等技术的能力,同时通过模拟现实操作环境，帮助学生熟悉操作流程、操作程序和操作要求，实现角色定位与团队协作，并实现对学习者行为的实时观测和评估。对于不同的应用场景而言，高校应协同企业设计出"虚拟仿真实验+真实体验""虚拟互动+现场实际操作""虚拟仿真模拟+项目实践"系列课程，形成集"虚拟仿真课堂+现实场景课堂"于一体的课程体系。

四是发挥场景实训项目的提升力。在不同场景驱动下开展实训项目存在差异性，如在现实场景中开展生产训练、工作实习、沟通协作等实训项目，在虚拟场景中开展模拟演示、仿真训练、在线互动等实训项目，在虚实结合的场景中开展观察操作、合作交流等活动。其中，教学科研场景的匹配度与知识技能的复杂程度、学习训练的顺序等因素密切相关。不同类型的理论知识练习、操作技能训练应当与相应的教学情景相适配，根据教学内容的难易程度可选取简化的教学场景或通过使用多情景教学实现强化训练。在场景内容的时间空间关系设置上，需要遵循知识内在逻辑关系、技能运用过程顺序等基本规则。

第三节 人工智能教育视域下高校创新策源效率提升策略

造成人工智能教育视域下高校创新策源效率低下的主要原因是全链不通、孵化不够、转化不足，造成包括专业集群、经费投入、专利申请、技术输入和投资加持的投入端过热，而涵盖急需人才、专利授权、技术赋能、产业跃升和城市升级的产出端稍冷。因此，就"通要素、促孵化、强保障"三方面，提出以下具体举措。

一 通要素，构筑产学研政用深度融合的全链条

产学研政用协同融合发展模式是创新驱动发展战略的有效选择，对促进实体经济转化升级和高效发展意义重大。近年来，在创新企业、高等学校、科研机构、政府部门等创新主体的多方合作下，产学研政用融合互补的创新格局初步形成，并在实践探索中完善细化、持续深化，在人才联合培养、产业技术联盟、创新孵化中心、协作企业技术共享等方面取得了显著成效。但在科技创新、技术应用与经济助推等方面依然存

在转化效率低、孵化速度慢等问题，创新动能并不能有效传递至区域经济发展的末梢。因此，需要实现高新技术企业与高校人才资源更高效的供需匹配，筑牢产学研政用"五位一体"全链条联合创新机制，具体可从"四强化"着手。

一是强化五位协同。应借助各方助力尽快完善产学研政用"五位一体"的协同创新系统，及时将市场上潜在应用需求反馈至研发主体，推动应用研究、基础研究按航标行进。一方面，打通产学研政用技术创新链，推动现有科技资源和创新需求有效衔接，快速填补应用基础研究和企业未来发展之间的成果转化空隙，形成"科技攻关—产业升级—经济发展"协同效应，促进高校人工智能领域研究成果有效转移转化，为区域创新发展战略实施提供有力支撑。另一方面，在大协同格局之上塑造高端智能类方向的小协同，形成创新合力，优化创新生态，融合产学研政用多方创新主体，构建以未来市场需求为创新导向的高端智能产业技术集成研发应用体系。此外，顺应新技术、新产业结构变革进程，推动智能技术领域的快速迭代，依托大数据、云计算技术、人工智能、量子计算等前沿技术项目开展重大科技突破与工程孵化，实现高水平自主创新，形成区域产业核心竞争力，获得国际区域创新竞争先发优势。

二是强化企业引领。一方面，鼓励龙头企业牵头建设行业创新联合体，建立由龙头企业牵引，高校与科研机构共同提供技术创新保障，多元创新主体之间融合互补的智能技术创新联盟，同时强化创新型企业在产学研政用融合创新体系中的主体地位，有效贯通行业前端技术供给和后尾市场供给，放大产学研政用实际效益，形成跨越式发展竞争优势。另一方面，加强创新链和产业链间的共振，以国家新型重点研发技术机构为引擎，聚合智力资源、政策资源、资本资源，打破产业组织边界，实现多元集成式创新格局，优化各类关键产业技术布局，明晰现有新型专利研发和技术创新机构管理机制，推动行业创新优化。

三是强化平台支撑。人工智能相关技术研发对于行业资源具有较高要求，行业资源的汇集一方面能够促进人工智能相关成果转化落地，另一方面也会为人工智能教育平台的构建提供支撑，与此同时行业资源整合也将对学生就业产生直接影响。当前诸多高校的人工智能专业与大型科技型企业开展联合培养，这都有助于提高教学质量，培育优质人才。

在现有人才培养模式基础上，高校可以借助政府平台整合资源，进一步集中高校、科研院所的研发力量与科技创新优势，购买、吸收相关数据平台服务，吸收高新技术产业积累的先进产业化运作经验与市场化运营做法，形成市场化参与的人才培养合力，力促人工智能科技成果转化落地。

四是强化云端赋能。构建覆盖各领域、全行业的企业信息综合管理云平台，降低创新主体的数据信息获取与管理成本，提升产学研政用创新主体之间的信息资源统一收集、共享管理与交换发布效率，建立产学研融合项目综合评价基础数据库，提供在线咨询、审批等线上一体化综合服务。加强人工智能领域的技术云平台与高校机构、政府部门、企业组织等多方创新主体的合作联系，形成协同驱动的发展模式，推动人工智能教育资源充分整合，不断完善信息化共享服务机制，有效促进人工智能教育发展。

二 促孵化，完善人工智能研究成果产业化机制

人工智能科技成果的高效转化关键在于走好科研输出的"最后一公里"，着力点在于完善人工智能成果孵化机制与先进技术产业化服务体系，可运用五类思维推进实施。

一是运用系统创新思维。延伸产业创新链、价值链，构建众创空间、孵化器、加速器、产业园构成的多级联动孵化体系，实现各创新创业阶段有效衔接，为技术转化提供全方位服务。加快人工智能应用技术研究成果的整合转化，完善一体化智能研究机制，基于人工智能的专业集群打造多元协同技术联盟，为处于成长期的新兴技术雏形提供多要素支持。构建人工智能成果孵化平台，优化智能生态。构建"人工智能理论方法研究—应用基础研究—大规模产业化研究"学科生态系统，汇聚国内外人工智能人才资源，开展跨学科交叉融合项目。优化科技成果由"研究产生—转化应用—产业化运营"全生命周期创新服务体系，实现主体多元的良性创新经济生态。完善产业化创新孵化机制，让更多科技成果转化为先进生产力。

二是运用风险规避思维。通过建设人工智能创新创业孵化基地，有效缓解有序复杂性与不确定性带来的投入风险，助力智能成果实现市场

化。高校、科研机构等创新组织可利用知识产权巩固创新资源优势，依托国家级科技企业孵化器，为大学生创业提供项目化培育支持，形成内置性、常态化产业培育机制，为系列成果落地保驾护航。吸收专项投资基金，为智能研究成果孵化提供必要支持。依靠工作室、人才培育基地等优势资源，弥合理论研究和市场化的中间地带，既推动理论研究迈向现实市场，也在一定程度上规避现实市场风险。

　　三是运用资源共享思维。推进数据资源共享，构建出涵盖各行业的线上发明专利池、著作权保护资源库和技术创新成果资源库，实现对发明专利、研究成果的科学采集、检索、大数据分析等线上管理。建立信息公开共享的标准数据接口、数据收集标准和信息共享制度，畅通技术创新成果信息获取通道与公开途径，实现对全产业技术创新要素信息的汇聚，促进人工智能技术创新成果与有关专利信息的互联互通，并运用区块链技术保障数据真实性。

　　四是运用技术赋能思维。利用大数据技术的精确分析、互动、管理等功能，对科技转化方提供的服务、企业净收入、技术服务占净收入的占比、公司负债、科技人员待遇、公司技术成果和产品销售额等多元信息进行分析。对技术持有方的主要科技成果、技术实力、科研人员情况、研发时长、发明专利情况、技术成果信息、产品信息等数据进行系统分析。把竞争能力强、具有良好市场前景的技术公司和人工智能企业甄选出来，创建新机制，实现技术成果供需双方的精准匹配，实现企业产品销售与技术成果信息自动有效配对，有效促进人工智能技术创新成果的高效转化。

　　五是运用多维评价思维。联合第三方评价机构，搭建人工智能科技成果线上价格评估渠道与平台，提供专利分析评价、专利数据挖掘服务，启用智能合约技术，为专利确授权与贸易合作夯实基础。探索构建成果转移经理人服务能力评估系统和职务信用评价系统，有效激励与引导成果转移经理人积极履行成果转移代理和专业咨询服务等职责，推动线下成果转移委托代理，促进线下供需匹配、贸易洽谈，形成全链条、精细化、市场化的成果转移服务体系。

三 强保障，规范人工智能研究成果有效转化路径

当前国内人工智能产业在某些细分领域取得了较好成绩，如在计算机视觉、语音识别等方面具有国际比较优势，但整体而言，人工智能产业同质化严重，尤其在人工智能基础学科的战略布局上与世界一流大学存在较大差距，在人工智能成果转化方面存在重视后端、轻视前端，重视二次创新、轻视一次创新的倾向。因此，要强化人工智能基础研究的多元化、协同化和纵深化，创新核心技术领域布局，突破关键共性技术瓶颈，推动人工智能相关产业和数字经济成为国家产业发展和经济增长的新驱动、新引擎。

一是顺应大势，把握先机。要主动适应国际创新驱动发展总体趋势，下好自主创新、原始创新和成果转化的"先手棋"，加快提升自主创新实力与原始设计能力，增加原始技术创新成果的内涵厚度、转化力度与应用广度。建立一个以服务市场需求、成果转化增值为导向的创新性科研项目管理体系与年度科研任务管理考评体系，从创新源头设计上提升各类创新资源的利用配置效率。聚焦关键核心技术市场，推动项目研发设计与企业发展需求精准高效匹配，不断提高人工智能研究成果的应用价值。

二是夯实机构，建章立制。成立人工智能技术成果转化专门机构，探索形成独立开展转移、协同开展转移等智能技术成果转移模式。引导相关高校、科研机构建立智能技术研发培育机构，鼓励各单位联合分担智能类产品研发过程与孵化过程中的重要研发环节或子课题，明确各类研究主体的职责界定，做好智能技术成果转移转化配套服务。建立科学、完整的智能科技质量考核体系，出台智能科技成果概念认证制度，提升智能科技转化质量。全面落实"结果导向、权责明确、管理科学"等原则，有效协调研究团队、科研院所和相关企业等参与者之间的利益关系。

三是优化团队，激励先进。加强专门化人才队伍建设，建设由具有法律基础知识、专利行政管理经验、企业建设和管理、风险投资等领域的人才组成的科技成果转化管理团队，重点负责筛选具有市场经济价值和满足国家战略需要的研究选题，为人工智能研究成果转化提供市场衔接服务，进一步提升智能技术转化运营效率和后端经济效益。同时，完

善激励机制，保证各研发主体的研究积极性和创新主动性，优化人工智能研究成果转化分配机制，比如将研究成果转化产生的部分净收入作为个人、团队或组织突出贡献奖的配套奖励。

四是明确归属，防范风险。完善人工智能研究成果知识产权保障体系，提高专利保护意识。在专利管理的具体流程中，统筹考虑各类研发主体的利益相关性，鼓励校企科研团队联合开展研究工作，建立项目负责人联络合作单位机制，及时确认联合开发成果的专利归属问题，维护研发人员切身利益。此外，防范知识产权风险，充分考虑人工智能研究成果在孵化过程中由于主、客观因素所致的管理风险和经营风险，不断强化过程管理。

第四节　本章小结

本章在人工智能教育视域下高校创新策源能力评价结果的基础上，分别从三个维度提出了人工智能教育视域下的高校创新策源能力提升策略与路径，基本涵盖了人工智能学科发展、专业设置、课程建设等基础性策略，人才培养、师资引育和教学科研等关键性策略以及产教融合、成果孵化和有效转化等延伸性策略，切实为高校创新策源活动的持续优化和人工智能教育资源的价值释放提供了价值参考和启示。

第八章

结论与展望

第一节 研究结论

开展人工智能教育视域下中国省域高校创新策源能力评价研究，有助于了解现阶段高校人工智能教育创新策源活动的实际情况及未来潜势。研究首先界定了相关概念，并基于三螺旋理论、资源观理论、内生增长理论和人工智能教育基础理论，运用文献研究方法、深度访谈方法、逻辑演绎方法、熵权-TOPSIS和数据包络分析（DEA）等研究方法，对人工智能教育视域下中国省域高校创新策源能力开展系统性评价研究。研究内容主要包括高校创新策源能力的维度如何划分、作用机理怎样描述，高校创新策源能力评价体系母版如何构建，人工智能教育视域下高校创新策源能力评价体系子版怎样生成，根据实证结果推断出的高校创新策源使命与优化策略是什么，等等。主要研究结论如下：

（1）明确了人工智能教育视域下31省（区、市）高校创新策源能力的梯队划分，有助于全面了解我国现阶段人工智能教育视域下高校创新策源活动的现实水平。5个梯队分别是"高浓度—高潜力—低效率"梯队、"低浓度—高潜力—高效率"梯队、"低浓度—高潜力—低效率"梯队、"低浓度—低潜力—高效率"梯队和"低浓度—低潜力—低效率"梯队。其中，"高浓度—高潜力—低效率"梯队包括北京、江苏、广东、上海、山东5个省（市）；"低浓度—高潜力—高效率"梯队仅有河南1个省份；"低浓度—高潜力—低效率"梯队包括安徽、浙江和湖南3个省（区）；"低浓度—低潜力—高效率"梯队包括15个省（区），分别是内蒙古、吉林、黑龙江、江西、海南、重庆、云南、西藏、甘肃、青海、宁夏、新疆、河北、山西和贵州；"低浓度—低潜力—低效率"梯队包括四川、福建、辽宁、湖北、广西、陕西、天津7个省份。

(2) 得出了人工智能教育视域下31省（区、市）的高校创新策源浓度、高校创新策源潜力和高校创新策源效率梯队地理空间分布特征，对我国现阶段各省域人工智能教育视域下高校创新策源能力的全景特征、未来潜势及实际成效加深了认知。在高校创新策源浓度方面，高浓度省份呈现出"三核驱动、局部聚集"的分布特征，东、南、北各有一片相对集中的高浓度区域。其中，东部沿海包括上海、江苏、山东3个省（市），南部沿海仅有广东1个省份，北方区域为北京。在高校创新策源潜力方面，31省（区、市）在地理分布上呈现出"东强西弱、南北均衡、三核蔓延"的现实特征，高潜力省（市）集中分布在东、南、北、中等区域，分别是江苏、山东、广东、北京、上海、安徽、河南、浙江和湖南，其分布特征与省域经济产业发展水平基本保持一致。在高校创新策源效率方面，31省（区、市）在地理分布上呈现出"东南低、西北高"的现实特征，低效率省份集中分布在沿海和华中地区，高效率省份主要分布在东北、华北、西北、西南等区域。其中，低效率省（区）共15个，高效率省份共16个。

(3) 勾勒出人工智能教育视域下31省份的高校创新策源能力梯队地理分布图，有助于精准把握省域分布特点与地理空间格局。总的来看，"高浓度—高潜力—低效率"梯队省份地理空间分布特征与高浓度省（市）的分布特征保持一致，即"三核驱动、局部聚集"，具体包括北京、江苏、广东、上海与山东5个省（市）。"低浓度—高潜力—高效率"梯队仅有河南1个省份，分布特征为"衔接东西、贯通南北"。"低浓度—高潜力—低效率"梯队省份3个，分别是安徽、浙江和湖南，地理空间分布特征为"各居长江南部、长江下游"。"低浓度—低潜力—高效率"梯队省（区）较多，共计15个，地理空间分布特征为"东北华北相连、西北西南相望"。"低浓度—低潜力—低效率"梯队省份则有7个，分别是四川、福建、辽宁、湖北、广西、陕西与天津，地理空间分布特征为"南北均衡、分散相间"。

(4) 提出了5个梯队的高校创新策源使命，为各省份人工智能全链条未来发展提供了航标启示。"高浓度—高潜力—低效率"梯队的高校创新策源使命为：向其他省份辐射泄能，改变目前资源极化聚集的现状；不断提升高校创新策源效率，避免因创新资源大量囤积而导致浪费；强化创新能力，提升引领作用。"低浓度—高潜力—高效率"梯队的高校创新策源使命主要是：加大技术输入力度和资源要素引进幅度，助力"平台—学科—项目—人才—技术"等育人资源全提升，"新型就业—智能产业—数字城市"等氛围营造共加强。"低浓度—高潜力—低效率"梯队的高校创新策源使命是：形成以省会与重点城市为第一能级，其他地级市紧跟智能产业发展大势的崭新格局；向沿海发达省份交流借鉴"效能型"发展模式。"低浓度—低潜力—高效率"梯队需要引能造能、节能储能与高效用能。"低浓度—低潜力—低效率"梯队则应全面提升高校创新策源浓度、高校创新策源潜力和高校创新策源效率。

（5）根据研究结论，提出了一系列优化策略与举措，为进一步提升人工智能教育视域下的高校创新策源能力提供了参考。一是提升人工智能教育视域下高校创新策源浓度，打造高校人工智能教育高地。大力发展人工智能一级学科，全面构建以人工智能专业为内核的"智能+"专业集群，组织打造人工智能课程体系。二是提升人工智能教育视域下高校创新策源潜力，探索高校人工智能人才培养机制。加大人工智能师资队伍培育与引进力度，形成面向人工智能领域的创新型人才培养模式，升级场景教学与场景育人方式。三是提升人工智能教育视域下高校创新策源效率，助力高校服务区域产业智能化升级。不断强化产学研政用深度融合的全链条，构筑人工智能成果孵化平台，进一步提升人工智能研究成果的有效转移转化。

第二节 研究展望

本书是国家社会科学基金教育学青年课题"人工智能教育视域下高校创新策源能力评价研究"（CGA210242）的阶段性成果之一。研究发现，由于高校人工智能教育及区域智能产业发展即将进入野蛮生长期，以高校创新策源能力为主题的研究内容将日益丰富多元，相关研究方向将迸发出更多新案例、新指标、新范式、新角度。因此，本书存在一定的局限性和不足，主要包括以下几点。

（1）提升对人工智能教育视域下的高校创新策源能力水平的关键在于捋清影响因素的作用关系，瞄准关键因素，有的放矢。现有研究仅对人工智能教育视域下的高校创新策源能力进行了系统性评价，还未对高校创新策源能力的影响因素进行深入分析，可从特定视角出发，依据已有理论成果，明确研究假设、变量类型、变量名称及变量定义，并选择合理的研究方法，开展模型设计，进而根据相关数据和样本开展实证研究，为拟定高校创新策源能力提升策略提供参考。

（2）高校创新策源活动涉及的创新主体繁多，同一类别的育人或创新主体具有特定属性，本研究将全国所有高校纳入研究范围，不免弱化了各类院校的学科专业特色。因此，在接下来的研究中可以将高校分类，也可以聚焦其他研究视域，分别针对新工科、新农科、新医科、新商科、新文科见长的高校群体开展评价，以便得出更为精准、分门别类的评价结果。

（3）由于数据可得性的限制，本研究以省份为单位进行高校创新策源能力评价，下一步，可以深化研究范围，分别针对长三角、珠三角等片区，某省份的城市群开展评价，以期深入探明区域或省内各市的高校创新策源能力水平，提出更为具象可行的实施方略。

参考文献

中文译著

［德］弗里德里希·李斯特：《政治经济学的国民体系》，陈万煦译，蔡受百校，商务印书馆1961年版。

中文期刊论文

安蓉、马亮：《西部地区地方高校科技创新能力评价研究》，《科研管理》2015年第36卷第S1期。

蔡德军、汤仲胜：《高校服务经济转型升级的实践探索》，《中国高校科技》2011年第10期。

曹培杰：《人工智能教育变革的三重境界》，《教育研究》2020年第41卷第2期。

曹萍、赵瑞雪、尤宇等：《创新策源能力如何影响区域创新绩效？——基于30个省份的QCA分析》，《科技管理研究》2022年第42卷第13期。

曹勇、周蕊、周红枝等：《资源拼凑、双元学习与企业创新绩效之间的关系研究》，《科学学与科学技术管理》2019年第40卷第6期。

曹宇新：《"强基计划"人才培养模式的高校政策再制定研究——基于36所试点高校"强基计划"培养方案的文本分析》，《教育理论与实践》2022年第42卷第3期。

曾卓骐、王跃：《战略性新兴产业上市公司动态创新效率测度及其影响因素研究——基于两阶段DSBM模型与Tobit模型》，《科技进步与对策》2022年第39卷第21期。

陈国福、蒋清泉、唐炎钊：《中国特色世界一流大学建设背景下高校科技创新能力评价研究》,《科技进步与对策》2022年第39卷第24期。

陈建伟、孙志军:《高等教育集群式发展对企业劳动成本与雇佣规模的影响研究》,《清华大学教育研究》2022年第43卷第6期。

陈磊、刘夏、高雪春:《人工智能视域下教育治理的现实挑战与路径选择》,《中国教育科学（中英文）》2020年第3卷第6期。

陈龙、张力:《区域产业转移与就业技能结构——来自中国的经验证据》,《宏观经济研究》2021年第6期。

陈强:《科学建"源"与合理施"策"》,《世界科学》2020年第S1期。

陈仕品、何济玲:《基于Blog的教育传播方式探究》,《现代教育技术》2007年第7期。

陈套:《强化基础性研究创新策源功能》,《科技中国》2020年第10期。

陈曦:《构建科技创新能力评价体系的研究》,《科技创新导报》2020年第17卷第17期。

程国平、刘丁平:《社会融资规模作为货币政策中介目标的合理性》,《财经问题研究》2014年第9期。

戴静、顾小清:《人工智能将把教育带往何方——WIPO〈2019技术趋势：人工智能〉报告解读》,《中国电化教育》2020年第10期。

丁敬达、邱均平:《科研评价指标体系优化方法研究——以中国高校科技创新竞争力评价为例》,《科研管理》2010年第31卷第4期。

都宁、刘梅华:《学术交流活动对高校科技创新能力的影响》,《中国高校科技》2015年第11期。

敦帅、陈强、丁玉:《基于贝叶斯网络的创新策源能力影响机制研究》,《科学学研究》2021年第39卷第10期。

敦帅、陈强、马永智:《创新策源能力评价研究：指标构建、区域比较与提升举措》,《科学管理研究》2021年第39卷第1期。

敦帅、陈强:《创新策源能力：概念源起、理论框架与趋势展望》,《科学管理研究》2022年第40卷第4期。

傅翠晓、全利平:《基于文献编码的区域创新策源能力影响因素研究——一个理论框架》,《创新科技》2022年第22卷第8期。

傅翠晓、许海娟:《区域新能源汽车产业创新策源能力分析——以上海为例》,《创新科技》2021年第21卷第10期。

龚荒、聂锐:《区域创新体系的构建原则、组织结构与推进措施》,《软科学》2002年第6期。

谷军健、赵玉林:《中国如何走出科技创新困境?——基于科技创新与人力资本协同发展的新视角》,《科学学研究》2021年第39卷第1期。

顾明远、马忠虎:《教育现代化:中国教育改革和发展的路径与愿景——顾明远教授专访》,《苏州大学学报(教育科学版)》2014年第2卷第1期。

关成华、陈超凡、安欣:《智能时代的教育创新趋势与未来教育启示》,《中国电化教育》2021年第7期。

郭俊华、孙泽雨:《基于因子分析法的中国高校科技创新能力评价研究》,《科技管理研究》2016年第36卷第3期。

韩民:《教育现代化与终身学习体系建设》,《教育与教学研究》2020年第34卷第8期。

韩婷芷:《传统优势学科如何赋能高校拔尖创新人才培养——基于我国33所行业特色型大学的分析》,《江苏高教》2022年第1期。

何声升:《高校科技创新绩效影响因素分位研究——创新价值链理论视角》,《高校教育管理》2020年第14卷第5期。

何雪莹、张宓之:《全球创新策源地的分布、科技前沿与发展态势》,《世界科学》2020年第S2期。

胡斌、吕建林、杨坤:《人工智能企业创新策源能力影响因素分析》,《西安财经大学学报》2020年第33卷第5期。

胡春蕾:《"双一流"建设背景下学科环境与发展战略研究》,《江苏高教》2020年第12期。

胡曙虹、蒋娇燕:《上海发展具有引领策源功能的创新型经济的策略研究》,《中国国情国力》2022年第7期。

黄彬、姚宇华:《新工科现代产业学院:逻辑与路径》,《高等工程教育研究》2019年第6期。

黄明、吉祥熙:《资源协奏及其在异质情境下的作用机制:综述与展望》,《研究与发展管理》2023年第35卷第2期。

黄荣怀、王运武、焦艳丽:《面向智能时代的教育变革——关于科技与教育双向赋能的命题》,《中国电化教育》2021年第7期。

黄卫挺、杨昕：《同步推进存量和增量维度上的城市发展》，《中国经贸导刊》2014年第21期。

黄祥嘉：《基于创新质量和贡献导向的高校科技评价体系构建》，《中国高校科技》2015年第9期。

黄艳、薛晨晖、周洪宇等：《中国高校科技创新对区域经济协调发展的影响及空间溢出效应》，《中国高校科技》2024年第1期。

黄艳、岳一铭、周洪宇：《中国区域高校创新驱动力对经济高质量发展的影响》，《科技进步与对策》2023年第40卷第10期。

黄永春、邹晨、吴商硕：《区域空间结构对科技创新的影响机制研究》，《科学学研究》2022年第40卷第11期。

贾荣言、宋晓明、袁宏杰等：《中国中东部地区高校科技创新能力评价研究》，《河北科技大学学报（社会科学版）》2021年第21卷第2期。

姜春林、郭琪琴、张光耀：《人文社科学术著作评价指标体系构建及实证研究》，《情报杂志》2022年第41卷第2期。

焦宇知、孙芝杨、黄闯等：《高职院校科技创新能力评价指标体系构建》，《产业与科技论坛》2015年第14卷第7期。

解学梅、刘晓杰：《区域创新生态系统生态位适宜度评价与预测——基于2009—2018中国30个省市数据实证研究》，《科学学研究》2021年第39卷第9期。

解志韬、孔繁翀、谢楠：《长三角"双一流"高校协同创新时空演进——基于合作授权专利的社会网络分析》，《研究与发展管理》2021年第33卷第5期。

柯亮、姚聪莉：《"双一流"建设高校科技创新效率及时空分布特征研究》，《自然辩证法通讯》2021年第43卷第5期。

李德毅、马楠、秦昆：《智能时代的教育》，《高等工程教育研究》2018年第5期。

李海刚、茹少峰、张鹏：《高校创新生态系统科技成果转化绩效测度》，《统计与决策》2022年第38卷第1期。

李平、薛静、周海川：《科研人员的知识获取能力对其创新能力影响的实证研究》，《技术经济》2015年第34卷第8期。

李思思、李莎莎：《高等教育如何面对人工智能时代？——以乔瑟夫·奥恩的〈防止"机器人化":人工智能时代的高等教育〉为切入》,《高教探索》2020 年第 11 期。

李松龄:《创新劳动推动创新型国家建设的理论认识与制度安排——基于劳动价值理论的思考》,《现代经济探讨》2020 年第 2 期。

李万:《增强科技创新策源能力的战略选择》,《中国科技论坛》2020 年第 8 期。

李晓岩、张家年、王丹:《人工智能教育应用伦理研究论纲》,《开放教育研究》2021 年第 27 卷第 3 期。

李运福、杨方琦、王斐等:《对"人工智能+高等教育"三位一体的系统性思考》,《中国电化教育》2021 年第 9 期。

李滋阳、李洪波、范一蓉:《基于"教育链—创新链—产业链"深度融合的创新型人才培养模式构建》,《高校教育管理》2019 年第 13 卷第 6 期。

李滋阳、李洪波、王海军等:《高校科技创新效率及影响因素探讨——基于随机前沿函数的分析》,《中国高校科技》2020 年第 9 期。

李滋阳、石宏伟、罗建强:《大学生智能制造竞赛育人绩效影响因素分析——10 项竞赛的多案例研究》,《高校教育管理》2021 年第 15 卷第 6 期。

梁燕、耿燕、林玉伟等:《基于层次分析法的高校科技创新能力评价指标体系研究》,《科学学与科学技术管理》2009 年第 30 卷第 5 期。

廖文秋、石彪、吴强等:《高校创新能力研究述评》,《中国科技论坛》2009 年第 6 期。

林健、郑丽娜:《美国人工智能专业发展分析及对新兴工科专业建设的启示》,《高等工程教育研究》2020 年第 4 期。

林健:《未来技术学院建设:教师队伍建设和未来技术研发》,《清华大学教育研究》2021 年第 42 卷第 3 期。

刘邦奇、贺胜:《多层次 AI 教育体系的构建及其实施路径》,《现代教育技术》2021 年第 31 卷第 1 期。

刘飞、王欣亮:《新时代军民融合科技创新体系构建:基于三螺旋理论的视角》,《科学管理研究》2018 年第 36 卷第 3 期。

刘罡:《"双一流"建设背景下高校资金筹集的思考》,《中国高等教育》

2020 年第 11 期。

刘建丽：《新型区域创新体系：概念廓清与政策含义》，《经济管理》2014 年第 36 卷第 4 期。

刘进、李岳璟、林松月：《新工科建设背景下未来技术学院高质量发展研究》，《重庆大学学报（社会科学版）》2021 年第 27 卷第 5 期。

刘力钢、刘杨、刘硕：《企业资源基础理论演进评介与展望》，《辽宁大学学报（哲学社会科学版）》2011 年第 39 卷第 2 期。

刘培、陈浩、王春凯：《中国就业结构演变历程及"十四五"高质量就业发展思路》，《经济体制改革》2021 年第 6 期。

刘琦、罗卫国、罗萧：《人才网络视角下粤港澳大湾区创新策源能力影响机理研究》，《企业经济》2022 年第 41 卷第 12 期。

刘琦：《粤港澳大湾区科技创新策源能力评价研究》，《经济体制改革》2021 年第 3 期。

刘伟、曹建国、郑林昌等：《基于主成分分析的中国高校科技创新能力评价》，《研究与发展管理》2010 年第 22 卷第 6 期。

刘伟、范欣：《现代经济增长理论的内在逻辑与实践路径》，《北京大学学报（哲学社会科学版）》2019 年第 56 卷第 3 期。

刘伟、彭琪：《结构洞理论视角下的乡村精英与乡村振兴》，《江汉论坛》2020 年第 11 期。

刘勇、应洪斌、蒋芬君：《中国高校科技创新能力比较——基于华东地区高校的实证研究》，《研究与发展管理》2014 年第 26 卷第 5 期。

柳剑平、何风琴：《基于三螺旋理论的多主体协同创新模式与路径——以江西赣江新区为例》，《江西社会科学》2019 年第 39 卷第 8 期。

龙宝新：《人工智能时代的教育变革及其走向》，《南京社会科学》2023 年第 3 期。

卢超、李文丽：《京沪深创新策源能力评价研究：基于国家科学技术"三大奖"的视角》，《中国科技论坛》2022 年第 2 期。

卢迪、段世飞、胡科等：《人工智能教育的全球治理：框架、挑战与变革》，《远程教育杂志》2020 年第 38 卷第 6 期。

卢福财、王守坤：《历史脉络与实践视野下的有为政府——中国特色社会主义政治经济学的核心命题》，《管理世界》2021 年第 37 卷第 9 期。

吕蔚、王新峰、孙智信：《基于核主成分分析的高校科技创新能力评价研究》，《国防科技大学学报》2008年第3期。

罗锋、杨丹丹、梁新怡：《区域创新政策如何影响企业创新绩效？——基于珠三角地区的实证分析》，《科学学与科学技术管理》2022年第43卷第2期。

骆建文、王洋：《提升深圳科技创新策源能力的国际顶尖人才集聚与培育策略研究》，《上海管理科学》2022年第44卷第5期。

马宝林、安锦、张煜等：《中国高校科技创新效率研究》，《科学管理研究》2021年第39卷第2期。

马永红、李保祥：《数字经济、区域高校知识转移与高技术企业创新绩效》，《系统管理学报》2022年第31卷第3期。

梅轶群、张燕：《高校科技创新能力的分析和评价》，《技术经济》2006年第5期。

宁连举、肖玉贤、刘经涛等：《跨行政区域创新策源能力评价与实证——基于熵权法、TOPSIS法、灰色关联分析》，《科技管理研究》2021年第41卷第20期。

欧阳杰、李家慧：《世界级城市群及其中心城市的枢纽能级分析——基于国际航空网络结构的研究》，《城市问题》2020年第11期。

潘旦：《人工智能和高等教育的融合发展：变革与引领》，《高等教育研究》2021年第42卷第2期。

浦悦、胡斌：《基于AHP–熵权TOPSIS法的区域人工智能产业创新策源能力评价》，《生产力研究》2021年第1期。

戚涌：《内生增长理论与高校产学研结合创新研究》，《江苏高教》2007年第2期。

齐书宇：《新时代地方高校科技创新能力评价趋势与指标设计》，《北京工业大学学报（社会科学版）》2022年第22卷第5期。

齐振远：《高校科技投入与区域经济发展的互动研究——以湖北省为例》，《科技进步与对策》2009年第26卷第11期。

秦剑：《基于创业管理视角的创业拼凑理论发展及其实证应用研究》，《管理评论》2012年第24卷第9期。

卿春、邹贵波、夏换：《"三螺旋理论"视域下高校创新创业教育共同体构建》,《贵州社会科学》2018年第6期。

邱坚坚、刘毅华、袁利等:《粤港澳大湾区科技创新潜力的微观集聚格局及其空间规划应对》,《热带地理》2020年第40卷第5期。

权国龙、顾小清、汪静:《人工智能教育应用的视觉交互"赋能"效应研究》,《开放教育研究》2021年第27卷第4期。

任锦:《科技期刊举办在线学术会议的现状与对策》,《科技与出版》2021年第6期。

上海市人民政府发展研究中心课题组、肖林、周国平、严军:《上海建设具有全球影响力科技创新中心战略研究》,《科学发展》2015年第4期。

沈佳坤、张军、冯宝军:《一流学科建设经费的优化配置路径分析——学术与社会双重逻辑的实证研究》,《高校教育管理》2021年第15卷第3期。

沈佳坤、张军、吴非:《"双一流"建设高校推动我国政用产学研融通创新的作用机制——基于中关村科学城典型项目的研究》,《高校教育管理》2022年第16卷第1期。

沈洁、徐明华、徐守坤:《现代产业学院创新型工程人才培养探索》,《中国高等教育》2021年第12期。

沈希:《以现代产业学院助推新时期产教融合》,《教育发展研究》2021年第41卷第5期。

施建军、吴琼:《区域经济发展与现代大学的创新驱动》,《中国高等教育》2010年第8期。

石薛桥、薛文涛:《基于生态位理论的中部六省高校科技创新能力评价》,《经济问题》2020年第11期。

苏竣、眭纪刚:《中国高校科技创新发展与人才培养》,《科学学研究》2018年第36卷第12期。

孙大明、原毅军:《合作研发对制造业升级的影响研究》,《大连理工大学学报(社会科学版)》2018年第39卷第1期。

孙田琳子:《人工智能教育中"人—技术"关系博弈与建构——从反向驯化到技术调解》,《开放教育研究》2021年第27卷第6期。

孙晓春:《高校科技创新能力对区域经济建设的作用》,《中国高校科技》

2015 年第 11 期。

孙孝科：《高校科技创新：意蕴与系统结构》，《广西社会科学》2006 年第 1 期。

孙妍：《从"知识图谱"到"人机协同"——论人工智能教育对教师的重塑和挑战》，《高教探索》2021 年第 3 期。

孙永波、丁沂昕、杜双：《冗余资源、资源拼凑与创业机会识别的非线性关系研究》，《科研管理》2022 年第 43 卷第 1 期。

邰双沕：《科技创新背景下扩大高校科研自主权的创新方法研究》，《科学管理研究》2021 年第 39 卷第 2 期。

唐晓波、翟夏普：《基于本体知识集合的知识检索研究》，《图书馆学研究》2018 年第 1 期。

汪寅、黄翠瑶：《科技创新评价指标体系研究进展综述》，《科技管理研究》2009 年第 29 卷第 6 期。

王保华、张婕：《加快城镇化建设：实施地级城市高教发展的差别化战略》，《辽宁教育研究》2003 年第 12 期。

王纪武、刘妮娜：《杭州市 9 区创新发展潜力评价研究》，《经济地理》2020 年第 40 卷第 11 期。

王楠、毛清华、冯斌：《地方高校服务区域经济的模式创新研究——基于燕山大学的案例》，《生产力研究》2011 年第 3 期。

王清远、唐毅谦、叶安胜等：《"区域应用、开放协同、校城融合"三位一体高素质人才培养体系的构建与实践》，《中国大学教学》2019 年第 4 期。

王少：《科技创新策源地：概念、内涵与建设路径》，《科学管理研究》2021 年第 39 卷第 2 期。

王淑英、王洁玉、寇晶晶：《创新资源流动对区域创新绩效的影响研究——空间视角下金融集聚调节作用的实证检验》，《科技管理研究》2020 年第 40 卷第 3 期。

王武东、李小文、夏建国：《工程教育改革发展和新工科建设的若干问题思考》，《高等工程教育研究》2020 年第 1 期。

王续添：《从"国家"到"地方"：中国现代国家改造中的"战略退却"——对五四运动和联省自治运动关系的一种考察》，《中共党史研究》2019 年第 5 期。

王章豹、徐枞巍：《高校科技创新能力综合评价：原则、指标、模型与方法》，《中国科技论坛》2005 年第 2 期。

韦吉飞、张学敏：《中国需要多少所应用技术类高等学校——以制造业人才培养为分析视角》，《教育发展研究》2017 年第 37 卷第 3 期。

魏春艳、李兆友：《基于三螺旋理论的产业共性技术创新研究》，《东北大学学报（社会科学版）》2020 年第 22 卷第 2 期。

魏伟：《上海集成电路领域创新策源能力的研究》，《中国集成电路》2022 年第 31 卷第 8 期。

温科、张贵、张晓阳：《产业创新生态的运行现状、发展潜力与类别》，《科技管理研究》2020 年第 40 卷第 4 期。

文淑惠、陈灿：《成渝城市群与珠三角城市群创新潜力比较及影响因素分析》，《科技进步与对策》2019 年第 36 卷第 9 期。

吴画斌、许庆瑞、陈政融：《数字经济背景下创新人才培养模式及对策研究》，《科技管理研究》2019 年第 39 卷第 8 期。

吴燎原、岳峰、胡可等：《基于区间数证据分组合成的高校创新能力评价》，《科研管理》2017 年第 38 卷第 S1 期。

吴岩、刘永武、李政等：《建构中国高等教育区域发展新理论》，《中国高教研究》2010 年第 2 期。

吴战勇：《地方高校与区域经济创新发展的协同机制研究》，《黑龙江高教研究》2017 年第 1 期。

伍红林：《人工智能进步可能为当代教育学发展带来什么？》，《大学教育科学》2020 年第 5 期。

伍红林：《人工智能进步与教育学的发展——交互关系的视角》，《现代大学教育》2019 年第 5 期。

肖睿、肖海明、尚俊杰：《人工智能与教育变革：前景、困难和策略》，《中国电化教育》2020 年第 4 期。

颜晓峰：《试论国家创新能力》，《中国特色社会主义研究》2000 年第 3 期。

颜振军、李静、吴欣彦：《科技企业孵化器生态位的理论研究与实证分析》，《科技管理研究》2021 年第 41 卷第 18 期。

杨浩昌、李廉水、刘耀彬：《区域制造业创新驱动力评价及其差异研究》，《科学学研究》2021年第39卷第10期。

杨四娟、路炜：《专利视角下的我国植介入医疗器械无线供电技术创新策源能力提升启示》，《中国发明与专利》2021年第18卷第8期。

姚占雷、李倩、许鑫：《创新策源能力三力识别模型构建与应用研究》，《科技情报研究》2021年第3卷第3期。

衣春波、赵文华、邓璐芗等：《基于专利信息的技术创新策源评价指标体系构建与应用》，《情报杂志》2021年第40卷第2期。

易平涛、李伟伟、郭亚军等：《区域高校科技创新力排名及评价分析》，《科研管理》2017年第38卷第S1期。

余丹、张丽华：《基于DEA方法的高校科研创新效率研究——以吉林大学为例》，《中国高校科技》2021年第S1期。

余江、刘佳丽、甘泉等：《以跨学科大纵深研究策源重大原始创新：新一代集成电路光刻系统突破的启示》，《中国科学院院刊》2020年第35卷第1期。

余胜泉、王琦：《"AI+教师"的协作路径发展分析》，《电化教育研究》2019年第40卷第4期。

余潇潇、刘源浩：《基于三螺旋的研究型大学创新创业教育模式探索与实践》，《清华大学教育研究》2016年第37卷第5期。

原毅军、孙大明：《合作研发影响制造业技术升级的机理及实证研究》，《经济学家》2017年第8期。

原长弘、贾一伟、方坤等：《中国大学体制类型对高校知识转移的影响：一个基于资源观的分析》，《科学学与科学技术管理》2009年第30卷第7期。

袁磊、张淑鑫、雷敏等：《技术赋能教育高质量发展：人工智能、区块链和机器人应用前沿》，《开放教育研究》2021年第27卷第4期。

袁莉、曹梦莹、约翰·加德纳、迈克尔·奥利里：《人工智能教育评估应用的潜力和局限》，《开放教育研究》2021年第27卷第5期。

袁庆、刘红霞、沈锡宾等：《中国科技期刊知识服务的实现路径思辨》，《编辑学报》2021年第33卷第6期。

袁晓江：《中国经济改革转型模式研究的新进展——评〈存量改革增量创

新经济转型模式研究〉》,《特区经济》2018年第1期。

张丹、崔光佐:《"互联网+教育"背景下高校智慧实验室的构建》,《现代教育技术》2019年第29卷第6期。

张国云:《创新策源:如何激发企业创投活力?》,《中国发展观察》2021年第8期。

张海生:《人工智能时代的高等教育将如何存在》,《江苏高教》2020年第2期。

张慧卿、朱冬香、张杰等:《京津地区部分高校技术创新能力探究——基于近20年专利视角的比较分析》,《中国高校科技》2021年第9期。

张继亮、王映雪:《资源与结构组织发展的双重依据》,《学术交流》2022年第5期。

张金福、刘雪:《我国地方创新策源能力的模糊综合评价研究》,《科技管理研究》2021年第41卷第9期。

张俊婷、王国金、吴洁等:《基于熵权—DEMATEL的江苏高校科技创新能力评价研究》,《科技管理研究》2018年第38卷第9期。

张萌、孔昭君:《国家创新策源能力构建:内涵、基础与途径》,《科技和产业》2022年第22卷第7期。

张扬、顾丽梅:《中国创新型城市政策的演进逻辑与实践路径——基于文本分析的视角》,《科学管理研究》2021年第39卷第6期。

章熙春、马卫华、蒋兴华:《高校科技创新能力评价体系构建及其分析》,《科技管理研究》2010年第30卷第13期。

赵斌、黄天元:《人工智能时代的高等教育与变革》,《复旦教育论坛》2019年第17卷第4期。

赵付春:《上海建设世界科创策源地的量化评估研究》,《全球城市研究（中英文）》2021年第2卷第3期。

郑存库:《学术交流对地方高校科学研究的推动作用》,《科技管理研究》2005年第3期。

郑刚、杨雁茹、张汶军:《生命价值与技术变革的现实"联姻"——基于人工智能教育应用的哲学审思》,《电化教育研究》2021年第42卷第3期。

郑卫北、庄炜玮、焦振霞:《基于灰色关联度模型的高校创新能力评价体系研究》,《科技管理研究》2012 年第 32 卷第 2 期。
中共成都市委党校课题组、林德萍、王燕枝:《成渝地区双城经济圈背景下成都科技创新策源路径研究》,《成都行政学院学报》2022 年第 2 期。
钟熙、宋铁波、陈伟宏等:《富则思安了吗？创新期望顺差、冗余资源与企业研发国际化》,《系统管理学报》2021 年第 30 卷第 5 期。
周辉:《地方高校如何提升服务区域发展能力》,《中国高校科技》2018 年第 8 期。
周倩、胡志霞、石耀月:《三螺旋理论视角下高校创新创业教育政策的演进与反思》,《郑州大学学报（哲学社会科学版）》2019 年第 52 卷第 6 期。
周莹:《数字经济下产业创新的系统化转型及其政策组合原则》,《管理现代化》2020 年第 40 卷第 4 期。
周志华:《创办一流大学人工智能教育的思考》,《中国高等教育》2018 年第 9 期。
朱敬、蔡建:《从"人工智能能做什么"到"教育需要人工智能做什么"——兼论教育需求的隐匿与突显》,《中国教育学刊》2020 年第 10 期。
朱梦菲、陈守明、邵悦心:《基于 AHP-TOPSIS 和 SOM 聚类的区域创新策源能力评价》,《科研管理》2020 年第 41 卷第 2 期。
朱秋月、黄明东、沈凌:《供给侧视域下一流课程建设：逻辑、困境和因应路径》,《现代教育管理》2021 年第 10 期。
朱永跃、顾国庆:《基于协同创新的校企合作信任关系研究》,《科技进步与对策》2013 年第 30 卷第 19 期。
卓玛草:《中国要素配置与人力资本错配效应的分行业测算分析》,《北京理工大学学报（社会科学版）》2021 年第 23 卷第 4 期。
邹满丽:《刍议地方高校转型对区域经济社会发展的推动》,《中国成人教育》2015 年第 22 期。

外文著作

Becker, William H, *The Dynamics of Business-Government Relations: Industry* and Exports, 1893 – 1921, Chicago: University of Chicago Press, 1982.

Göranzon, Bo and Magnus Florin, *Artifical Intelligence, Culture and Language: On Education and Work*, Berlin: Springer Science & Business Media, 2012.

Rosenberg, Nathan, *Studies on Science and The Innovation Process*, Hackensack: World Scientific Publishing Company, 1985.

外文期刊论文

Abbas, Asad, Anders Avdic, Peng Xiaobao, M. Mahmudul Hasan and Wan Ming, "University-government Collaboration for the Generation and Commercialization of new Knowledge for use in Industry", *Journal of Innovation & Knowledge*, Vol. 4, No. 1, January 2019.

Acs, Zoltan and Mark Sanders, "A Theory of Entrepreneurial Rents in Endogenous Growth: Implications for Regional Innovation Policies", *International Journal of Human Resource Management*, Vol. 19, No. 4, 2011.

Agasisti, Tommaso, Cristian Barra and Roberto Zotti, "Research, Knowledge Transfer, and Innovation: The Effect of Italian Universities' Efficiency on Local Economic Development 2006 – 2012", *Journal of Regional Science*, Vol. 59, No. 5, February 2019.

Alcouffe, Alain and Thomas Kuhn, "Schumpeterian Endogenous Growth Theory and Evolutionary Economics", *Journal of Evolutionary Economics*, Vol. 14, No. 2, June 2004.

Ayres, Robert U., "Towards a Disequilibrium Theory of Endogenous Economic Growth", *Environmental and Resource Economics*, Vol. 11, No. 3, April 1998.

Baker, Ted and Reed E. Nelson, "Creating Something from Nothing: Resource Construction through Entrepreneurial Bricolage", *Administrative Science Quarterly*, Vol. 50, No. 3, September 2005.

Banerjee, Maya, Daphne Chiew, Keval T. Patel, Ieuan Johns, Digby Chappell, Nick Linton, Graham D. Cole, Darrel P. Francis, Jo Szram, Jack Ross and Sameer Zaman, "The Impact of Artificial Intelligence on Clinical

Education: Perceptions of Postgraduate Trainee Doctors in London (UK) and Recommendations for Trainers", *BMC Medical Education*, Vol. 21, No. 1, August 2021.

Barney, Jay, "Firm Resources and Sustained Competitive Advantage", *Journal of management*, Vol. 17, No. 1, March 1991.

Bathelt, Harald, Anders Malmberg and Peter Maskell, "Clusters and Knowledge: Local Buzz, Global Pipelines and the Process of Knowledge Creation", *Progress in Human Geography*, Vol. 28, No. 1, February 2004.

Bertoletti, Alice, Jasmina Berbegal-Mirabent and Tommaso Agasisti, "Higher Education Systems and Regional Economic Development in Europe: A Combined Approach Using Econometric and Machine Learning Methods", *Socio-Economic Planning Sciences*, Vol. 82, August 2022.

Bickenbach, Frank and Wan-Hsin Liu, "Regional Inequality of Higher Education in China and the Role of Unequal Economic Development", *Frontiers of Education in China*, Vol. 8, No. 2, June 2013.

Bowen, Howard R., "Estimating the Impact of a College or University on the Local Economy", *The Journal of Higher Education*, Vol. 43, No. 1, January 1972.

Broström, Anders, "The Triple Helix: University-industry-government Innovation in Action", *Papers in Regional Science*, Vol. 90, No. 2, June 2011.

Capponi, Giovanna, Arianna Martinelli and Alessandro Nuvolari, "Breakthrough Innovations and Where to Find Them", *Research Policy*, Vol. 51, No. 1, January 2022.

Caputo, Mauro, Emilia Lamberti, Antonello Cammarano, Francesca Michelino, "Exploring the Impact of Open Innovation on Firm Performances", *Management Decision*, Vol. 54, No. 7, August 2016.

Carayannis, Elias G. and Jeffrey Alexander, "Winning by Co-Opeting in Strategic Government-University-Industry R&D Partnerships: The Power of Complex, Dynamic Knowledge Networks", *The Journal of Technology Transfer*, Vol. 24, No. 2, August 1999.

Carignani, Giuseppe, Gino Cattani and Giusi Zaina, "Evolutionary Chimeras: A Woesian Perspective of Radical Innovation", *Industrial and Corporate*

Change, Vol. 28, No. 3, January 2019.

Chandra, Ramesh and Roger J. Sandilands, "Does Modern Endogenous Growth Theory Adequately Represent Allyn Young?", *Cambridge Journal of Economics*, Vol. 29, No. 3, January 2005.

Chavas, Jean-Paul, Bradford Barham, Jeremy Foltz and Kwansoo Kim, "Analysis and Decomposition of Scope Economies: R&D at US Research Universities", *Applied Economics*, Vol. 44, No. 11, April 2012.

Chen, Jian, Lingjun Wang and Yuanyuan Li, "Natural Resources, Urbanization and Regional Innovation Capabilities", *Resources Policy*, Vol. 66, June 2020.

Chiu, Thomas K. F., "A Holistic Approach to the Design of Artificial Intelligence (AI) Education for K – 12 Schools", *TechTrends*, Vol. 65, No. 5, August 2021.

Chiu, Thomas K. F., Qi Xia, Xinyan Zhou, Ching Sing Chai and Miaoting Cheng, "Systematic Literature Review on Opportunities, Challenges, and Future Research Recommendations of Artificial Intelligence in Education", *Computers and Education: Artificial Intelligence*, Vol. 4, 2023.

Connolly, Michael and Chris James, "Collaboration for School Improvement", *Educational Management Administration & Leadership*, Vol. 34, No. 1, January 2006.

Cooke, Philip, "Regional Innovation Systems: Competitive Regulation in the New Europe", *Geoforum*, Vol. 23, No. 3, January 1992.

Cumming, Geoff, "Artificial Intelligence in Education: An Exploration", *Journal of Computer Assisted Learning*, Vol. 14, No. 4, June 1998.

Datta, Surja, Mohammed Saad and David Sarpong, "National Systems of Innovation, Innovation Niches, and Diversity in University Systems", *Technological Forecasting and Social Change*, Vol. 143, June 2019.

Domenico, MariaLaura Di, Helen Haugh and Paul Tracey, "Social Bricolage: Theorizing Social Value Creation in Social Enterprises", *Entrepreneurship Theory and Practice*, Vol. 34, No. 4, July 2010.

Dosi, Giovanni, Andrea Roventini and Emanuele Russo, "Endogenous Growth and Global Divergence in a Multi-country Agent-based Model", *Journal of Economic Dynamics and Control*, Vol. 101, April 2019.

Dujava, Daniel, "Innovation Processes from the Viewpoint of the Theory of Endogenous Growth", *Ekonomicky Casopis*, Vol. 61, No. 6, 2013.

Etzkowitz, Henry and Loet Leydesdorff, "The Endless Transition: A 'triple helix' of University-industry-government Relations: Introduction", *Minerva The International Review of Ancient Art and Archaeology*, Vol. 36, No. 3, 1998.

Etzkowitz, Henry and Loet Leydesdorff, "The Dynamics of Innovation: from National Systems and 'Mode 2' to a Triple Helix of University-industry-government Relations", *Research Policy*, Vol. 29, No. 2, February 2000.

Fagan, Gabriel, Vitor Gaspar and Peter McAdam, "Immanuel Kant and Endogenous Growth Theory", *Scottish Journal of Political Economy*, Vol. 63, No. 5, September 2015.

Fernandes, Cristina, Luís Farinha, João J. Ferreira, Björn Asheim and Roel Rutten, "Regional Innovation Systems: What Can We Learn from 25 Years of Scientific Achievements?", *Regional Studies*, Vol. 55, No. 3, July 2020.

Ferneley, Elaine and Frances Bell, "Using Bricolage to Integrate Business and Information Technology Innovation in SMEs", *Technovation*, Vol. 26, No. 2, February 2006.

Flegg, Anthony-Travers, David O Allen, Kamal Field and TW Thurlow, "Measuring the Efficiency of British Universities: A Multi-period Data Envelopment Analysis", *Education Economics*, Vol. 12, No. 3, December 2004.

Forney, Andrew and Scott Mueller, "Causal Inference in AI Education: a Primer", *Journal of Causal Inference*, Vol. 10, No. 1, January 2022.

Furman, Jeffrey L. and Richard Hayes, "Catching Up or Standing Still? National Innovative Productivity Among 'Follower' Countries, 1978 – 1999", *Research Policy*, Vol. 33, No. 9, May 2004.

Geuna, Aldo and Ben R. Martin, "University Research Evaluation and Funding: An International Comparison", *Minerva The International Review of Ancient Art and Archaeology*, Vol. 41, No. 4, December 2003.

Good, Ron, "Artificial intelligence and science education", *Journal of Research in Science Teaching*, Vol. 24, No. 4, April 1987.

Gu, Wei, Thomas L. Saaty and Lirong Wei, "Evaluating and Optimizing Technological Innovation Efficiency of Industrial Enterprises Based on Both Data and Judgments", *International Journal of Information Technology & Decision Making*, Vol. 17, No. 01, January 2018.

Gualdi, Stanislao and Antoine Mandel, "Endogenous Growth in Production Networks", *Journal of Evolutionary Economics*, Vol. 29, No. 1, January 2018.

Hall, Bronwyn, Francesca Lotti and Jacques Mairesse, "Evidence on the Impact of R&D and ICT Investment on Innovation and Productivity in Italian Firms", *Economics of Innovation and New Technology*, Vol. 22, No. 3, May 2012.

Halpern, Noemi, "Artificial Intelligence and the Education of the Learning Disabled", *Journal of Learning Disabilities*, Vol. 17, No. 2, February 1984.

Harmon, Joanne, Victoria Pitt, Peter Summons and Kerry J. Inder, "Use of Artificial Intelligence and Virtual Reality Within Clinical Simulation for Nursing Pain Education: A Scoping Review", *Nurse Education Today*, Vol. 97, February 2021.

Heidari, Arash, Nima Jafari Navimipour and Mehmet Unal, "Applications of ML/DL in the Management of Smart Cities and Societies Based on new Trends in Information Technologies: A Systematic Literature Review", *Sustainable Cities and Society*, Vol. 85, October 2022.

Helpman, Elhanan, "Endogenous Macroeconomic Growth Theory", *European Economic Review*, Vol. 36, No. 2, April 1992.

Hughey, Aaron W., "Higher Education and the Public, Private and Non-profit Sectors: Equal Partners in Promoting Regional Economic Development", *Industry and Higher Education*, Vol. 17, No. 4, August 2003.

Inzelt, Annamária, "The Evolution of University-industry-government Relationships during Transition", *Research Policy*, Vol. 33, No. 6 – 7, September 2004.

Ivanova, Inga and Loet Leydesdorff, "Redundancy Generation in University-industry-government relations: The Triple Helix Modeled, Measured, and Simulated", *Scientometrics*, Vol. 99, No. 3, August 2013.

Izushi, Hiro, "What Does Endogenous Growth Theory Tell about Regional Economies? Empirics of R&D Worker-based Productivity Growth", *Regional Studies*, Vol. 42, No. 7, August 2008.

Jeon, Jeonghwan, Selvaraj Geetha, Deakook Kang and Samayan Narayanamoorthy, "Development of the Evaluation Model for National Innovation Capability", *Technology Analysis & Strategic Management*, Vol. 34, No. 3, March 2022.

Jovanović, Milica, Gordana Savić, Yuzhuo Cai and Maja Levi-Jakšić, "Towards a Triple Helix Based Efficiency Index of Innovation Systems", *Scientometrics*, Vol. 127, No. 5, April 2022.

Kaufmann, Alexander and Franz Tödtling, "Science-industry Interaction in the Process of Innovation: the Importance of Boundary-crossing Between Systems", *Research Policy*, Vol. 30, No. 5, May 2001.

Kim, Joohee and Il Im, "Anthropomorphic Response: Understanding Interactions between Humans and Artificial Intelligence Agents", *Computers in Human Behavior*, Vol. 139, February 2023.

Kopf, Dennis A., "Endogenous Growth Theory Applied: Strategies for University R&D", *Journal of Business Research*, Vol. 60, No. 9, September 2007.

Krawczyk-Sokolowska, Izabela, Agata Pierscieniak and Wieslawa Caputa, "The Innovation Potential of the Enterprise in the Context of the Economy and the Business Model", *Review of Managerial Science*, Vol. 15, No. 1, Nov. 2019.

Kreiling, Laura, Sarah Serval, Raphaële Peres and Ahmed Bounfour, "University Technology Transfer Organizations: Roles Adopted in Response to

Their Regional Innovation System Stakeholders", *Journal of Business Research*, Vol. 119, October 2020.

Kruss, Glenda, "Balancing Old and New Organisational Forms: Changing Dynamics of Government, Industry and University Interaction in South Africa", *Technology Analysis & Strategic Management*, Vol. 20, No. 6, Nov. 2008.

Laincz, Christopher A. and Pietro F. Peretto, "Scale Effects in Endogenous Growth Theory: an Error of Aggregation Not Specification", *Journal of Economic Growth*, Vol. 11, No. 3, October 2006.

Lee, Ruby P. and Xinlin Tang, "Does It Pay to Be Innovation and Imitation Oriented? An Examination of the Antecedents and Consequences of Innovation and Imitation Orientations", *Journal of Product Innovation Management*, Vol. 35, No. 1, February 2017.

Leitner, Karl-Heinz, Michaela Schaffhauser-Linzatti, Rainer Stowasser and Karin Wagner, "Data Envelopment Analysis as Method for Evaluating Intellectual Capital", *Journal of Intellectual Capital*, Vol. 6, No. 4, December 2005.

Leoste, Janika, Larissa Jõgi, Tiia Õun, Luis Pastor, José San Martín López and Indrek Grauberg, "Perceptions about the Future of Integrating Emerging Technologies into Higher Education—The Case of Robotics with Artificial Intelligence", *Computers*, Vol. 10, No. 9, September 2021.

Leydesdorff, Loet and Henry Etzkowitz, "Triple Helix of Innovation: Introduction", *Science and Public Policy*, Vol. 25, No. 6, December 1998.

Leydesdorff, Loet and Martin Meyer, "The Triple Helix of University-industry-government Relations", *Encyclopedia of Creativity, Invention, Innovation and Entrepreneurship*, Vol. 58, No. 2, October 2003.

Li, Shuangshuang, Xin Miao, Enhui Feng, Yiqun Liu and Yanhong Tang, "Technology Import Modes, Environmental Regulation Types and Total Factor Energy Efficiency", *Energy Sources, Part B: Economics, Planning, and Policy*, Vol. 17, No. 1, Nov. 2022.

Li, Sisi and Baocun Liu, "Joseph E. Aoun: Robot-proof: Higher Education in the Age of Artificial Intelligence", *Higher Education*, Vol. 77, No. 4, June

2019.

Li, Ziyang, Hongwei Shi and Hongda Liu, "Research on the Concentration, Potential and Mission of Science and Technology Innovation in China", *PLoS One*, Vol. 16, No. 10, October 2021.

Liang, Jia-Cing, Gwo-Jen Hwang, Mei-Rong Alice Chen and Darmawansah Darmawansah, "Roles and Research Foci of Artificial Intelligence in Language Education: An Integrated Bibliographic Analysis and Systematic Review Approach", *Interactive Learning Environments*, Vol. 31, No. 7, July 2021.

Liu, Xiaoshuang, Mohammad Faisal and Abdullah Alharbi, "A Decision Support System for Assessing the Role of the 5G Network and AI in Situational Teaching Research in Higher Education", *Soft Computing*, Vol. 26, No. 20, April 2022.

Luan,, Hui Peter Geczy, Hollis Lai, Janice Gobert, Stephen JH Yang, Hiroaki Ogata, Jacky Baltes, Rodrigo Guerra, Ping Li and Chin-Chung Tsai, "Challenges and Future Directions of Big Data and Artificial Intelligence in Education", *Frontiers in Psychology*, Vol. 11, October 2020.

Lysenko, Iryna, Serhii Stepenko and Hanna Dyvnych, "Indicators of Regional Innovation Clusters' Effectiveness in the Higher Education System", *Education Sciences*, Vol. 10, No. 9, September 2020.

Marković, Dušan, Goran Janaćković, Nenad Simeunović and Bojan Lalić, "Identifying and Ranking Novel Indicators of MSMEs Innovation Potential", *Technology Analysis & Strategic Management*, Vol. 32, No. 5, October 2019.

Marques, João PC, João MG Caraça and Henrique Diz, "How Can University-industry-government Interactions Change the Innovation Scenario in Portugal? —the Case of the University of Coimbra", *Technovation*, Vol. 26, No. 4, April 2006.

Martin, Ron and Peter Sunley, "Slow Convergence? The New Endogenous Growth Theory and Regional Development", *Economic Geography*, Vol. 74, No. 3, July 1998.

Masato and Imoto, "Industry-Academic-Government Collaboration and the Revitalization of University Education and Research: Example from the Tosa-Cha Project of the Department of Lifestyle Design at University of Kochi", *The Journal of Economic Education*, Vol. 31, September 2012.

McAdam, Maura and Koenraad Debackere, "Beyond 'triple helix' toward 'quadruple helix' Models in Regional Innovation Systems: Implications for Theory and Practice", *R&D Management*, Vol. 48, No. 1, December 2017.

Meissner, Dirk, Mario Cervantes and Jan Kratzer, "Enhancing University-industry Linkages Potentials and Limitations of Government Policies", *International Journal of Technology Management*, Vol. 78, No. 1/2, August 2018.

Mohr, Kathleen A. J., Guoqin Ding, Ashley Strong, Lezlie Branum, Nanette Watson, K. Lea Priestley, Stephanie Juth, Neil Carpenter and Kacy Lundstrom, "Reading the Past to Inform the Future: 25 Years of The Reading Teacher", *The Reading Teacher*, Vol. 71, No. 3, October 2017.

Mêgnigbêto, Eustache, "Modelling the Triple Helix of University-industry-government Relationships with Game Theory: Core, Shapley Value and Nucleolus as Indicators of Synergy within an Innovation System", *Journal of Informetrics*, Vol. 12, No. 4, Nov. 2018.

Oluwafemi, Tolulope Busola, Siwan Mitchelmore, Konstantinos Nikolopoulos, "Leading Innovation: Empirical Evidence for Ambidextrous Leadership from UK High-tech SMEs", *Journal of Business Research*, Vol. 119, October 2020.

Oughton, Christine, Mikel Landabaso and Kevin Morgan, "The Regional Innovation Paradox: Innovation Policy and Industrial Policy", *The Journal of Technology Transfer*, Vol. 27, No. 1, January 2002.

Pereira, Steven Wolfe, Elliot K. Fishman and Steven P. Rowe, "The Future Is Now: How Technology and Entertainment Are Transforming Education in the Artificial Intelligence Era", *Journal of the American College of Radiology*, Vol. 19, No. 9, September 2022.

Popenici, Stefan A. D. and Sharon Kerr, "Exploring the Impact of Artificial Intelligence on Teaching and Learning in Higher Education", *Research and*

Practice in Technology Enhanced Learning, Vol. 12, No. 1, Nov. 2017.

Popp, David, "Induced Innovation and Energy Prices", *American Economic Review*, Vol. 92, No. 1, May 2002.

Puriwat, Wilert and Danupol Hoonsopon, "Cultivating Product Innovation Performance Through Creativity: The Impact of Organizational Agility and Flexibility Under Technological Turbulence", *Journal of Manufacturing Technology Management*, Vol. 33, No. 4, March 2021.

Salas, Sergio, "A Liquidity Crunch in an Endogenous Growth Model with Human Capital", *Southern Economic Journal*, Vol. 88, No. 3, Nov. 2021.

Schulze, Marc Philipp and Jana Maria Kleibert, "Transnational Education for Regional Economic Development? Understanding Malaysia's and Singapore's Strategic Coupling in Global Higher Education", *International Journal of Training and Development*, Vol. 25, No. 4, October 2021.

Sharma, Chandan and Ritesh Kumar Mishra, "Imports, Technology, and Employment: Job Creation or Creative Destruction", *Managerial and Decision Economics*, Vol. 44, No. 1, June 2022.

Song, Pu and Xiang Wang, "A Bibliometric Analysis of Worldwide Educational Artificial Intelligence Research Development in Recent Twenty Years", *Asia Pacific Education Review*, Vol. 21, No. 3, August 2020.

Strain, Phillip S. and Gail E. Joseph, "A not So Good Job with 'Good job': A Response to Kohn 2001", *Journal of Positive Behavior Interventions*, Vol. 6, No. 1, January 2004.

Tang, Zhibin and Weiping Shi, "On the Logic and Process of Collaborative Innovation in Higher Vocational Education and Industrial Development", *Chinese Education & Society*, Vol. 50, No. 5 – 6, Nov. 2017.

Timms, Michael J., "Letting Artificial Intelligence in Education out of the Box: Educational Cobots and Smart Classrooms", *International Journal of Artificial Intelligence in Education*, Vol. 26, No. 2, January 2016.

Veletanlić, Emina and Creso Sá, "Government Programs for University-industry Partnerships: Logics, Design, and Implications for Academic Science", *Research Evaluation*, Vol. 28, No. 2, Nov. 2019.

Wang, Song, Jianqing Zhang, Fei Fan, Fei Lu and Lisheng Yang, "The Symbiosis of Scientific and Technological Innovation Efficiency and Economic Efficiency in China—An Analysis Based on Data Envelopment Analysis and Logistic Model", *Technology Analysis & Strategic Management*, Vol. 31, No. 1, June 2018.

Wang, Yinying, "When Artificial Intelligence Meets Educational Leaders' Data-informed Decision-making: A Cautionary Tale", *Studies in Educational Evaluation*, Vol. 69, June 2021.

Watson, Matthew, "Endogenous Growth Theory: Explanation or Post Hoc Rationalisation for Policy?" *The British Journal of Politics and International Relations*, Vol. 6, No. 4, Nov. 2004.

Wu, Ning and ZuanKuo Liu, "Higher Education Development, Technological Innovation and Industrial Structure Upgrade", *Technological Forecasting and Social Change*, Vol. 162, January 2021.

Xiao, Yingtong, Yalin Xu, Meng Li, Yanan Wang and Wei Chen, "Does the Integration of Manufacturing and Producer Services Improve Carbon Emission Efficiency?", *Clean Technologies and Environmental Policy*, Vol. 26, No. 5, July 2024.

Xu, Zichun, "Human Judges in the Era of Artificial Intelligence: Challenges and Opportunities", *Applied Artificial Intelligence*, Vol. 36, No. 1, December 2021.

Yan, Yongcai, Mengxue He and Lifang Song, "Evaluation of Regional Industrial Cluster Innovation Capability Based on Particle Swarm Clustering Algorithm and Multi-objective Optimization", *Complex & Intelligent Systems*, Vol. 9, No. 4, September 2021.

Yang, Xiangdong, Julia Shaftel, Douglas Glasnapp and John Poggio, "Qualitative or Quantitative Differences?: Latent Class Analysis of Mathematical Ability for Special Education Students", *The Journal of Special Education*, Vol. 38, No. 4, February 2005.

Yang, Fen and Guangsheng Guo, "Fuzzy Comprehensive Evaluation of Innovation Capability of Chinese National High-tech Zone Based on Entropy Weight-taking the Northern Coastal Comprehensive Economic Zone as an Example", *Journal of Intelligent & Fuzzy Systems*, Vol. 38, No. 6, June 2020.

Yang, Jingjing and Lianping Ren, "Government-Industry-Education-Research Collaboration in Tourism: University's Perspective", *Journal of Hospitality & Tourism Research*, Vol. 45, No. 5, March 2021.

Yu, Xin, Florian Kohlbacher and Susumu Ogawa, "How a User Innovation Origin Affects Firms' Subsequent Innovation Performance: The Case of Japan's Fishing Tackle Industry", *Innovation*, Vol. 22, No. 2, February 2020.

Yuan, Yuzhi and D Yuhong, "The Impact of Artificial Intelligence on Skill Demands and Its Implications for Education Supply—An Empirical Study Based on a Procedural Hypothesis", *Educational Research*, Vol. 40, No. 2, 2019.

Zhang, Fuqin, Yue Wang and Wei Liu, "Science and Technology Resource Allocation, Spatial Association, and Regional Innovation", *Sustainability*, Vol. 12, No. 2, January 2020.

Zumeta, William, "The Indispensable University: Higher Education, Economic Development, and the Knowledge Economy", *The Journal of Higher Education*, Vol. 82, No. 1, January 2011.

互联网信息

党倩娜:"创新策源"的基本含义及功能,2020年11月13日,http://www.istis.sh.cn/list/list.aspx?id=12918,2024年5月17日。

国务院:《新一代人工智能发展规划》,中国政府网,2017年7月8日,http://www.gov.cn/zhengce/content/2017-07/20/content_5211996.htm,2024年5月17日。

教育部:《教育部关于印发〈高等学校人工智能创新行动计划〉的通知》,2018年4月2日,http://www.moe.gov.cn/srcsite/A16/s7062/201804/t2018-0410_332722.html,2024年5月17日。

教育部办公厅:《教育部办公厅关于实施一流本科专业建设"双万计划"的通知》,2017年8月18日,http://www.moe.gov.cn/srcsite/A08/s7056/2019-04/t20190409_377216.html,2024年5月17日。

科技部、财政部、国家发展改革委：《国家科技创新基地优化整合方案》，2019 年 4 月 2 日，http：//www. mof. gov. cn/zhengwuxinxi/caizh，2024 年 5 月 17 日。

中华人民共和国中央人民政府：《国务院关于数字经济发展情况的报告》，2022 年 10 月 28 日，https：//www. gov. cn/xinwen/2022 - 11/28/content_5729249. htm，2024 年 5 月 17 日。

《提升上海城市能级和核心竞争力的意见来了》，上海发布，2018 年 7 月 4 日，https：//baijiahao. baidu. com/s？id = 1605074862330746336&wfr = spider&for = pc，2024 年 5 月 17 日。

中华人民共和国中央人民政府：《国家创新驱动发展战略纲要》，中国政府网，2016 年 5 月 19 日，http：//www. gov. cn/zhengce/2016 - 05/19/content_5074812. htm？from = timeline&isappinstalled =0，2024 年 5 月 17 日。

中华人民共和国中央人民政府：《习近平主持中共中央政治局第二次集体学习并讲话》，2017 年 12 月 9 日，http：//www. gov. cn/xinwen/2017 - 12/09/content_52 - 45520. htm，2024 年 5 月 17 日。

《中华人民共和国国民经济和社会发展第十四个五年规划和 2035 年远景目标纲要》，中国政府网，2021 年 3 月 13 日，http：//www. gov. cn/xinwen/2021 - 03/13/content_5592681. htm，2024 年 5 月 17 日。

后　　记

本书依托国家社会科学基金教育学青年课题"人工智能教育视域下高校创新策源能力评价研究"（CGA210242）。在研究过程中，我的博导石宏伟教授、师母金丽馥教授给予了我很多帮助。感谢浙江传媒学院文化创意与管理学院张雷院长、林利宏书记给予的信任和指导。感谢江苏大学李洪波教授、罗建强教授、王佳佳教授，北京大学新结构经济学研究院赵秋运研究员，南京大学汪霞教授，江苏省教育科学规划办董林伟教授，南京师范大学李如密教授在课题研究过程中提出的建议。同时，感谢国家工业信息安全发展研究中心王春梅老师、CNRDS 中国研究数据服务平台朱建均老师与青塔全景云数据管理平台郭宇朗老师提供的数据支撑。正是得益于各位老师的专业解读和帮助，才使我对一直坚守的创新管理、创新评价、创新教育研究方向有了更为深刻的认识。

于浙江传媒学院
2024 年 5 月 17 日